INTERNATIONAL MATHEMATICAL OLYMPIADS

IMO 50年

1979～1984　第5卷

- 主　编　佩　捷
- 副主编　冯贝叶

多解　推广　加强

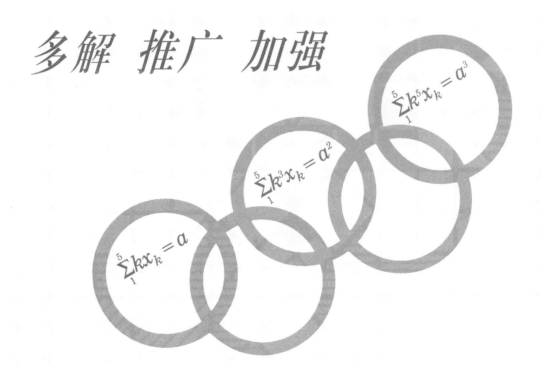

哈尔滨工业大学出版社
HARBIN INSTITUTE OF TECHNOLOGY PRESS

内 容 简 介

本书汇集了第 21 届至第 25 届国际数学奥林匹克竞赛试题及解答。本书广泛搜集了每道试题的多种解法,且注重初等数学与高等数学的联系,更有出自数学名家之手的推广与加强。本书可归结出以下四个特点,即收集全、解法多、观点高、结论强。

本书适合于数学奥林匹克竞赛选手和教练员、高等院校相关专业研究人员及数学爱好者使用。

图书在版编目(CIP)数据

IMO 50 年. 第 5 卷,1979～1984/佩捷主编. —哈尔滨:哈尔滨工业大学出版社,2015.4(2022.3 重印)
ISBN 978-7-5603-5214-5

Ⅰ.①I… Ⅱ.①佩… Ⅲ.①中学数学课-题解 Ⅳ.①G634.605

中国版本图书馆 CIP 数据核字(2015)第 013928 号

策划编辑　刘培杰　张永芹
责任编辑　张永芹　钱辰琛
封面设计　孙茵艾
出版发行　哈尔滨工业大学出版社
社　　址　哈尔滨市南岗区复华四道街 10 号　邮编 150006
传　　真　0451-86414749
网　　址　http://hitpress.hit.edu.cn
印　　刷　哈尔滨博奇印刷有限公司
开　　本　787mm×1092mm　1/16　印张 16.75　字数 408 千字
版　　次　2015 年 4 月第 1 版　2022 年 3 月第 2 次印刷
书　　号　ISBN 978-7-5603-5214-5
定　　价　38.00 元

(如因印装质量问题影响阅读,我社负责调换)

前言 | Foreword

法国教师于盖特·昂雅勒朗·普拉内斯在与法国科学家、教育家阿尔贝·雅卡尔的交谈中表明了这样一种观点:"若一个人不'精通数学',他就比别人笨吗"?

"数学是最容易理解的.除非有严重的精神疾病,不然的话,大家都应该是'精通数学'的.可是,由于大概只有心理学家才可能解释清楚的原因,某些年轻人认定自己数学不行.我认为其中主要的责任在于教授数学的方式."

"我们自然不可能对任何东西都感兴趣,但数学更是一种思维的锻炼,不进行这项锻炼是很可惜的.不过,对诗歌或哲学,我们似乎也可以说同样的话."

"不管怎样,根据学生数学上的能力来选拔'优等生'的不当做法对数学这门学科的教授是非常有害的."(阿尔贝·雅卡尔、于盖特·昂雅勒朗·普拉内斯.《献给非哲学家的小哲学》.周冉,译.广西师范大学出版社,2001:96)

这套题集不是为老师选拔"优等生"而准备的,而是为那些对 IMO 感兴趣,对近年来中国数学工作者在 IMO 研究中所取得的成果感兴趣的读者准备的资料库.展示原味真题,提供海量解法(最多一题提供 20 余种不同解法,如第 3 届 IMO 第 2 题),给出加强形式,尽显推广空间,是我国建国以来有关 IMO 试题方面规模最大、收集最全的一套题集.从现在看,以"观止"称之并不为过.

前中国国家射击队的总教练张恒是用"系统论"研究射击训练的专家,他曾说:"世界上的很多新东西,其实不是'全新'的,就像美国的航天飞机,总共用了 2 万个已有的专利技术,真正的创造是它在总体设计上的新意."(胡廷楣.《境界——关于围棋文化的思考》.上海人民出版社,1999:463)本书的编写又何尝不是如此呢,将近 100 位专家学者给出的多种不同解答放到一起也是一种创造.

如果说这套题集可比作一条美丽的珍珠项链的话,那么编者所做的不过是将那些藏于深海的珍珠打捞起来并穿附在一条红线之上,形式归于红线,价值归于珍珠.

首先要感谢江仁俊先生,他可能是国内最早编写国际数学奥林匹克题解的先行者(1979 年,笔者初中毕业,同学姜三勇(现为哈工大教授)作为临别纪念送给笔者的一本书就是江仁俊先生编的《国际中学生数学竞赛题解》(定价仅 0.29 元),并用当时叶剑英元帅的诗词做赠言:"科学有险阻,苦战能过关."35 年过去仍记忆犹新).所以特引用了江先生的一些解法.江苏师范学院(今年刚刚去世的华东师范大学的肖刚教授曾在该校外语专业就读过)是我国最早介入 IMO 的高校之一,毛振璇、唐起汉、唐复苏三位老先生亲自主持从德文及俄文翻译 1~20 届题解.令人惊奇的是,我们发现当时的插图绘制者居然是我国的微分动力学专家"文化大革命"后北大的第一位博士张筑生教授,可惜天妒英才,张筑生教授英年早逝,令人扼腕(山东大学的杜锡录教授同样令人惋惜,他也是当年数学奥林匹克研究的主力之一).本书的插图中有几幅就是出自张筑生教授之手[22].另外中国科技大学是那时数学奥林匹克研究的重镇,可以说 20 世纪 80 年代初中国科技大学之于现代数学竞赛的研究就像哥廷根 20 世纪初之于现代数学的研究.常庚哲教授、单墫教授、苏淳教授、李尚志教授、余红兵教授、严镇军教授当年都是数学奥林匹克研究领域的旗帜性人物.本书中许多好的解法均出自他们[4,13,19,20,50].目前许多题解中给出的解法中规中矩,语言四平八稳,大有八股遗风,仿佛出自机器一般,而这几位专家的解答各有特色,颇具个性.记得早些年笔者看过一篇报道说常庚哲先生当年去南京特招单墫与李克正去中国科技大学读研究生,考试时由于单墫基础扎实,毕业后一直在南京女子中学任教,所以按部就班,从前往后答,而李克正当时是南京市的一名工人,自学成才,答题是从后往前答,先答最难的一题,风格迥然不同,所给出的奥数题解也是个性化十足.另外,现在流行的 IMO 题解,历经多人之手已变成了雕刻后的最佳形式,用于展示很好,但用于教学或自学却不适合.有许多学生问这么巧妙的技巧是怎么想到的,我怎么想不到,容易产生挫败感,就像数学史家评价高斯一样,说他每次都是将脚手架拆去之后再将他建筑的宏伟大厦展示给其他人.使人觉得突兀,景仰之后,备受挫折.高斯这种追求完美的做法大大延误了数学的发展,使人们很难跟上他的脚步,这一点从潘承彪教授、沈永欢教授合译的《算术探讨》中可见一斑.所以我们提倡,讲思路,讲想法,表现思考过程,甚至绕点弯子,都是好的,因为它自然,贴近读者.

中国数学竞赛活动的开展、普及与中国革命的农村包围城市,星星之火可以燎原的方式迥然不同,是先在中心城市取得成功后再向全国蔓延.而这种方式全赖强势人物推进,从华罗庚先生到王寿仁先生再到裘宗沪先生,以他们的威望与影响振臂一呼,应者云集,数学奥林匹克在中国终成燎原之势.他们主持编写的参考书在业内被奉为圭臬,我们必须以此为标准,所以引用会时有发生,在此表示感谢.

中国数学奥林匹克能在世界上有今天的地位,各大学的名家们起了重要的理论支持作用.北京大学的王杰教授、复旦大学的舒五昌教授、首都师范大学的梅向明教授、华东师范大学的熊斌教授、中国科学院的许以超研究员、南开大学的李成章教授、合肥工业大学的苏化明教授、杭州师范学院的赵小云教授、陕西师范大学的罗增儒教授等,他们的文章所表现的高瞻周览、探赜索隐的识力,已达到炉火纯青的地步,堪称为中国 IMO 研究的标志.如果说多样性是生物赖以生存的法则,那么百花齐放,则是数学竞赛赖以发展的基础.我们既希望看到像格罗登迪克那样为解决一批具体问题而建造大型联合机械式的宏大构思型解法,也盼望有像爱尔特希那样运用最少的工具以娴熟的技能做庖丁解牛式剖析型解法出现.为此本书广为引证,也向各位提供原创解法的专家学者致以谢意.

编者为图"文无遗珠"的效果,大量参考了多家书刊杂志中发表的解法,也向他们表示谢意.

特别要感谢湖南理工大学的周持中教授、长沙铁道学院的肖果能教授、广州大学的吴伟朝教授以及顾可敬先生.他们四位的长篇推广文章读之,使笔者不能不三叹而三致意,收入本书使之增色不少.

最后要说的是由于编者先天不备,后天不足,斗胆尝试,徒见笑于方家.

哲学家休谟在写自传的时候,曾有一句话讲得颇好:"一个人写自己的生平时,如果说得太多,总是免不了虚荣的."这句话同样也适合于本书的前言,写多了难免自夸,就此打住是明智之举.

刘培杰
2014 年 10 月

目录 | Contents

第一编　第 21 届国际数学奥林匹克　　1

第 21 届国际数学奥林匹克题解 …………………………………………… 3
第 21 届国际数学奥林匹克英文原题 ……………………………………… 40
第 21 届国际数学奥林匹克各国成绩表 …………………………………… 42
第 21 届国际数学奥林匹克预选题 ………………………………………… 43

第二编　第 22 届国际数学奥林匹克　　67

第 22 届国际数学奥林匹克题解 …………………………………………… 69
第 22 届国际数学奥林匹克英文原题 ……………………………………… 84
第 22 届国际数学奥林匹克各国成绩表 …………………………………… 86
第 22 届国际数学奥林匹克预选题 ………………………………………… 87

第三编　第 23 届国际数学奥林匹克　　99

第 23 届国际数学奥林匹克题解 …………………………………………… 101
第 23 届国际数学奥林匹克英文原题 ……………………………………… 113
第 23 届国际数学奥林匹克各国成绩表 …………………………………… 115
第 23 届国际数学奥林匹克预选题 ………………………………………… 116

第四编　第 24 届国际数学奥林匹克　　133

第 24 届国际数学奥林匹克题解 …………………………………………… 135
第 24 届国际数学奥林匹克英文原题 ……………………………………… 143
第 24 届国际数学奥林匹克各国成绩表 …………………………………… 145
第 24 届国际数学奥林匹克预选题 ………………………………………… 146

第五编　第 25 届国际数学奥林匹克　　173

第 25 届国际数学奥林匹克题解 …………………………………………… 175
第 25 届国际数学奥林匹克英文原题 ……………………………………… 190
第 25 届国际数学奥林匹克各国成绩表 …………………………………… 192
第 25 届国际数学奥林匹克预选题 ………………………………………… 193

附录　IMO 背景介绍 213

第 1 章　引言 215
- 第 1 节　国际数学奥林匹克 215
- 第 2 节　IMO 竞赛 216

第 2 章　基本概念和事实 217
- 第 1 节　代数 217
- 第 2 节　分析 221
- 第 3 节　几何 222
- 第 4 节　数论 228
- 第 5 节　组合 231

参考文献 235

后记 243

第一编
第 21 届国际数学奥林匹克

第 21 届国际数学奥林匹克题解

英国,1979

> **1** 若 p 和 q 均为自然数,并且
> $$\frac{p}{q}=1-\frac{1}{2}+\frac{1}{3}-\frac{1}{4}+\cdots-\frac{1}{1\,318}+\frac{1}{1\,319}$$
> 求证:p 能被 1 979 整除.

联邦德国命题

证法 1　负项中的分母为偶数,我们将每个 $-\frac{1}{2k}$ 化为

$$\frac{1}{2k}-\frac{1}{k}$$

所以

$$\begin{aligned}
\frac{p}{q} &= \left(1+\frac{1}{2}+\frac{1}{3}+\cdots+\frac{1}{1\,319}\right) - \\
&\quad 2\left(\frac{1}{2}+\frac{1}{4}+\frac{1}{6}+\cdots+\frac{1}{1\,318}\right) = \\
&\quad \left(1+\frac{1}{2}+\frac{1}{3}+\cdots+\frac{1}{1\,319}\right) - \\
&\quad \left(1+\frac{1}{2}+\frac{1}{3}+\cdots+\frac{1}{659}\right) = \\
&\quad \frac{1}{660}+\frac{1}{661}+\cdots+\frac{1}{1\,319}
\end{aligned}$$

因为　$\dfrac{1}{660+j}+\dfrac{1}{1\,319-j}=\dfrac{1\,319+660}{(660+j)(1\,319-j)}$

对所有的 j 将上述分数配对相加,得到常数分子

$$\begin{aligned}
\frac{p}{q} &= \left(\frac{1}{660}+\frac{1}{1\,319}\right)+\left(\frac{1}{661}+\frac{1}{1\,318}\right)+\cdots+\left(\frac{1}{989}+\frac{1}{990}\right) = \\
&\quad \frac{1\,979}{660\times 1\,319}+\frac{1\,979}{661\times 1\,318}+\cdots+\frac{1\,979}{989\times 990} = \\
&\quad 1\,979\,\frac{p'}{q'}
\end{aligned}$$

其中,q' 为从 660 到 1 319 的所有整数之积,每个整数与 1 979 互素(因为 1 979 是个素数).

因为 $pq'=1\,979p'q$,且 1 979 不能整除 q',故它需能整除 p.

证法 2 （1）我们先证明 1 979 是一个素数. 因为要判别一个自然数 N 是否是素数，只要判别 N 能否被小于或等于 $\sqrt{N}$ 的素数除尽就够了. 现有
$$1\,979 < 2\,025 = 45^2$$
所以
$$\sqrt{1\,979} < 45$$
因此只要判别小于或等于 $\sqrt{1\,979} < 45$ 的素数 $2, 3, 5, 7, 11, 13, 17, 19, 23, 29, 31, 37, 41, 43$ 能否除尽 1 979. 可以验证，以上这 14 个素数都不能除尽 1 979，所以 1 979 是一个素数.

（2）若对模数 m，整数 a 有
$$(a, m) = 1$$
即 a 与 m 互素时，方程（其中 x 是未知数，b 是已知整数）
$$ax \equiv b \pmod{m}$$
有唯一的解，这个解可以用符号分数 $\dfrac{b}{a}$ 来记，它表示以 m 为模的一个剩余数类. 当 m 固定时，对满足 $(a, m) = 1$ 和 $(a', m) = 1$ 的 a 和 a'，这种符号分数有如下的性质.

若 $a \equiv a' \pmod{m}, b \equiv b' \pmod{m}$，那么
$$\frac{b}{a} \equiv \frac{b'}{a'} \pmod{m}$$
$$\frac{b}{a} + \frac{b'}{a'} \equiv \frac{ba' + ab'}{aa'} \pmod{m}$$
$$\frac{b}{a} \cdot \frac{b'}{a'} \equiv \frac{bb'}{aa'} \pmod{m}$$

即符号分数可以像普通分数那样进行加、减、乘三种运算. 特别要注意，符号分数中的分母一定要与模 m 互素，否则是没有意义的. 当 m 是一个素数时，符号分数中的分母与模 m 互素的要求就转变为分母不能被模 m 除尽.

（3）将素数 1 979 取作模，即 $m = 1\,979$，我们来进行对符号分数
$$\frac{1}{1}, \frac{1}{2}, \frac{1}{3}, \cdots, \frac{1}{1\,318}, \frac{1}{1\,319}$$
（注意这些符号分数对模 1 979 都是有意义的，因为它们的分母都不能被 1 979 除尽）的一次代数运算，即计算
$$\frac{1}{1} - \frac{1}{2} + \frac{1}{3} - \frac{1}{4} + \cdots - \frac{1}{1\,318} + \frac{1}{1\,319}$$
利用费马（Fermat）定理，我们可知对 $1 \leqslant k \leqslant 1\,319$ 有
$$k^{1\,978} \equiv 1 \pmod{1\,979}$$
亦即
$$k \cdot k^{1\,977} \equiv 1 \pmod{1\,979}$$
所以
$$\frac{1}{k} \equiv k^{1\,977} \pmod{1\,979}$$

此外有 $2^{1978} \equiv 1 \pmod{1979}$

所以

$1 - \dfrac{1}{2} + \dfrac{1}{3} - \dfrac{1}{4} + \cdots - \dfrac{1}{1318} + \dfrac{1}{1319} \equiv$

$1^{1977} - 2^{1977} + 3^{1977} - 4^{1977} + \cdots - 1318^{1977} + 1319^{1977} =$

$(1^{1977} + 2^{1977} + 3^{1977} + 4^{1977} + \cdots + 1318^{1977} + 1319^{1977}) -$

$2(2^{1977} + 4^{1977} + \cdots + 1318^{1977}) =$

$(1^{1977} + 2^{1977} + 3^{1977} + 4^{1977} + \cdots + 1318^{1977} + 1319^{1977}) -$

$2 \times 2^{1977}(1^{1977} + 2^{1977} + \cdots + 659^{1977}) =$

$(1^{1977} + 2^{1977} + 3^{1977} + 4^{1977} + \cdots + 1318^{1977} + 1319^{1977}) -$

$2^{1978}(1^{1977} + 2^{1977} + \cdots + 659^{1977}) \equiv$

$(1^{1977} + 2^{1977} + 3^{1977} + 4^{1977} + \cdots + 1318^{1977} + 1319^{1977}) -$

$(1^{1977} + 2^{1977} + \cdots + 659^{1977}) =$

$660^{1977} + 661^{1977} + \cdots + 1318^{1977} + 1319^{1977} =$

$(660^{1977} + 661^{1977} + \cdots + 989^{1977}) +$

$(990^{1977} + 991^{1977} + \cdots + 1319^{1977}) \equiv$

$(660^{1977} + 661^{1977} + \cdots + 989^{1977}) +$

$[(-989)^{1977} + (-988)^{1977} + \cdots + (-660)^{1977}] =$

$(660^{1977} + 661^{1977} + \cdots + 988^{1977} + 989^{1977}) -$

$(989^{1977} + 988^{1977} + \cdots + 661^{1977} + 660^{1977}) =$

$0 \pmod{1979}$

所以 $\dfrac{1}{1} - \dfrac{1}{2} + \dfrac{1}{3} - \dfrac{1}{4} + \cdots - \dfrac{1}{1318} + \dfrac{1}{1319} \equiv 0 \pmod{1979}$

（4）另一方面，因为

$$\dfrac{1}{1} - \dfrac{1}{2} + \dfrac{1}{3} - \dfrac{1}{4} + \cdots - \dfrac{1}{1318} + \dfrac{1}{1319}$$

是一个有理数，所以它可以表示为一个既约分数，即

$$\dfrac{1}{1} - \dfrac{1}{2} + \dfrac{1}{3} - \dfrac{1}{4} + \cdots - \dfrac{1}{1318} + \dfrac{1}{1319} = \dfrac{p'}{q'}$$

其中，p'，q' 是整数，而且 $(p', q') = 1$. 另外，因为如果将

$$\dfrac{1}{1} - \dfrac{1}{2} + \dfrac{1}{3} - \dfrac{1}{4} + \cdots - \dfrac{1}{1318} + \dfrac{1}{1319}$$

以 $1319!$ 作为公分母进行通分，那么通分后的公分母 $1319!$ 中没有因子 1979，所以既约以后的分母 q' 中更不会有因子 1979，所以 q' 不会被 1979 除尽，因此 $\dfrac{p'}{q'}$ 对模 1979 作为符号分数是有意义的. 但由（3）知

$$\dfrac{p'}{q'} = \dfrac{1}{1} - \dfrac{1}{2} + \dfrac{1}{3} - \dfrac{1}{4} + \cdots - \dfrac{1}{1318} + \dfrac{1}{1319} \equiv 0 \pmod{1979}$$

故 $\dfrac{p'}{q'} \equiv 0 \pmod{1979}$

这样 $$p' = q' \cdot \frac{p'}{q'} \equiv q' \cdot 0 = 0 \pmod{1\ 979}$$

即 $$p' \equiv 0 \pmod{1\ 979}$$

所以若 p,q 是自然数,而

$$\frac{p}{q} = \frac{1}{1} - \frac{1}{2} + \frac{1}{3} - \frac{1}{4} + \cdots - \frac{1}{1\ 318} + \frac{1}{1\ 319}$$

那么 $$\frac{p}{q} = \frac{p'}{q'}$$

因此 $$p = q \cdot \frac{p'}{q'}$$

因为 $(p',q')=1$,所以 $q' \mid q$,即 $\frac{q}{q'}$ 是整数,所以

$$p = \frac{q}{q'} \cdot p'$$

故 $$p' \equiv 0 \pmod{1\ 979}$$

所以 $$p \equiv 0 \pmod{1\ 979}$$

即 p 能被 $1\ 979$ 除尽. 本题证毕.

---

❷ 已知一棱柱体,其顶面与底面分别为五边形 $A_1A_2A_3A_4A_5$ 和 $B_1B_2B_3B_4B_5$. 两个五边形的每一边,以及每一条线段 $A_iB_j(i,j=1,\cdots,5)$,都被涂上红色或绿色. 以该棱柱的顶点为顶点所构成的三角形,若组成该三角形的是各边都被涂上了颜色的线段,那么其中必有两条边被涂上不同的颜色. 证明:棱柱顶面与底面的 10 条边必须被涂上同样的颜色.

保加利亚命题

证法 1 首先我们用反证法证明边 $A_1A_2,A_2A_3,A_3A_4,A_4A_5,A_5A_1$ 上具有同一种颜色. 假如不是这样,设 A_1A_2 为红色,A_2A_3 为绿色. 五条线段 $A_2B_1,A_2B_2,A_2B_3,A_2B_4,A_2B_5$ 中的三条具有相同的颜色,我们设为红色,这也不影响证明的普遍性,并标为 A_2B_i,A_2B_j,A_2B_k,那么线段 B_iB_j,B_jB_k,B_kB_i 中有一条为底面的一边,称其为 B_rB_s. 若 B_rB_s 为红色,则我们就得到一个红色 $\triangle A_2B_rB_s$. 所以 B_rB_s 必须为绿色,而线段 A_1B_r 和 A_1B_s 也必须为绿色. 否则我们就会得到红色 $\triangle A_1A_2B_r$ 和 $\triangle A_1A_2B_s$. 这样,$\triangle A_1B_rB_s$ 为一个绿色三角形. 这个矛盾表明 A_1A_2 和 A_2A_3 需具有同种颜色. 同样可以证明上、下底面的各边分别具有同种颜色.

现假设顶面的各边为红色而底面各边为绿色,若联结 A_1 与底面各顶点的各线段中有三条都为绿色,那么其中的两条线段必以底面相邻的两顶点为端点,称为 B_r,B_s,那么 $\triangle A_1B_rB_s$ 为一绿色三角形,这是矛盾的. 因此 A_1 与底面各点相连的各线段中至少

有三条为红色. 同样, 也至少有三条使 A_2 与底面相连的线段为红色. 现在我们有了六条红线, 其中至少有两条终止于底面上的同一顶点 B_i, 这样 $\triangle A_1 A_2 B_i$ 为一个同色三角形, 这与题中所给条件矛盾.

注 若顶面、底面为有 $2n+1$ 边的多边形, 则上述结论都成立. 但顶面和底面若为有 $2n$ 边的多边形, 则上述结论就不成立了. 例如, 若将顶面各边涂成红色, 底面涂成绿色, 而根据 $A_i B_j$ 中 $i-j$ 为偶数与奇数的情况分别涂成红色与绿色.

证法 2 为讨论方便起见, 我们将红色用 0 表示, 绿色用 1 表示. 题述棱柱体如图 21.1 所示, 而对 $A_i B_j (1 \leqslant i, j \leqslant 5)$ 的颜色登记如图 21.2 所示那样的阵列中的颜色 (此处登记的仅是一个例子).

现证明:

(1) 如果将图 21.2 中那样的阵列视为一个矩阵, 其矩阵元素记为 c_{ij}, 那么任何相邻的两行 (我们将横的称为行, 竖的称为列, 而且将第一行和第五行亦视为相邻的行, 第一列和第五列视为相邻的列)

$$\begin{pmatrix} c_{i1} & c_{i2} & c_{i3} & c_{i4} & c_{i5} \\ c_{i+1,1} & c_{i+1,2} & c_{i+1,3} & c_{i+1,4} & c_{i+1,5} \end{pmatrix}$$

必定属于下列两种类型之一:

甲: 只包含 $\begin{pmatrix}1\\1\end{pmatrix}, \begin{pmatrix}1\\0\end{pmatrix}, \begin{pmatrix}0\\1\end{pmatrix}$, 而且至少包含一个 $\begin{pmatrix}1\\1\end{pmatrix}$;

乙: 只包含 $\begin{pmatrix}0\\0\end{pmatrix}, \begin{pmatrix}1\\0\end{pmatrix}, \begin{pmatrix}0\\1\end{pmatrix}$, 而且至少包含一个 $\begin{pmatrix}0\\0\end{pmatrix}$.

这是因为不能同时包含 $\begin{pmatrix}1\\1\end{pmatrix}$ 和 $\begin{pmatrix}0\\0\end{pmatrix}$. 因为如果是同时包含, 那么五边形 $B_1 B_2 B_3 B_4 B_5$ 的一边 $B_i B_{i+1}$ 既不能是 0, 亦不能是 1, 故矛盾. 而且若既没有 $\begin{pmatrix}1\\1\end{pmatrix}$, 亦没有 $\begin{pmatrix}0\\0\end{pmatrix}$, 那么这相邻两行全由 $\begin{pmatrix}1\\0\end{pmatrix}$ 和 $\begin{pmatrix}0\\1\end{pmatrix}$ 组成. 但如果 $\begin{pmatrix}1\\0\end{pmatrix}$ 接着相邻出现, 亦即出现

$$\begin{matrix} \cdots & 1 & 1 & \cdots \\ \cdots & 0 & 0 & \cdots \end{matrix}$$

那么从列的观点上来看, 就出现了矛盾. 所以 $\begin{pmatrix}1\\0\end{pmatrix}$ 不能接着相邻出现, 对 $\begin{pmatrix}0\\1\end{pmatrix}$ 亦是如此. 因此若既没有 $\begin{pmatrix}1\\1\end{pmatrix}$, 亦没有 $\begin{pmatrix}0\\0\end{pmatrix}$, 那么这相邻

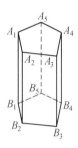

图 21.1

	A_1	A_2	A_3	A_4	A_5
B_1	0	1	0	1	0
B_2	0	0	1	0	0
B_3	1	0	0	0	0
B_4	0	1	0	1	0
B_5	1	0	1	0	0

图 21.2

两行只能是

$$\begin{pmatrix} 0 & 1 & 0 & 1 & 0 \\ 1 & 0 & 1 & 0 & 1 \end{pmatrix} \text{ 或 } \begin{pmatrix} 1 & 0 & 1 & 0 & 1 \\ 0 & 1 & 0 & 1 & 0 \end{pmatrix}$$

但注意不论以上情况中哪一种,第一列和第五列还是相邻出现了 $\begin{pmatrix} 0 \\ 1 \end{pmatrix}$ 或 $\begin{pmatrix} 1 \\ 0 \end{pmatrix}$. 而这从列的观点上来看是不允许的,因此是矛盾的. 故结论成立.

(2) 相邻三行,其第一、第二行组成的类型和第二、第三行组成的类型必定是相同的,这样就可以证明所有的底边是同一种颜色. 同理也就证明了所有的顶边亦是同一种颜色.

这是因为若相邻三行中前两行是甲型,后两行是乙型,那么前两行中一定有一个 $\begin{pmatrix} 1 \\ 1 \end{pmatrix}$. 今证其相邻列不能再是 $\begin{pmatrix} 1 \\ 1 \end{pmatrix}$ 或 $\begin{pmatrix} 0 \\ 1 \end{pmatrix}$. 若其相邻列是 $\begin{pmatrix} 1 \\ 1 \end{pmatrix}$,则必定出现

$$\begin{bmatrix} \cdots & 1 & 1 & \cdots \\ \cdots & 1 & 1 & \cdots \\ \cdots & 0 & 0 & \cdots \end{bmatrix}$$

若其相邻列是 $\begin{pmatrix} 0 \\ 1 \end{pmatrix}$,则必定出现

$$\begin{bmatrix} \cdots & 1 & 0 & \cdots \\ \cdots & 1 & 1 & \cdots \\ \cdots & 0 & 0 & \cdots \end{bmatrix} \text{ 或 } \begin{bmatrix} \cdots & 0 & 1 & \cdots \\ \cdots & 1 & 1 & \cdots \\ \cdots & 0 & 0 & \cdots \end{bmatrix}$$

这三种情况从列的观点来看都是矛盾的. 所以这三行中的前两行一定是下列四种情况之一,即

$$\begin{pmatrix} 1 & 1 & 1 & 1 & 0 \\ 1 & 0 & 1 & 0 & 1 \end{pmatrix}, \begin{pmatrix} 0 & 1 & 1 & 1 & 1 \\ 1 & 0 & 1 & 0 & 1 \end{pmatrix}$$

$$\begin{pmatrix} 1 & 1 & 1 & 1 & 1 \\ 1 & 0 & 1 & 0 & 1 \end{pmatrix}, \begin{pmatrix} 0 & 1 & 1 & 1 & 0 \\ 1 & 0 & 1 & 0 & 1 \end{pmatrix}$$

这是因为这两行的第一、第五列上不能再出现 $\begin{pmatrix} 1 \\ 0 \end{pmatrix}$,如果出现的话,那么从列的观点来看又要出现矛盾了. 现在在这四种情况中,前三种情况中因为第一列和第五列亦认为是相邻的,这样又出现了和 $\begin{pmatrix} 1 \\ 1 \end{pmatrix}$ 相邻的 $\begin{pmatrix} 0 \\ 1 \end{pmatrix}$ 或 $\begin{pmatrix} 1 \\ 1 \end{pmatrix}$,而这是不允许的;在最后一种情况中,第一列和相邻的第五列都是 $\begin{pmatrix} 0 \\ 1 \end{pmatrix}$,这样顶边 A_1A_5 的颜色既不能是 0,亦不能是 1,所以又产生了矛盾. 所以这四种情况都不能出现,亦即相邻三行中前两行是甲型,后两行是乙型,是不可能的. 如果

相邻三行中前两行是乙型,后两行是甲型,那么同理可证亦是不可能的.这样,可知所有相邻的行组成同一种类型.这样,若第一、第二行组成甲型,因为甲型中一定出现 $\binom{1}{1}$,所以 B_1B_2 一定是 0;同样若第二、第三行组成甲型,可知 B_2B_3 是 0;⋯⋯ 所以所有的底边有相同的颜色.因为顶和底的位置是对称的,将棱柱倒过来,顶成了底,底成了顶,而棱柱边的着色特征仍然维持,所以证得所有的顶边亦是有相同的颜色,这样(2)的性质就完全证得了.

(3) 最后只要证明底和顶这 10 条边的颜色是一样的.

这是因为若底边各边的颜色是 0,那么相邻两行都是甲型的.因为甲型中一定会出现 $\binom{1}{1}$,所以任意选择相邻两行,一定有下列五种情况之一出现,即

$$\begin{pmatrix}\cdots 1\ 1\ \cdots\\ \cdots 1\ 0\ \cdots\end{pmatrix},\begin{pmatrix}\cdots 1\ 1\ \cdots\\ \cdots 0\ 1\ \cdots\end{pmatrix},\begin{pmatrix}\cdots 1\ 0\ \cdots\\ \cdots 1\ 1\ \cdots\end{pmatrix},\begin{pmatrix}\cdots 0\ 1\ \cdots\\ \cdots 1\ 1\ \cdots\end{pmatrix},\begin{pmatrix}\cdots 1\ 1\ \cdots\\ \cdots 1\ 1\ \cdots\end{pmatrix}$$

但不论哪一种情况,所列的相邻两列所对应的顶边的颜色一定是 0,这样所有的顶边的颜色都是 0.对底边各边的颜色是 1 的情况,同理可证所有顶边的颜色亦是 1.这样就证明了本题.

❸ 平面上两圆相交,设点 A 为其中的一个交点.有两个点同时从点 A 出发,各以恒速沿其中的一个圆绕行,并在绕行一周后同时回到点 A.证明:在平面上存在一点 P,且在任何时候点 P 到两动点的距离都相等.

苏联命题

证法 1 两个动点具有相同的角速度(因为它们旋转一周后同时回到点 A).如图 21.3 所示,圆 C_1 上的点 Q_1 和圆 C_2 上的点 Q_2 都按逆时针方向绕过了一个角度 θ,B 为两圆的另一交点,MAN 为垂直于 AB 的线段.因为 $\angle ABQ_1=\dfrac{\theta}{2}$,$\angle ABQ_2=\pi-\dfrac{\theta}{2}$,对于任何 θ,线段 Q_1Q_2 过点 B.因为 $\angle MAB=\angle NAB=90°$,$MB$ 和 NB 为直径,因此 $\angle MQ_1B=\angle BQ_2N=90°$.这样推出 $MQ_1 \parallel NQ_2$.即不论 Q_1Q_2 运动到何处,Q_1Q_2 的垂直平分线(所有与 Q_1,Q_2 等距的点的集合)与固定线段 MN 相交于其中点 P.

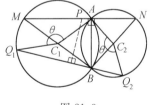

图 21.3

证法 2 设两圆半径各为 R_1 和 R_2,圆心距为 d,两圆圆心各为 O_1 和 O_2,如图 21.4 所示.再设 $\angle AO_1O_2=\theta_1$,$\angle AO_2O_1=\theta_2$.令

$$d_1=R_1\cdot\cos\theta_1,\ d_2=R_2\cdot\cos\theta_2 \qquad ①$$

则不论 $\triangle AO_1O_2$ 是锐角三角形或是钝角三角形(图 21.5),都有

$$d_1 + d_2 = d \qquad ②$$
$$R_1 \cdot \sin\theta_1 = h = R_2 \cdot \sin\theta_2 \qquad ③$$

其中,h 是 $\triangle AO_1O_2$ 中边 O_1O_2 的高.

今建立一个直角坐标系,坐标原点在 O_1,x 轴与 O_1O_2 重合,且正向是从 O_1 朝向 O_2,y 轴的正向保证使点 A 的纵坐标是正的,如图 21.6 所示.

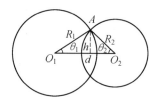

图 21.4

又设两点分别绕完一周所需的时间是 T,而线速度分别是 v_1 和 v_2,则根据题意有
$$\frac{2\pi R_1}{v_1} = T = \frac{2\pi R_2}{v_2}$$

亦即
$$\frac{v_1}{R_1} = \frac{2\pi}{T} = \frac{v_2}{R_2}$$

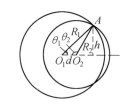

图 21.5

这就是说两点分别绕行各圆周时,其角速度是相等的,均为 $\frac{2\pi}{T}$. 这样,在时刻 t(起始时 $t=0$),两点分别绕过的圆心角为
$$\frac{v_1}{R_1} t = \frac{2\pi}{T} t = \omega t$$
$$\frac{v_2}{R_2} t = \frac{2\pi}{T} t = \omega t$$

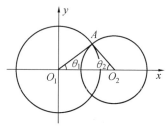

图 21.6

再因为两点绕行的转向是同为顺时针方向或者同为逆时针方向,所以在时刻 t 时,两点的坐标 $(x_1, y_1), (x_2, y_2)$ 分别有
$$\begin{cases} (x_1, y_1) = (R_1 \cdot \cos(\theta_1 + kt), R_1 \cdot \sin(\theta_1 + kt)) \\ (x_2, y_2) = (d + R_2 \cdot \cos(\pi - \theta_2 + kt), R_2 \cdot \sin(\pi - \theta_2 + kt)) \end{cases}$$
$$④$$

其中,$k = \omega$ 或 $-\omega$ 视两点同逆时针方向还是同顺时针方向而定. 今过 $(x_1, y_1), (x_2, y_2)$ 这两点的垂直平分线,其直线方程为
$$(x - x_1)^2 + (y - y_1)^2 = (x - x_2)^2 + (y - y_2)^2$$
即
$$2(x_2 - x_1)x + 2(y_2 - y_1)y + (x_1^2 + y_1^2) - (x_2^2 + y_2^2) = 0 \quad ⑤$$

现将式 ④ 代入式 ⑤,而寻求一对与 t 无关的 (x_0, y_0),使式 ⑤ 中的 $x = x_0, y = y_0$ 后,对每一个 t,式 ⑤ 都成立. 这样就得到关于 t 的恒等式
$$2[d - R_2 \cdot \cos(kt - \theta_2) - R_1 \cdot \cos(\theta_1 + kt)]x_0 +$$
$$2[-R_2 \cdot \sin(kt - \theta_2) - R_1 \cdot \sin(\theta_1 + kt)]y_0 +$$
$$[R_1^2 - R_2^2 - d^2 + 2dR_2 \cdot \cos(kt - \theta_2)] \equiv 0$$
即
$$2R_2(d - x_0)\cos(kt - \theta_2) - 2y_0 R_2 \cdot \sin(kt - \theta_2) -$$
$$2R_1 x_0 \cdot \cos(\theta_1 + kt) - 2y_0 R_1 \cdot \sin(\theta_1 + kt) +$$
$$R_1^2 - R_2^2 - d^2 + 2x_0 d \equiv 0$$

整理后,得到

$$2(R_2(d-x_0)\sin\theta_2 - y_0 R_2\cdot\cos\theta_2 + R_1 x_0\cdot\sin\theta_1 -$$
$$y_0 R_1\cdot\cos\theta_1)\sin kt + 2(R_2(d-x_0)\cos\theta_2 +$$
$$y_0 R_2\cdot\sin\theta_2 - R_1 x_0\cdot\cos\theta_1 - y_0 R_1\cdot\sin\theta_1)\cos kt +$$
$$(R_1^2 - R_2^2 - d^2 + 2x_0 d) \equiv 0$$

因为上式是三角恒等式,故 $\sin kt$,$\cos kt$ 前的系数和常数项均要为 0,这样就得到

$$\begin{cases}(R_1\cdot\sin\theta_1 - R_2\cdot\sin\theta_2)x_0 - (R_1\cdot\cos\theta_1 + \\ R_2\cdot\cos\theta_2)y_0 = -R_2 d\cdot\sin\theta_2 \\ -(R_1\cdot\cos\theta_1 + R_2\cdot\cos\theta_2)x_0 + (R_2\cdot\sin\theta_2 - \\ R_1\cdot\sin\theta_1)y_0 = -R_2 d\cdot\cos\theta_2 \\ 2xd + R_1^2 - R_2^2 - d^2 = 0\end{cases}\quad ⑥$$

因式 ②,③ 成立,故
$$R_1\cdot\sin\theta_1 = R_2\cdot\sin\theta_2$$
$$R_1\cdot\cos\theta_1 + R_2\cdot\cos\theta_2 = d$$

再在 $\triangle AO_1 O_2$ 内对边 AO_1 使用余弦定理,得到
$$R_1^2 = R_2^2 + d^2 - 2R_2 d\cdot\cos\theta_2$$

故利用这些关系式,式 ⑥ 变为
$$\begin{cases}dy_0 = R_2 d\cdot\sin\theta_2 \\ dx_0 = R_2 d\cdot\cos\theta_2 \\ dx = R_2 d\cdot\cos\theta_2\end{cases}\quad ⑦$$

因为两圆至少有一个交点,故若再有 $d=0$,那么此两圆重合.此时平面上任一点均是所求的 (x_0, y_0),这从方程组 ⑦ 在 $d=0$ 时自动成立为等式亦可看出.而当 $d\neq 0$ 时,即两圆至少有一个交点而不重合时,从方程组 ⑦ 解得

$$\begin{cases}x_0 = R_2\cdot\cos\theta_2 \\ y_0 = R_2\cdot\sin\theta_2\end{cases}\quad ⑧$$

而此点 (x_0, y_0) 正是点 A 对 $O_1 O_2$ 垂直平分线的轴对称点 P,如图 21.7 所示.所以我们得到结论:当两圆至少有一个交点而不重合时,点 A 对圆心连线 $O_1 O_2$ 的垂直平分线的轴对称点 P,平面上就这一个唯一的点 P 满足本题的要求;而当两圆重合时,平面上任何一点都满足本题的要求.

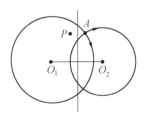

图 21.7

注 我们感兴趣的是:当两点从点 A 不是同时绕相同的转向转动时,即有一点朝逆时针方向旋转,而另一点朝顺时针方向旋转时,有没有与这两个动点任何时刻都等距离的点呢? 为此,我们进行分析,此时有

$$\begin{cases}(x_1, y_1) = (R_1\cdot\cos(\theta_1 + kt), R_1\cdot\sin(\theta_1 + kt)) \\ (x_2, y_2) = (d + R_2\cdot\cos(\pi - \theta_2 - kt), R_2\cdot\sin(\pi - \theta_2 - kt))\end{cases}\quad ④'$$

其中,$k=\omega$ 或 $-\omega$ 视绕圆 O_1 转的点是逆时针转还是顺时针转(此时绕圆 O_2 转的点相应是顺时针转或逆时针转)而定.因此相应求 (x_0, y_0) 的方程为

$$2[d - R_2 \cdot \cos(-kt - \theta_2) - R_1 \cdot \cos(\theta_1 + kt)]x_0 +$$
$$2[-R_2 \cdot \sin(-kt - \theta_2) - R_1 \cdot \sin(\theta_1 + kt)]y_0 +$$
$$(R_1^2 - R_2^2 - d^2 + 2dR_2 \cdot \cos(-kt - \theta_2)) \equiv 0$$

即
$$2R_2(d - x_0)\cos(-kt - \theta_2) - 2y_0 R_2 \cdot \sin(-kt - \theta_2) -$$
$$2R_1 x_0 \cdot \cos(kt + \theta_1) - 2y_0 R_1 \cdot \sin(\theta_1 + kt) +$$
$$(R_1^2 - R_2^2 - d^2 + 2x_0 d) \equiv 0$$

整理后,得到
$$2(-R_2(d - x_0) \cdot \sin \theta_2 + y_0 R_2 \cdot \cos \theta_2 + R_1 x_0 \cdot \sin \theta_1 -$$
$$y_0 R_1 \cdot \cos \theta_1)\sin kt + 2(R_2(d - x_0)\cos \theta_2 +$$
$$y_0 R_2 \cdot \sin \theta_2 - R_1 x_0 \cdot \cos \theta_1 - y_0 R_1 \cdot \sin \theta_1)\cos kt +$$
$$(R_1^2 - R_2^2 - d^2 + 2x_0 d) \equiv 0$$

因此
$$\begin{cases} (R_1 \cdot \sin \theta_1 + R_2 \cdot \sin \theta_2)x_0 - (R_1 \cdot \cos \theta_1 - \\ R_2 \cdot \cos \theta_2)y_0 = R_2 d \cdot \sin \theta_2 \\ -(R_1 \cdot \cos \theta_1 + R_2 \cdot \cos \theta_2)x_0 + (R_2 \cdot \sin \theta_2 - \\ R_1 \cdot \sin \theta_1)y_0 = -R_2 d \cdot \cos \theta_2 \\ R_1^2 - R_2^2 - d^2 + 2x_0 d = 0 \end{cases} \quad ⑥'$$

注意利用关系式②,③,所以上述方程组的第二个方程为
$$dx_0 = dd_2$$
这样在 $d \neq 0$ 时,$x_0 = d_2$.

将它代入第三个方程中,得到了一个等式,它就是 $\triangle AO_1 O_2$ 中对边 AO_1 的余弦定理,如果将 $x_0 = d_2$ 代入第一个方程,那么得到
$$2hd_2 - (d_1 - d_2)y_0 = hd$$
即 $(d_1 - d_2)y_0 = h(2d_2 - d_1 - d_2) = h(d_2 - d_1)$
故当 $d_1 - d_2 \neq 0$ 时,有
$$y_0 = -h$$
而当 $d_1 - d_2 = 0$ 时,即两圆半径相等时,任何值均可作为 y_0 的值.

而当 $d = 0$ 时(此时两圆重合,故 $R_1 = R_2, h = 0, d_1 = d_2$),方程组 ⑥' 变为
$$\begin{cases} -2d_1 y_0 = 0 \\ 0 = 0 \\ R_1 = R_2 \end{cases}$$
此即示意 x 轴上的任一点均可作为点 (x_0, y_0).

综上所述,我们得到结论:

当从点 A 出发的两点旋转所绕的方向相异时,而当两圆半径不相等而至少有一个交点时,设两圆连心线 $O_1 O_2$ 的垂直平分线与 $O_1 O_2$ 的交点为 O,取 A 对点 O 的中心对称点 P,平面上就这一个唯一的点 P 满足与两动点等距离的要求,如图 21.8 所示;而当两圆半径相等,至少有一个交点而不重合时,两圆连心线 $O_1 O_2$ 的垂直平分线上的每一点都满足与两动点等距离的要求,如图 21.9 所示;当两圆重合时,则直线 AO 上的每一点都满足与两动点等距离的要求.

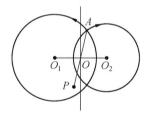

图 21.8

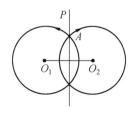

图 21.9

❹ 已知平面 π 和该平面上的一点 P，以及不在该平面上的一点 Q，在平面 π 上找出所有的点 R，使得 $\dfrac{QP+PR}{QR}$ 为极大值.

美国命题

解法 1 对任何点 R（待求），将通过 R 和 P 的直线用 l 表示. 设 $\angle QPR = 2\theta$. 我们在 l 中确定一点 S，使 $QP = SP$，如图 21.10 所示，那么 $SR = QP + PR$. 由正弦定理，有
$$\lambda \equiv \frac{QP+PR}{QR} = \frac{SR}{QR} = \frac{\sin \angle SQR}{\sin \theta}$$
对 l 上的所有点 R，当 $\angle SQR = 90°$ 时，λ 达到最大值. 现还需使 $\dfrac{1}{\sin \theta}$ 极大化. 当 2θ 为极小值时，$\dfrac{1}{\sin \theta}$ 达到最大. 此时直线 l 经过点 P 和 Q 在平面 π 内的射影 T.

若 T,P 为不同点，就唯一确定了点 R；若 T,P 为同一点，则 R 是以 P 为圆心，半径为 QP 的圆上的任何一点.

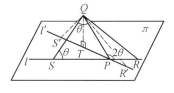

图 21.10

解法 2 如图 21.11 所示，由点 Q 向平面 π 作垂线，其垂足为 Q_0. 今先证在 P 不与 Q_0 重合时，欲找的点 R 必定位于一条半无限直线（即射线）Q_0S 上. 此半无限直线 Q_0S 是无限直线 PQ_0 的一部分，它的起点是 Q_0，而朝向是没有点 P 的那一侧，这是因为以 Q 为顶点，以 QQ_0 为对称轴的正圆锥与平面 π 的截口是一个以 Q_0 为圆心的圆，如图 21.12 所示. 现在考虑平面 π 上此圆周上的点 R，因为此时 QR 为常值，故为使 $\dfrac{QP+PR}{QR}$ 最大，就是要使 $QP+PR$ 最大. 而 QP 又是常值，故就是要使 PR 最大，因此 R 必定位于 R' 上. 再者因为平面 π 上的不是 Q_0 的所有点必定位于上述这样的某一个圆周之内，故我们的结论成立.

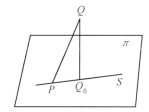

图 21.11

今过三点 P,Q,Q_0 作一平面 Ω，如图 21.13 所示. 限制 R 在半无限直线 Q_0S 上活动. 今设
$$PQ = r, QQ_0 = h, PQ_0 = d, \angle Q_0RQ = \theta$$
那么
$$PR = d + h \cdot \cot \theta, \quad QR = \frac{h}{\sin \theta}$$
因此
$$\frac{QP+PR}{QR} = \frac{r+d+h \cdot \cot \theta}{\dfrac{h}{\sin \theta}} =$$
$$\frac{r+d}{h} \sin \theta + \cos \theta \equiv f(\theta)$$

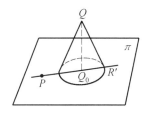

图 21.12

而当点 R 在半无限直线 Q_0S 上活动时，相当于 θ 在变化，但
$$0 < \theta \leqslant \frac{\pi}{2}$$
今求 $\dfrac{QP+PR}{QR}$ 的最大值，也就相当于求函数 $f(\theta)$ 当 θ 在 $0 < \theta \leqslant \dfrac{\pi}{2}$ 范围内的最大值，利用正弦和角公式，可以得到函数 $f(\theta)$ 的恒等变形，即

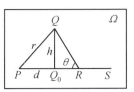

图 21.13

$$f(\theta) = \frac{r+d}{h}\sin\theta + \cos\theta = \sqrt{\left(\frac{r+d}{h}\right)^2 + 1} \cdot$$

$$\left\{\sin\theta \frac{\dfrac{r+d}{h}}{\sqrt{\left(\dfrac{r+d}{h}\right)^2+1}} + \frac{1}{\sqrt{\left(\dfrac{r+d}{h}\right)^2+1}}\cos\theta\right\} =$$

$$\sqrt{\left(\frac{r+d}{h}\right)^2+1}\,(\sin\theta\cdot\cos\varphi + \cos\theta\cdot\sin\varphi) =$$

$$\sqrt{\left(\frac{r+d}{h}\right)^2+1}\cdot\sin(\theta+\varphi)$$

其中 $\tan\varphi = \dfrac{h}{r+d}, 0 < \varphi < \dfrac{\pi}{2}$

所以只有当 $\theta = \dfrac{\pi}{2} - \varphi$ 时，$f(\theta)$ 取得最大值

$$\sqrt{\left(\frac{r+d}{h}\right)^2+1} = \sqrt{\frac{(r+d)^2}{h^2}+1} = \sqrt{\frac{(r+d)^2}{r^2-d^2}+1} = \sqrt{\frac{2r}{r-d}}$$

所以此时

$$Q_0R = h\cdot\cot\theta = h\cdot\cot\left(\frac{\pi}{2}-\varphi\right) = h\cdot\cot\varphi =$$

$$h\cdot\frac{h}{r+d} = \frac{h^2}{r+d} = \frac{r^2-d^2}{r+d} = r-d$$

$$PR = PQ_0 + Q_0R = d + r - d = r$$

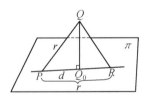

图 21.14

因此我们得到结论：在 P 不与 Q_0 重合时，所求的点 R 仅一点，即在半无限直线 Q_0S 上满足 $PR = r$ 的那一点，如图 21.14 所示。此时 $\dfrac{QP+PR}{QR}$ 的最大值为 $\sqrt{\dfrac{2r}{r-d}}$.

而当 P 与 Q_0 重合时，设 $PQ = r, PR = x$，如图 21.15 所示。这样，有

$$\frac{PQ+PR}{QR} = \frac{r+x}{\sqrt{r^2+x^2}} \equiv g(x)$$

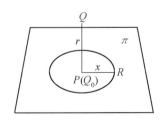

图 21.15

今 R 在平面 π 内变动，而求 $\dfrac{PQ+PR}{QR}$ 的最大值，就是相当于 $x \geqslant 0$ 时求 $g(x)$ 的最大值。注意因为
$$(r+x)^2 \leqslant 2(r^2+x^2)$$

所以 $r+x \leqslant \sqrt{2} \cdot \sqrt{r^2+x^2}$

亦即 $f(x) \leqslant \sqrt{2}$

而且在 $x=r$ 时,达到这个最大值 $\sqrt{2}$。因此我们得到结论:当 P 与 Q_0 重合时,点 R 是以 P 为圆心,以 r 为半径的平面 π 内的一个圆周,如图 21.16 所示,而此时相应的 $\dfrac{PQ+PR}{QR}$ 的最大值为 $\sqrt{2}$。

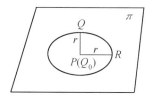

图 21.16

注 对于学过初等微积分的读者来说,本题中函数 $f(\theta)$ 与 $g(x)$ 的极值和极值点是可以用求导数,再使之为零的方法来得到的. 即因为

$$f(\theta) = \frac{r+d}{h}\sin\theta + \cos\theta$$

所以 $f'(\theta) = \dfrac{r+d}{h}\cos\theta - \sin\theta$

若 $f'(\theta) = 0$

亦即 $\dfrac{r+d}{h}\cos\theta - \sin\theta = 0$

那么 $\tan\theta = \dfrac{r+d}{h} = \cot\varphi = \tan\left(\dfrac{\pi}{2} - \varphi\right)$

亦即 $\theta = \dfrac{\pi}{2} - \varphi$

是其极值点. 而对于

$$g(x) = \frac{r+x}{\sqrt{r^2+x^2}}$$

$$g'(x) = \frac{\sqrt{r^2+x^2} - \dfrac{1}{2} \cdot \dfrac{2x}{\sqrt{r^2+x^2}}(r+x)}{r^2+x^2} =$$

$$\frac{r^2+x^2-xr-x^2}{(r^2+x^2)^{\frac{3}{2}}} = \frac{r(r-x)}{(r^2+x^2)^{\frac{3}{2}}}$$

若有 $g'(x) = 0$

那么就有 $x = r$

即此是其极值点.

此外,注意 P 与 Q_0 重合时的极值点位置及最大值,可以通过在 P 不与 Q_0 重合时的极值点位置和最大值 $\sqrt{\dfrac{r}{r-d}}$,再令 $P \to Q_0$(亦即 $d \to 0$)而得到.

❺ 找出所有的实数 a,对于该实数存在着非负实数 x_1, x_2, x_3, x_4, x_5,满足关系

$$\sum_{k=1}^{5} kx_k = a, \sum_{k=1}^{5} k^3 x_k = a^2, \sum_{k=1}^{5} k^5 x_k = a^3$$

以色列命题

解法 1　所要求的关系式为
$$a^2 \sum_{k=1}^{5} kx_k + \sum_{k=1}^{5} k^5 x_k = 2a \sum_{k=1}^{5} k^3 x_k$$

或者
$$\sum_{k=1}^{5} k(a-k^2)^2 x_k = 0$$

因此,这五个非负项中的每一项需等于 0,即
$$k(a-k^2)^2 x_k = 0, k = 1,2,3,4,5$$

这样,或者 $x_1 = x_2 = x_3 = x_4 = x_5 = 0$,或者 x_k 中的某四个均为 0;若对某个 $j, x_j \neq 0$,那么 $a = j^2$,将此式代入题中所给的任一关系式中,得 $x_j = j$. 这样,a 的六个可能值为
$$0, 1, 2^2 = 4, 3^2 = 9, 4^2 = 16, 5^2 = 25$$

解法 2　对于实数 b_i, c_i 的柯西(Cauchy)不等式说明
$$\left(\sum b_k c_k\right)^2 \leqslant \left(\sum b_k^2\right)\left(\sum c_k^2\right) \qquad ①$$

当且仅当 $c_k = \lambda b_k, k = 1,2,3,4,5$ 时,等式成立.

设 $b_k = \sqrt{kx_k}, c_k = \sqrt{k^5 x_k}$,那么 $b_k c_k = k^3 x_k$,代入式 ① 得
$$\left(\sum k^3 x_k\right)^2 - (a^2)^2 \leqslant \left(\sum kx_k\right)\left(\sum k^5 x_k\right) = a^4$$

因该式应是等式,故 $c_k = \lambda b_k$,或者 $k^5 x_k = \lambda^2 k x_k$,即
$$x_k(k^4 - \lambda^2) = 0, k = 1,2,3,4,5 \qquad ②$$

如果对某个 $j, x_j \neq 0$,从式 ② 得出 $\lambda = j^2$,且 $x_k = 0$. 这样,在所要求的关系式中只剩下一项,并得 $a = j^2$,所以 $\lambda = a$. 我们可得出结论:a 可能的取值为 $0, 1, 4, 9, 16, 25$.

> **❻** 设 $\angle A$ 和 $\angle E$ 为一个正八边形中相对的两个顶角. 一只青蛙从顶点 A 开始跳. 在八边形除 E 外的其他顶点,该青蛙可能跳向相邻两个顶点中的任何一个. 当青蛙到达点 E 之后就停下来. 若青蛙跳到点 E 共跳了 n 次,用 a_n 表示这 n 次跳动可能采取的路径的数目. 证明
> $$a_{2n-1} = 0$$
> $$a_{2n} = \frac{1}{\sqrt{2}}(x^{n-1} - y^{n-1}), \forall n = 1,2,3,\cdots$$
> 其中　　　　$x = 2 + \sqrt{2}, y = 2 - \sqrt{2}$

民主德国命题

提示　n 次跳采取的某一路径是顶点的一个数列 $(P_0, \cdots, P_n)$,其中:

(1) $P_0 = A, P_n = E$;

(2) 对于任何 $i, 0 \leqslant i \leqslant n-1, P_i$ 不等于 E;

(3) 对于任何数 $i, 0 \leqslant i \leqslant n-1, P_i$ 和 P_{i+1} 相邻.

证法 1　青蛙不能在跳 4 次之内到达点 E,故 $a_1 = a_2 = a_3 = 0$;它能按两条路径跳 4 次跳到点 E,故 $a_4 = 2$.

从点 A 做奇数次跳,青蛙可能到达点 B, D, F, H,但不可能到达点 E,如图 21.17 所示,故 $a_{2n-1} = 0$(对于所有的 n).

现在,用 b_n 表示从点 C 开始以 n 次跳最后跳到点 E 的各不同

路径的数目(这与从点 G 开始一样). 从点 C 跳 2 次到点 E 只有一种路径, 故
$$b_2 = 1$$

青蛙从点 A 起跳跳 2 次之后, 它可能在点 C, G 或返回到点 A. 它可以有两种路径返回点 A, 即 $A \to B \to A$ 或 $A \to H \to A$. 故从点 A 到点 E 跳 n 次的路径数 a_n 等于从点 C, G 跳 $n-2$ 次到达点 E 的路径数加上从点 A 到点 E 跳 $n-2$ 次的路径数的 2 倍, 即
$$a_n = 2b_{n-2} + 2a_{n-2} \qquad \textcircled{1}$$

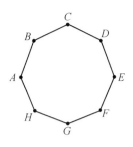

图 21.17

当青蛙从点 C 开始跳并跳了大于 2 次的次数, 前 2 跳的结果或落在点 A 或落在点 C(因为若落在点 E, 它不能再跳, 即只跳了 2 次), 所以路径数 $b_n (n > 2)$ 等于从点 A 起跳跳 $n-2$ 次到点 E 的路径数加上从点 C 起跳跳 $n-2$ 次到点 E 的路径数的 2 倍(因为前 2 次跳可能为 $C \to D \to C$ 或 $C \to B \to C$), 故
$$b_n = 2b_{n-2} + a_{n-2}, n > 2 \qquad \textcircled{2}$$

$\textcircled{1} - \textcircled{2}$ 得
$$b_n - a_n = -a_{n-2}$$

用 $n-2$ 代替 n 得
$$b_{n-2} = a_{n-2} - a_{n-4}$$

代入式 $\textcircled{1}$ 得
$$a_n = 4a_{n-2} - 2a_{n-4}, n > 4 \qquad \textcircled{3}$$

很清楚, 由 $a_2 = 0, a_4 = 2$ 及式 $\textcircled{3}$ 可以唯一地确定 a_n. 因此, 我们只需证明题中所给的答案
$$c_{2n} = \frac{1}{\sqrt{2}}(x^{n-1} - y^{n-1})$$

满足 $c_2 = 0, c_4 = 2$(式 $\textcircled{3}$ 的初值) 及式 $\textcircled{3}$(其中 n 值已用 $2n$ 代换), 即
$$c_{2n} = 4c_{2n-2} - 2c_{2n-4}$$

因为 $x = 2 + \sqrt{2}, y = 2 - \sqrt{2}$ 为方程
$$t^2 - 4t + 2 = 0$$
的根, 同时也是方程
$$p(t) = t^{n-1} - 4t^{n-2} + 2t^{n-3} = 0$$
的根, 因此
$$\frac{1}{\sqrt{2}}(p(x) - p(y)) = 0$$

或
$$\frac{x^{n-1} - y^{n-1}}{2} - 4 \cdot \frac{x^{n-2} - y^{n-2}}{2} + 2 \cdot \frac{x^{n-3} - y^{n-3}}{2} = 0$$

且
$$c_{2n} = 4c_{2n-2} - 2c_{2n-4}$$

由于式 $\textcircled{3}$ 在给定条件下的解是唯一的, 故我们可将 a_{2n} 与 c_{2n} 相等同, 即

$$a_{2n} = c_{2n} = \frac{1}{\sqrt{2}}(x^{n-1} - y^{n-1})$$

在这个解中,我们使用了题中给出的公式且证明了它满足我们推导出的关系式 ③. 但假如题中没有给出任何公式,我们自己能求出吗? 回答是肯定的,下面我们就证实这一点.

证法 2 和解法 1 一样,我们推出式 ① 和式 ②,然后并不减去数 b_n. 相反,将同时考虑 a_n, b_n.

注意到 $a_2 = 0, b_2 = 1$. 因为青蛙不可能从点 A 或点 C 跳奇数次而到达点 E,我们令 $n = 2m$,将数列关系

$$a_n = 2a_{n-2} + 2b_{n-2} \qquad ④$$
$$b_n = a_{n-2} + 2b_{n-2} \qquad ⑤$$

看成矢量 $\boldsymbol{v}_{m-1}$ 与 $\boldsymbol{v}_m = \begin{pmatrix} a_{2m} \\ b_{2m} \end{pmatrix}$,通过矩阵

$$\boldsymbol{T} = \begin{pmatrix} 2 & 2 \\ 1 & 2 \end{pmatrix}$$

的变换关系,因此

$$\boldsymbol{v}_m = \boldsymbol{T}\boldsymbol{v}_{m-1}, \boldsymbol{v}_1 = \begin{pmatrix} a_2 \\ b_2 \end{pmatrix} = \begin{pmatrix} 0 \\ 1 \end{pmatrix}$$

$\boldsymbol{T}$ 的特征值是 $\boldsymbol{T}$ 的特征方程

$$\begin{vmatrix} 2-\lambda & 2 \\ 1 & 2-\lambda \end{vmatrix} = \lambda^2 - 4\lambda + 2 = 0$$

的解 λ_1, λ_2,它们为 $\lambda_1 = 2 + \sqrt{2}, \lambda_2 = 2 - \sqrt{2}$. 相应的特征矢量 $\boldsymbol{u}_1, \boldsymbol{u}_2$ 具有性质

$$\boldsymbol{T}\boldsymbol{u}_i = \lambda_i \boldsymbol{u}, \boldsymbol{T}(\boldsymbol{T}\boldsymbol{u}_i) = \lambda_i^2 \boldsymbol{u}_i, \cdots, \boldsymbol{T}^{(n)}\boldsymbol{u}_i = \lambda_i^n \boldsymbol{u}_i, i = 1, 2 \qquad ⑥$$

从式 ⑥,也就是求解

$$\begin{pmatrix} 2 & 2 \\ 1 & 2 \end{pmatrix} \begin{pmatrix} \alpha_i \\ \beta_i \end{pmatrix} = \lambda_i \begin{pmatrix} \alpha_i \\ \beta_i \end{pmatrix}$$

可得到特征矢量,并得

$$\frac{\alpha_1}{\beta_1} = \sqrt{2}, \frac{\alpha_2}{\beta_2} = -\sqrt{2}$$

令

$$\boldsymbol{u}_1 = \frac{1}{\sqrt{2}} \begin{pmatrix} 1 \\ \frac{1}{\sqrt{2}} \end{pmatrix}, \boldsymbol{u}_2 = \frac{1}{\sqrt{2}} \begin{pmatrix} -1 \\ \frac{1}{\sqrt{2}} \end{pmatrix}$$

那么 $\boldsymbol{v}_1 = \begin{pmatrix} 0 \\ 1 \end{pmatrix}$ 为 $\boldsymbol{u}_1$ 和 $\boldsymbol{u}_2$ 的线性组合,即

$$\boldsymbol{v}_1 = \lambda_1 \boldsymbol{u}_1 + \lambda_2 \boldsymbol{u}_2$$

且

$$\boldsymbol{v}_m = \boldsymbol{T}^{(m-1)} \boldsymbol{v}_1 = \lambda_1^{m-1} \boldsymbol{u}_1 + \lambda_2^{m-2} \boldsymbol{u}_2 = \begin{pmatrix} a_{2m} \\ b_{2m} \end{pmatrix}$$

当写出 v_m 的第一个元素时,得到方程
$$a_{2m}=\frac{1}{\sqrt{2}}\left[(2+\sqrt{2})^{m-1}-(2-\sqrt{2})^{m-1}\right]$$

注 对所有的 m,a_{2m} 都为整数.因为 $\lambda_2=2-\sqrt{2}<0.6<1$,$a_{2m}$ 中的第二项 $\frac{\lambda_2^{m-1}}{\sqrt{2}}<\frac{1}{2}$(甚至当 $m=2$ 时),并当 m 增大时可忽略不计.这样对于所有的 m,a_{2m} 为第一项的整数部分,即 $a_{2m}=\left[\frac{\lambda_1^{m-1}}{\sqrt{2}}\right]$.

证法 3 如图 21.18 所示,标出此正八边形的各顶点,即如图 21.19 所示.再用 a_n,b_n,c_n,d_n 分别表示自 A,B,C,D 各点出发经 n 步后跳至点 E 的所有不同跳法的种数.利用 B' 与 B 两点对 A,E 两点是对称的性质,从直观分析我们就可以得到 a_n,b_n,c_n,d_n 与 $a_{n-1},b_{n-1},c_{n-1},d_{n-1}$ 之间的递归关系,即

$$\begin{cases}a_n=2b_{n-1}&\text{⑦}\\b_n=a_{n-1}+c_{n-1},n\geqslant 2&\text{⑧}\\c_n=b_{n-1}+d_{n-1}&\text{⑨}\\d_n=c_{n-1}&\text{⑩}\end{cases}$$

而且

$$\begin{cases}a_1=0\\b_1=0\\c_1=0\\d_1=1\end{cases}\quad\text{⑪}$$

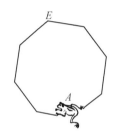

图 21.18

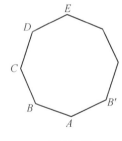

图 21.19

此证法及证法后的"注"均属于顾可敬.

这样,我们当 $n\geqslant 1$ 时,从式 ⑦ 得

$$b_n=\frac{a_{n+1}}{2}\quad\text{⑫}$$

又从式 ⑧ 得

$$c_n=b_{n+1}-a_n=\frac{a_{n+2}}{2}-a_n\quad\text{⑬}$$

再从式 ⑨ 得

$$d_n=c_{n+1}-b_n=\frac{a_{n+3}}{2}-a_{n+1}-\frac{a_{n+1}}{2}=\frac{a_{n+3}-3a_{n+1}}{2}\quad\text{⑭}$$

最后利用式 ⑩,可知当 $n\geqslant 2$ 时,有

$$\frac{a_{n+3}-3a_{n+1}}{2}=\frac{a_{n+1}}{2}-a_{n-1}$$

即

$$a_{n+3}-4a_{n+1}+2a_{n-1}=0$$

亦即

$$a_{n+4}-4a_{n+2}+2a_n=0,n\geqslant 1\quad\text{⑮}$$

再从式 ⑪ 及式 ⑫,⑬,⑭ 中可得

$$\begin{cases} a_1 = 0 \\ a_2 = 0 \\ a_3 = 0 \\ a_4 = 2 \end{cases} \qquad ⑯$$

这样从 $a_1 = 0$ 及 $a_3 = 0$ 和式 ⑮,可知
$$a_{2k+1} = 0, k = 0, 1, 2, \cdots$$
再设
$$a'_n = a_{2n}$$
那么从式 ⑮ 得到
$$a'_{n+2} - 4a'_{n+1} + 2a'_n = 0, n \geqslant 1 \qquad ⑰$$
再由 $a_2 = 0$ 及 $a_4 = 2$,可得
$$\begin{cases} a'_1 = 0 \\ a'_2 = 2 \end{cases} \qquad ⑱$$

这样序列 a'_n 满足二阶常系数线性递归方程 ⑰,并且其初始值为式 ⑱. 为求方程 ⑰ 的解,首先要求出和方程 ⑰ 相对应的特征方程
$$q^2 - 4q + 2 = 0$$
的解,求之得
$$q = \frac{4 \pm \sqrt{16-8}}{2} = 2 \pm \sqrt{2}$$
因此
$$q_1 = 2 + \sqrt{2}, q_2 = 2 - \sqrt{2}$$
而方程 ⑰ 的通解为
$$a'_n = \delta_1 q_1^{n-1} + \delta_2 q_2^{n-1} = \delta_1 (2+\sqrt{2})^{n-1} + \delta_2 (2-\sqrt{2})^{n-1}, n \geqslant 1$$
其中,δ_1, δ_2 是两个待定常数,我们再从 a'_n 满足的初始条件 ⑱ 得到
$$\begin{cases} \delta_1 + \delta_2 = 0 \\ \delta_1 (2+\sqrt{2}) + \delta_2 (2-\sqrt{2}) = 2 \end{cases}$$
因此
$$\begin{cases} \delta_1 = \frac{1}{\sqrt{2}} \\ \delta_2 = -\frac{1}{\sqrt{2}} \end{cases}$$
故
$$a'_n = \frac{1}{\sqrt{2}}((2+\sqrt{2})^{n-1} - (2-\sqrt{2})^{n-1}), n \geqslant 1$$
所以
$$a_n = \begin{cases} 0, n \text{ 为奇数} \\ \frac{1}{\sqrt{2}}((2+\sqrt{2})^{m-1} - (2-\sqrt{2})^{m-1}), n = 2m, m \text{ 为自然数} \end{cases} \qquad ⑲$$

这就求得了本题要求的结果.

注 (1) 从所求得的 a_n 的表达式及式 ⑫,⑬,⑭ 可得到 b_n, c_n 及 d_n 的表达式,即

$$b_n = \begin{cases} 0, n \text{ 为偶数} \\ \dfrac{1}{2\sqrt{2}}[(2+\sqrt{2})^{m-1} - (2-\sqrt{2})^{m-1}], n = 2m-1, m \text{ 为自然数} \end{cases} \quad ⑳$$

$$c_n = \begin{cases} 0, n \text{ 为奇数} \\ \dfrac{1}{2}[(2+\sqrt{2})^{m-1} + (2-\sqrt{2})^{m-1}], n = 2m, m \text{ 为自然数} \end{cases} \quad ㉑$$

$$d_n = \begin{cases} 0, n \text{ 为偶数} \\ \dfrac{1}{2}[(2+\sqrt{2})^{m-2} + (2-\sqrt{2})^{m-2}], n = 2m-1, m \text{ 为自然数} \end{cases} \quad ㉒$$

此外,利用二项展开公式,可以得到关于 a_{2m} 更为明确的计算式,即

$$a_{2m} = 2\sum_{2r \leqslant m} \binom{m-1}{2r-1} 2^{m-r-1}, m \geqslant 2$$

下面表1、表2分别列出了 $m \leqslant 7$ 时 a_{2m} 的值及 $n \leqslant 10$ 时 a_n, b_n, c_n, d_n 的值. 它们可以根据已经求出的表达式逐一求得,也可以利用递归关系 ⑦、⑧、⑨、⑩ 从初始条件 ⑪ 开始,逐次求得其值.

表 1

n	m	$a_n = a_{2m}$
2	1	0
4	2	$2\left(\binom{1}{1}2^0\right) = 2$
6	3	$2\left(\binom{2}{1}2^1\right) = 8$
8	4	$2\left(\binom{3}{1}2^2 + \binom{3}{3}2^1\right) = 28$
10	5	$2\left(\binom{4}{1}2^3 + \binom{4}{3}2^2\right) = 96$
12	6	$2\left(\binom{5}{1}2^4 + \binom{5}{3}2^3 + \binom{5}{5}2^2\right) = 328$
14	7	$2\left(\binom{6}{1}2^5 + \binom{6}{3}2^4 + \binom{6}{5}2^3\right) = 1\,160$

表 2

n	1	2	3	4	5	6	7	8	9	10
a_n	0	0	0	2	0	8	0	28	0	96
b_n	0	0	1	0	4	0	14	0	48	0
c_n	0	1	0	2	0	6	0	20	0	68
d_n	1	0	1	0	2	0	6	0	20	0

(2) 我们在前面的解题过程中,为从 a_n, b_n, c_n, d_n 之间的递归关系 ⑦、⑧、⑨、⑩ 求出 a_n, b_n, c_n, d_n 的表达式,采用了得到一个关于 a_n 的递归关系式 ⑮,从而再解这个递归方程,得到 a_n 的表达式这条途径来求解此题的. 现在我们换一种方法,即采用线性代数的方法来处理关系式 ⑦、⑧、⑨、⑩. 这种

处理方法更具一般性.

我们记

$$R_n = \begin{pmatrix} a_n \\ b_n \\ c_n \\ d_n \end{pmatrix}$$

这样关系式 ⑦,⑧,⑨,⑩ 就综合成关系

$$R_n = \begin{pmatrix} 0 & 2 & 0 & 0 \\ 1 & 0 & 1 & 0 \\ 0 & 1 & 0 & 1 \\ 0 & 0 & 1 & 0 \end{pmatrix} R_{n-1} = GR_{n-1}, n \geqslant 2 \qquad ㉓$$

而初始条件 ⑩ 就等价于

$$R_1 = \begin{pmatrix} 0 \\ 0 \\ 0 \\ 1 \end{pmatrix} = H \qquad ㉔$$

从式 ㉓,我们得到

$$R_n = GR_{n-1} = G^2 R_{n-2} = \cdots = G^{n-1} R_1 = G^{n-1} H$$

即

$$R_n = G^{n-1} H, n \geqslant 1$$

所以要求 R_n,就要求 G^{n-1},但怎样求出 G^{n-1} 的表达式呢? 我们先要求出 G 的约当(Jordan)分解式. 为此先要求出 G 的特征值,即求代数方程

$$|G - \lambda I| = \begin{vmatrix} -\lambda & 2 & 0 & 0 \\ 1 & -\lambda & 1 & 0 \\ 0 & 1 & -\lambda & 1 \\ 0 & 0 & 1 & -\lambda \end{vmatrix} = \lambda^4 - 4\lambda^2 + 2 = 0 \qquad ㉕$$

的根,此方程有四个单根,即

$$\lambda_1 = \sqrt{2+\sqrt{2}}, \lambda_2 = -\sqrt{2+\sqrt{2}}$$

$$\lambda_3 = \sqrt{2-\sqrt{2}}, \lambda_4 = -\sqrt{2-\sqrt{2}} \qquad ㉖$$

对于每一个特征值 $\lambda_i, 1 \leqslant i \leqslant 4$,再分别求其特征向量

$$\begin{pmatrix} t_1 \\ t_2 \\ t_3 \\ t_4 \end{pmatrix}$$

即如果有

$$G \begin{pmatrix} t_1 \\ t_2 \\ t_3 \\ t_4 \end{pmatrix} = \begin{pmatrix} 0 & 2 & 0 & 0 \\ 1 & 0 & 1 & 0 \\ 0 & 1 & 0 & 1 \\ 0 & 0 & 1 & 0 \end{pmatrix} \begin{pmatrix} t_1 \\ t_2 \\ t_3 \\ t_4 \end{pmatrix} = \lambda \begin{pmatrix} t_1 \\ t_2 \\ t_3 \\ t_4 \end{pmatrix}$$

亦即

$$\begin{cases} 2t_2 = \lambda t_1 \\ t_1 + t_3 = \lambda t_2 \\ t_2 + t_4 = \lambda t_3 \\ t_3 = \lambda t_4 \end{cases}$$

若令
$$t_4 = 1$$

那么
$$\begin{cases} t_1 = \lambda^3 - 2\lambda \\ t_2 = \lambda^2 - 1 \\ t_3 = \lambda \end{cases}$$

所以可知,若 λ 是特征值,则

$$\begin{pmatrix} \lambda^3 - 2\lambda \\ \lambda^2 - 1 \\ \lambda \\ 1 \end{pmatrix} \quad \text{㉗}$$

是与此特征值相对应的一个特征向量,今用 $\lambda = \lambda_1, \lambda_2, \lambda_3, \lambda_4$ 分别代入㉗,就得到了相应于每一个特征值 λ_i 的一个特征向量. 将这些特征向量自左向右排列成一个 4×4 矩阵 T, 即

$$T = \begin{pmatrix} \sqrt{2(2+\sqrt{2})} & -\sqrt{2(2+\sqrt{2})} & -\sqrt{2(2-\sqrt{2})} & \sqrt{2(2-\sqrt{2})} \\ \sqrt{2}+1 & \sqrt{2}+1 & -(\sqrt{2}-1) & -(\sqrt{2}-1) \\ \sqrt{2+\sqrt{2}} & -\sqrt{2+\sqrt{2}} & \sqrt{2-\sqrt{2}} & -\sqrt{2-\sqrt{2}} \\ 1 & 1 & 1 & 1 \end{pmatrix} \quad \text{㉘}$$

所以
$$GT = T \begin{pmatrix} \lambda_1 & & & O \\ & \lambda_2 & & \\ & & \lambda_3 & \\ O & & & \lambda_4 \end{pmatrix}$$

因此
$$G = T \begin{pmatrix} \lambda_1 & & & O \\ & \lambda_2 & & \\ & & \lambda_3 & \\ O & & & \lambda_4 \end{pmatrix} T^{-1} \quad \text{㉙}$$

其中, T^{-1} 为 T 的逆矩阵,我们可从 T 直接求得(我们有一个不必直接从 T 求 T^{-1} 的方法,这在(3)中介绍)

$$T^{-1} = \begin{pmatrix} \dfrac{\sqrt{2-\sqrt{2}}}{8} & \dfrac{\sqrt{2}}{8} & \dfrac{\sqrt{2}}{8}\sqrt{2-\sqrt{2}} & \dfrac{2-\sqrt{2}}{8} \\ -\dfrac{\sqrt{2-\sqrt{2}}}{8} & \dfrac{\sqrt{2}}{8} & -\dfrac{\sqrt{2}}{8}\sqrt{2-\sqrt{2}} & \dfrac{2-\sqrt{2}}{8} \\ -\dfrac{\sqrt{2+\sqrt{2}}}{8} & -\dfrac{\sqrt{2}}{8} & \dfrac{\sqrt{2}}{8}\sqrt{2+\sqrt{2}} & \dfrac{2+\sqrt{2}}{8} \\ \dfrac{\sqrt{2+\sqrt{2}}}{8} & -\dfrac{\sqrt{2}}{8} & -\dfrac{\sqrt{2}}{8}\sqrt{2+\sqrt{2}} & \dfrac{2+\sqrt{2}}{8} \end{pmatrix} \quad \text{㉚}$$

表达式 ㉙ 称为 G 的约当分解式,利用这个分解式,将它代入 G^{n-1},就有

$$R_n = G^{n-1}H = \left(T\begin{pmatrix}\lambda_1 & & & O \\ & \lambda_2 & & \\ & & \lambda_3 & \\ O & & & \lambda_4\end{pmatrix}T^{-1}\right)^{n-1}H =$$

$$T\begin{pmatrix}\lambda_1 & & & O \\ & \lambda_2 & & \\ & & \lambda_3 & \\ O & & & \lambda_4\end{pmatrix}^{n-1}T^{-1}H =$$

$$T\begin{pmatrix}\lambda_1^{n-1} & & & O \\ & \lambda_2^{n-1} & & \\ & & \lambda_3^{n-1} & \\ O & & & \lambda_4^{n-1}\end{pmatrix}T^{-1}H =$$

$$T\begin{pmatrix}(\sqrt{2+\sqrt{2}})^{n-1} & & & O \\ & (-1)^{n-1}(\sqrt{2+\sqrt{2}})^{n-1} & & \\ & & (\sqrt{2-\sqrt{2}})^{n-1} & \\ O & & & (-1)^{n-1}(\sqrt{2-\sqrt{2}})^{n-1}\end{pmatrix} \cdot$$

$$\begin{pmatrix}\dfrac{2-\sqrt{2}}{8} \\ \dfrac{2-\sqrt{2}}{8} \\ \dfrac{2+\sqrt{2}}{8} \\ \dfrac{2+\sqrt{2}}{8}\end{pmatrix} =$$

$$\dfrac{1}{8}\begin{pmatrix}\sqrt{2(2+\sqrt{2})} & -\sqrt{2(2+\sqrt{2})} & -\sqrt{2(2-\sqrt{2})} & \sqrt{2(2-\sqrt{2})} \\ \sqrt{2}+1 & \sqrt{2}+1 & -(\sqrt{2}-1) & -(\sqrt{2}-1) \\ \sqrt{2+\sqrt{2}} & -\sqrt{2+\sqrt{2}} & \sqrt{2-\sqrt{2}} & -\sqrt{2-\sqrt{2}} \\ 1 & 1 & 1 & 1\end{pmatrix} \cdot$$

$$\begin{pmatrix}(2-\sqrt{2})(\sqrt{2+\sqrt{2}})^{n-1} \\ (-1)^{n-1}(2-\sqrt{2})(\sqrt{2+\sqrt{2}})^{n-1} \\ (2+\sqrt{2})(\sqrt{2-\sqrt{2}})^{n-1} \\ (-1)^{n-1}(2+\sqrt{2})(\sqrt{2-\sqrt{2}})^{n-1}\end{pmatrix}$$

因此

$$a_n = \dfrac{1}{8}(\sqrt{2}(2-\sqrt{2})(\sqrt{2+\sqrt{2}})^n - \sqrt{2}(2+\sqrt{2})(\sqrt{2-\sqrt{2}})^n)(1+(-1)^n] =$$

$$\begin{cases}0, n \text{ 为奇数} \\ \dfrac{1}{\sqrt{2}}[(2+\sqrt{2})^{m-1} - (2-\sqrt{2})^{m-1}], n = 2m, m \text{ 为自然数}\end{cases}$$

$$b_n = \frac{1}{8}[(\sqrt{2}+1)(2-\sqrt{2})(\sqrt{2+\sqrt{2}})^{n-1} -$$

$$(\sqrt{2}-1)(2+\sqrt{2})(\sqrt{2-\sqrt{2}})^{n-1}][1+(-1)^{n-1}] =$$

$$\begin{cases} 0, n \text{ 为偶数} \\ \frac{1}{2\sqrt{2}}[(2+\sqrt{2})^{m-1} - (2-\sqrt{2})^{m-1}], n = 2m-1, m \text{ 为自然数} \end{cases}$$

$$c_n = \frac{1}{8}[(\sqrt{2+\sqrt{2}})^n(2-\sqrt{2}) +$$

$$(\sqrt{2-\sqrt{2}})^n(2+\sqrt{2})][1+(-1)^n] =$$

$$\begin{cases} 0, n \text{ 为奇数} \\ \frac{1}{2}[(2+\sqrt{2})^{m-1} + (2-\sqrt{2})^{m-1}], n = 2m, m \text{ 为自然数} \end{cases}$$

$$d_n = \frac{1}{8}[(\sqrt{2+\sqrt{2}})^{n-1}(2-\sqrt{2}) +$$

$$(\sqrt{2-\sqrt{2}})^{n-1}(2+\sqrt{2})][1+(-1)^{n-1}] =$$

$$\begin{cases} 0, n \text{ 为偶数} \\ \frac{1}{2}[(2+\sqrt{2})^{m-2} + (2-\sqrt{2})^{m-2}], n = 2m-1, m \text{ 为自然数} \end{cases}$$

(3) 在(2)的求解过程中,我们需要计算矩阵 T(见式 ㉘)的逆矩阵 T^{-1},这当然可以直接计算.但亦可利用 T^{-1} 所满足的关系而更简捷地算得.这是因为

$$GT = T\begin{pmatrix} \lambda_1 & & & O \\ & \lambda_2 & & \\ & & \lambda_3 & \\ O & & & \lambda_4 \end{pmatrix}$$

故

$$T^{-1}G = \begin{pmatrix} \lambda_1 & & & O \\ & \lambda_2 & & \\ & & \lambda_3 & \\ O & & & \lambda_4 \end{pmatrix} T^{-1}$$

今设 T^{-1} 的某一行是

$$(s_1, s_2, s_3, s_4)$$

则

$$(s_1, s_2, s_3, s_4)G = \lambda(s_1, s_2, s_3, s_4)$$

即

$$\begin{cases} s_2 = \lambda s_1 \\ 2s_1 + s_3 = \lambda s_2 \\ s_2 + s_4 = \lambda s_3 \\ s_3 = \lambda s_4 \end{cases}$$

故

$$(s_1, s_2, s_3, s_4) = \left(\frac{\lambda(\lambda^2-2)}{2}s_4, (\lambda^2-1)s_4, \lambda s_4, s_4\right)$$

再利用

$$T^{-1}T = \begin{pmatrix} 1 & 0 & 0 & 0 \\ 0 & 1 & 0 & 0 \\ 0 & 0 & 1 & 0 \\ 0 & 0 & 0 & 1 \end{pmatrix}$$

和式㉗,因此

$$s_4\left(\frac{\lambda(\lambda^2-2)}{2}, \lambda^2-1, \lambda, 1\right)\begin{pmatrix}\lambda(\lambda^2-2)\\ \lambda^2-1\\ \lambda\\ 1\end{pmatrix}=1$$

所以
$$s_4\left(\frac{\lambda^2(\lambda^2-2)^2}{2}+(\lambda^2-1)^2+\lambda^2+1\right)=1$$

再因为 λ 是特征值,因而满足特征方程

$$\lambda^4-4\lambda^2+2=0$$

所以
$$s_4=\left(\frac{\lambda^2(\lambda^4-4\lambda^2+4)}{2}+\lambda^4-2\lambda^2+1+\lambda^2+1\right)^{-1}=$$
$$(\lambda^2+\lambda^4-\lambda^2+2)^{-1}=\frac{1}{4\lambda^2}$$

所以
$$(s_1, s_2, s_3, s_4)=\left(\frac{\lambda^2-2}{8\lambda}, \frac{\lambda^2-1}{4\lambda^2}, \frac{1}{4\lambda}, \frac{1}{4\lambda^2}\right) \qquad ㉛$$

然后将 $\lambda=\lambda_1, \lambda_2, \lambda_3, \lambda_4$(见式㉖)依次代入式㉛,再顺次从第一行排到第四行,就得到了

$$T^{-1}=\begin{pmatrix}\frac{\sqrt{2-\sqrt{2}}}{8} & \frac{\sqrt{2}}{8} & \frac{\sqrt{2}}{8}\sqrt{2-\sqrt{2}} & \frac{2-\sqrt{2}}{8}\\ -\frac{\sqrt{2-\sqrt{2}}}{8} & \frac{\sqrt{2}}{8} & -\frac{\sqrt{2}}{8}\sqrt{2-\sqrt{2}} & \frac{2-\sqrt{2}}{8}\\ -\frac{\sqrt{2+\sqrt{2}}}{8} & -\frac{\sqrt{2}}{8} & \frac{\sqrt{2}}{8}\sqrt{2+\sqrt{2}} & \frac{2+\sqrt{2}}{8}\\ \frac{\sqrt{2+\sqrt{2}}}{8} & -\frac{\sqrt{2}}{8} & -\frac{\sqrt{2}}{8}\sqrt{2+\sqrt{2}} & \frac{2+\sqrt{2}}{8}\end{pmatrix}$$

推广

1. 问题的一般提法

跳蛙问题 设 $A_0A_1A_2\cdots A_{m-1}A_mA'_{m-1}A'_{m-2}\cdots A'_2A'_1$ 是一个正 $2m$ 边形,一只青蛙从点 A_0 开始跳跃. 如果青蛙在任一个不是 A_m 的顶点,那么它可以跳向两个相邻顶点中的任一点,当它跳到点 A_m 时就停在那里. 设 $e_n(m)$ 为经过 n 步到达 A_m 的不同的路径的个数,试求 $e_n(m)$. (一个 n 步路径是指顶点的一个序列 $(P_0, P_1, \cdots, P_n)$ 满足:

(1) $P_0=A_0, P_n=A_m$;

(2) 对每个 $i, 0\leqslant i\leqslant n-1, P_i\neq A_m$;

(3) 对每个 $i, 0\leqslant i\leqslant n-1, P_i$ 与 P_{i+1} 是相邻顶点)

我们令 $A_0, A_1, \cdots, A_m$ 分别对应于数 $0, 1, \cdots, m$,令 $A'_1, A'_2, \cdots, A'_{m-1}, A'_m=A_m$ 分别对应于数 $-1, -2, \cdots, -(m-1), -m$. 又规定正 $2m$ 边形上依 A_0 到 A_1 的绕行方向为正. 当青蛙从

此推广属于周持中.

顶点 P_{i-1} 跳到相邻的顶点 P_i 时,令它对应于一数 y_i,且跳的方向为正(即与多边形的正方向一致)时令 $y_i=1$,否则令 $y_i=-1$. 这样,如果 $(P_0,P_1,\cdots,P_n)$ 是一个 n 步路径,那么它对应的有序数组 $(y_1,y_2,\cdots,y_n)$ 将适合混合组

$$\begin{cases} \left|\sum_{i=1}^{n} y_i\right|=m \\ \left|\sum_{i=1}^{l} y_i\right|<m, l=1,2,\cdots,n-1 \end{cases} \qquad ①$$

反之,混合组 ① 的任一个解 $(y_1,y_2,\cdots,y_n)$ 完全确定一个 n 步路径 $(P_0,P_1,\cdots,P_n)$,故 n 步路径的集合与混合组 ① 的解的集合一一对应,所以不同的 n 步路径的个数等于混合组 ① 的解的个数.

定理 1 设 t 为自然数,则 $e_{2n-1}(2t)=0, e_{2n}(2t+1)=0$.

定理 1 的证明 设在混合组 ① 中有 r 个 y_i 为 1,s 个 y_i 为 -1,则 $r+s=n, r-s=\pm m$,所以 $n\pm m=2r$,亦即 n 必须与 m 同奇偶时混合组 ① 才可能有解. 故得证.

2. $m=2t$ 的情形

由定理 1,只需求 $e_{2n}(2t)$. 为简单,记 $e_{2n}(2t)=u_n(t)$. 设 j 为绝对值不超过 t 的整数,并以 $f_n(j)$ 表示混合组

$$\begin{cases} \sum_{i=1}^{2n} y_i=2j \\ \left|\sum_{i=1}^{2l} y_i\right|<2t, l=1,2,\cdots,n-1 \end{cases} \qquad ②$$

的解 $(y_1,y_2,\cdots,y_{2n})$ 的个数. 那么,由对称性显然有

$$f_n(j)=f_n(-j) \qquad ③$$

及

$$u_n(t)=f_n(t)+f_n(-t)=2f_n(t) \qquad ④$$

引理 1 $m=2t$ 时,$f_n(j)$ 适合下列递推等式:

$t=1$ 时

$$\begin{cases} f_n(0)=2f_{n-1}(0) & ⑤ \\ f_{n-1}(0)=f_n(1) & ⑥ \end{cases}$$

$t=2$ 时

$$\begin{cases} f_n(0)=2f_{n-1}(0)+2f_{n-1}(1) & ⑦ \\ f_{n-1}(0)=f_n(1)-2f_{n-1}(1) & ⑧ \\ f_{n-1}(1)=f_n(2) & ⑨ \end{cases}$$

$t\geqslant 3$ 时

$$\begin{cases} f_n(0) = 2f_{n-1}(0) + 2f_{n-1}(1) & \text{⑩} \\ f_{n-1}(j-1) = f_n(j) - 2f_{n-1}(j) - f_{n-1}(j+1), 1 \leqslant j \leqslant t-2 & \text{⑪} \\ f_{n-1}(t-2) = f_n(t-1) - 2f_{n-1}(t-1) & \text{⑫} \\ f_{n-1}(t-1) = f_n(t) & \text{⑬} \end{cases}$$

引理 1 的证明 只需证式 ⑪ 及式 ⑫,其余同理可证.

将混合组 ② 的解分为以下四种情形讨论:

(1) 适合 $y_{2n-1} = 1, y_{2n} = -1$ 的,此时可得 $\sum_{i=1}^{2(n-1)} y_i = 2j$,故此种解的个数为 $f_{n-1}(j)$;

(2) 适合 $y_{2n-1} = -1, y_{2n} = 1$ 的,同样有 $f_{n-1}(j)$ 个;

(3) 适合 $y_{2n-1} = y_{2n} = 1$ 的,此时可得 $\sum_{i=1}^{2(n-1)} y_i = 2(j-1)$,故此种解的个数为 $f_{n-1}(j-1)$;

(4) 适合 $y_{2n-1} = y_{2n} = -1$ 的,此时可得 $\sum_{i=1}^{2(n-1)} y_i = 2(j+1)$. 由于 $1 \leqslant j \leqslant t-2$,所以 $4 \leqslant 2(j+1) \leqslant 2t-2 < 2t$. 故此种解仍存在,并有 $f_{n-1}(j+1)$ 个.

综上所述,即得

$$f_n(j) = 2f_{n-1}(j) + f_{n-1}(j-1) + f_{n-1}(j+1)$$

移项后就得式 ⑪.

至于式 ⑫,也可对 $f_n(t-1)$ 仿照上述分类讨论. 不过当 $y_{2n-1} = y_{2n} = -1$ 时,有

$$\sum_{i=1}^{2(n-1)} y_i = 2t$$

这与混合组 ② 的第二式矛盾,故此种解不存在.

下面我们来看,当 $t = 1, 2, 3$ 时,由引理 1 可导出的结果.

例 1 $t = 1$ 时,在式 ⑥ 中以 $n+1$ 代 n 得

$$f_n(0) = f_{n+1}(1) \qquad \text{⑭}$$

以式 ⑭ 和式 ⑥ 分别代入式 ⑤ 的两边得

$$f_{n+1}(1) = 2f_n(1)$$

由式 ④ 知也有 $u_{n+1}(1) = 2u_n(1)$. 这说明 $\{u_n(1)\}$ 是一阶循环数列,其特征多项式可写成

$$F_1(x) = x - 2 \qquad \text{⑮}$$

例 2 $t = 2$ 时,在式 ⑧ 中以 $n+1$ 代 n 得

$$f_n(0) = f_{n+1}(1) - 2f_n(1) \qquad \text{⑯}$$

以式 ⑯ 和式 ⑧ 分别代入式 ⑦ 的左右两边得

$$f_{n+1}(1) - 2f_n(1) = 2(f_n(1) - 2f_{n-1}(1)) + 2f_{n-1}(1)$$

整理得

$$f_{n+1}(1) - 4f_n(1) + 2f_{n-1}(1) = 0 \qquad \text{⑰}$$

在式 ⑨ 中分别以 $n+1$ 和 $n+2$ 代 n 得
$$f_n(1) = f_{n+1}(2) \tag{⑱}$$
及
$$f_{n+1}(1) = f_{n+2}(2) \tag{⑲}$$
以式 ⑲,式 ⑱ 及式 ⑨ 代入式 ⑰ 得
$$f_{n+2}(2) - 4f_{n+1}(2) + 2f_n(2) = 0 \tag{⑳}$$
由式 ④ 知也有
$$u_{n+2}(2) - 4u_{n+1}(2) + 2u_n(2) = 0$$
这说明 $\{u_n(2)\}$ 是二阶循环数列,其特征多项式可写成
$$F_2(x) = x^2 - 4x + 2 \tag{㉑}$$

例 3 $t=3$ 时,由式 ⑩ ~ ⑬ 可得
$$\begin{cases} f_n(0) = 2f_{n-1}(0) + 2f_{n-1}(1) & \text{㉒} \\ f_{n-1}(0) = f_n(1) - 2f_{n-1}(1) - f_{n-1}(2) & \text{㉓} \\ f_{n-1}(1) = f_n(2) - 2f_{n-1}(2) & \text{㉔} \\ f_{n-1}(2) = f_n(3) & \text{㉕} \end{cases}$$

由式 ㉓ 可得
$$f_n(0) = f_{n+1}(1) - 2f_n(1) - f_n(2) \tag{㉖}$$
以式 ㉖ 和式 ㉓ 中关于 $f_n(0)$ 和 $f_{n-1}(0)$ 的式子代入式 ㉒ 并整理得
$$f_{n+1}(1) - 4f_n(1) + 2f_{n-1}(1) = f_n(2) - 2f_{n-1}(2) \tag{㉗}$$
由式 ㉔ 可得
$$f_n(1) = f_{n+1}(2) - 2f_n(2) \tag{㉘}$$
及
$$f_{n+1}(1) = f_{n+2}(2) - 2f_{n+1}(2) \tag{㉙}$$
以式 ㉙,式 ㉘ 和式 ㉔ 中关于 $f_{n+1}(1), f_n(1)$ 和 $f_{n-1}(1)$ 的式子代入式 ㉗ 并整理得
$$f_{n+2}(2) - 6f_{n+1}(2) + 9f_n(2) - 2f_{n-1}(2) = 0 \tag{㉚}$$
同样,由式 ㉕ 和式 ㉚ 可推出
$$f_{n+3}(3) - 6f_{n+2}(3) + 9f_{n+1}(3) - 2f_n(3) = 0 \tag{㉛}$$
故有 $u_{n+3}(3) - 6u_{n+2}(3) + 9u_{n+1}(3) - 2u_n(3) = 0$
这说明 $\{u_n(3)\}$ 是三阶循环数列,其特征多项式可写成
$$F_3(x) = x^3 - 6x^2 + 9x - 2 \tag{㉜}$$

引理 2 设有递推式
$$\varphi_{n+t-2}(t-2) + a_1\varphi_{n+t-3}(t-2) + \cdots + a_{t-2}\varphi_n(t-2) + a_{t-1}\varphi_{n-1}(t-2) = \varphi_{n+t-3}(t-1) + b_1\varphi_{n+t-4}(t-1) + \cdots + b_{t-3}\varphi_n(t-1) + b_{t-2}\varphi_{n-1}(t-1) \tag{㉝}$$
$$\varphi_{n-1}(t-2) = \varphi_n(t-1) - 2\varphi_{n-1}(t-1) \tag{㉞}$$
$$\varphi_{n-1}(t-2) = \varphi_n(t-1) - 2\varphi_{n-1}(t-1) - \varphi_{n-1}(t) \tag{㉟}$$

那么,当式 ㉝ 和式 ㉞ 同时成立时,可推得
$$\varphi_{n+t-1}(t-1) + c_1\varphi_{n+t-2}(t-1) + \cdots + c_{t-1}\varphi_n(t-1) +$$
$$c_t\varphi_{n-1}(t-1) = 0 \qquad ㊱$$

而当式 ㉝ 和式 ㉟ 同时成立时,可推得
$$\varphi_{n+t-1}(t-1) + c_1\varphi_{n+t-2}(t-1) + \cdots + c_{t-1}\varphi_n(t-1) +$$
$$c_t\varphi_{n-1}(t-1) = \varphi_{n+t-2}(t) + a_1\varphi_{n+t-3}(t) + \cdots +$$
$$a_{t-2}\varphi_n(t) + a_{t-1}\varphi_{n-1}(t) \qquad ㊲$$

其中,a_i,b_i 均与 n 无关,而 $c_1 = a_1 - 2$, $c_2 = a_2 - 2a_1 - 1$, $c_i = a_i - 2a_{i-1} - b_{i-2}$ ($i = 3, 4, \cdots, t-1$), $c_t = -2a_{t-1} - b_{t-2}$.

引理 2 的证明 在式 ㉞ 中依次以 $n+1, n+2, \cdots, n+t-1$ 代 n 可得
$$\varphi_n(t-2) = \varphi_{n+1}(t-1) - 2\varphi_n(t-1)$$
$$\varphi_{n+1}(t-2) = \varphi_{n+2}(t-1) - 2\varphi_{n+1}(t-1)$$
$$\vdots$$
$$\varphi_{n+t-2}(t-2) = \varphi_{n+t-1}(t-1) - 2\varphi_{n+t-2}(t-1)$$

以式 ㉞ 及上述各式代入式 ㉝ 并整理,即得式 ㊱. 同样可证式 ㊲.

引理 3 当 $t \geq 3$ 时,有
$$f_{n+t-2}(t-2) + a_1 f_{n+t-3}(t-2) + \cdots + a_{t-2} f_n(t-2) +$$
$$a_{t-1} f_{n-1}(t-2) = f_{n+t-3}(t-1) + b_1 f_{n+t-4}(t-1) + \cdots +$$
$$b_{t-3} f_n(t-1) + b_{t-2} f_{n-1}(t-1) \qquad ㊳$$

其中,a_i,b_i 均与 n 无关.

引理 3 的证明 $t = 3$ 时,由例 3 的式 ㉗ 知引理成立.

现设 $t = k$ 时引理已成立,即
$$f_{n+k-2}(k-2) + a_1 f_{n+k-3}(k-2) + \cdots + a_{k-2} f_n(k-2) +$$
$$a_{k-1} f_{n-1}(k-2) = f_{n+k-3}(k-1) + b_1 f_{n+k-4}(k-1) + \cdots +$$
$$b_{k-3} f_n(k-1) + b_{k-2} f_{n-1}(k-1) \qquad ㊴$$

其中,a_i,b_i 均与 n 无关.

则 $t = k+1$ 时,式 ⑩ 和式 ⑪ 中前 $k-1$ 个式子与 $t = k$ 时相同,因而式 ⑰ 仍成立. 另外由式 ⑪,当
$$j = t - 2 = (k+1) - 2 = k - 1$$
时,可得
$$f_{n-1}(k-2) = f_n(k-1) - 2f_{n-1}(k-1) - f_{n-1}(k) \qquad ㊵$$

根据引理 2,由式 ㊴ 和式 ㊵ 可推出
$$f_{n+k-1}(k-1) + c_1 f_{n+k-2}(k-1) + \cdots +$$
$$c_{k-1} f_n(k-1) + c_k f_{n-1}(k-1) =$$
$$f_{n+k-2}(k) + a_1 f_{n+k-3}(k) + \cdots + a_{k-2} f_n(k) + a_{k-1} f_{n-1}(k) \qquad ㊶$$

其中,c_i,a_i 均与 n 无关. 故结论也成立.

由上知当 $t \geq 3$ 时,式 ㊳ 成立.

定理 2 $\{u_n(t)\}$ 是 t 阶循环数列.

定理 2 的证明 $t=1,2,3$ 时,由例 1,2,3 知定理成立. $t>3$ 时,由引理 3 和引理 1 知式 ㊳ 和式 ⑫ 成立.再由引理 2 知
$$f_{n+t-1}(t-1)+c_1 f_{n+t-2}(t-1)+\cdots+$$
$$c_{t-1}f_n(t-1)+c_t f_{n-1}(t-1)=0$$

其中,c_i 与 n 无关.

最后,由式 ⑬ 及式 ④ 可得
$$u_{n+t}(t)+c_1 u_{n+t-1}(t)+\cdots+c_{t-1}u_{n+1}(t)+c_t u_n(t)=0$$
故得所证.

定理 3 设 $F_t(x)$ 是 $\{u_n(t)\}$ 的特征多项式,则
$$F_{t+2}(x)=(x-2)F_{t+1}(x)-F_t(x)$$

定理 3 的证明 由例 1,2,3 知
$$F_1(x)=x-2$$
$$F_2(x)=x^2-4x+2$$
$$F_3(x)=x^3-6x^2+9x-2$$

同时不难求得
$$F_4(x)=x^4-8x^3+20x^2-16x+2$$

由直接验算知
$$F_3(x)=(x-2)F_2(x)-F_1(x)$$
$$F_4(x)=(x-2)F_3(x)-F_2(x)$$

故 $t=1,2$ 时定理成立.

对于 $t \geqslant 3$.由引理 3 的证明过程知,$t=k$ 时式 ㊴ 成立,$t=k+1$ 时式 ㊶ 成立.同理 $t=k+2$ 时应有
$$f_{n+k}(k)+d_1 f_{n+k-1}(k)+\cdots+d_k f_n(k)+d_{k+1}f_{n-1}(k)=$$
$$f_{n+k-1}(k+1)+c_1 f_{n+k-2}(k+1)+\cdots+$$
$$c_{k-1}f_n(k+1)+c_k f_{n-1}(k+1) \qquad ㊷$$

再在式 ⑫ 中分别以 $t=k,k+1,k+2$ 代入,依次得
$$f_{n-1}(k-2)=f_n(k-1)-2f_{n-1}(k-1) \qquad ㊸$$
$$f_{n-1}(k-1)=f_n(k)-2f_{n-1}(k) \qquad ㊹$$
$$f_{n-1}(k)=f_n(k+1)-2f_{n-1}(k+1) \qquad ㊺$$

于是根据引理 2,由式 ㊴ 和式 ㊸ 可得
$$f_{n+k-1}(k-1)+c_1 f_{n+k-2}(k-1)+\cdots+c_{k-1}f_n(k-1)+$$
$$c_k f_{n-1}(k-1)=0 \qquad ㊻$$

由式 ㊶ 和式 ㊹ 可得
$$f_{n+k}(k)+d_1 f_{n+k-1}(k)+\cdots+d_k f_n(k)+d_{k+1}f_{n-1}(k)=0 \qquad ㊼$$

由式 ㊷ 和式 ㊺ 可得
$$f_{n+k+1}(k+1)+l_1 f_{n+k}(k+1)+\cdots+l_{k+1}f_n(k+1)+$$
$$l_{k+2}f_{n-1}(k+1)=0 \qquad ㊽$$

最后，根据式 ⑬ 及式 ④ 不难由以上三式依次推得
$$u_{n+k}(k) + c_1 u_{n+k-1}(k) + \cdots + c_{k-1} u_{n+1}(k) + c_k u_n(k) = 0$$
$$u_{n+k+1}(k+1) + d_1 u_{n+k}(k+1) + \cdots + d_k u_{n+1}(k+1) + d_{k+1} u_n(k+1) = 0$$
$$u_{n+k+2}(k+2) + l_1 u_{n+k+1}(k+2) + \cdots + l_{k+1} u_{n+1}(k+2) + l_{k+2} u_n(k+2) = 0$$

由此
$$F_k(x) = x^k + c_1 x^{k-1} + \cdots + c_{k-1} x + c_k$$
$$F_{k+1}(x) = x^{k+1} + d_1 x^k + \cdots + d_k x + d_{k+1}$$
$$F_{k+2}(x) = x^{k+2} + l_1 x^{k+1} + \cdots + l_{k+1} x + l_{k+2}$$

但由引理 2 知
$$l_1 = d_1 - 2$$
$$l_2 = d_2 - 2d_1 - 1$$
$$l_i = d_i - 2d_{i-1} - c_{i-2}, i = 3, 4, \cdots, k+1$$
$$l_{k+2} = -2d_{k+1} - c_k$$

由此即得
$$F_{k+2}(x) = (x-2) F_{k+1}(x) - F_k(x)$$

定理得证.

定理 4
$$F_t(x) = \left(\frac{x-2+\sqrt{x^2-4x}}{2}\right)^t + \left(\frac{x-2-\sqrt{x^2-4x}}{2}\right)^t \quad ⑭$$

定理 4 的证明 由定理 3 知，$\{F_t(x)\}$ 关于 t 为二阶循环数列，其特征方程是
$$\lambda^2 - (x-2)\lambda + 1 = 0$$

解得
$$\lambda_1 = \frac{x-2+\sqrt{x^2-4x}}{2}, \lambda_2 = \frac{x-2-\sqrt{x^2-4x}}{2}$$

所以有
$$F_t(x) = \varphi(x) \lambda_1^{t-1} + \psi(x) \lambda_2^{t-1}$$

以初始条件
$$F_1(x) = x - 2, F_2(x) = x^2 - 4x + 2$$

代入得
$$\varphi(x) = \frac{x-2+\sqrt{x^2-4x}}{2}, \psi(x) = \frac{x-2-\sqrt{x^2-4x}}{2}$$

由此即得所证.

定理 5 $F_t(x)$ 的 t 个特征根恰为 $x_k = 2(1 + \cos \theta_k)$，其中
$$\theta_k = \frac{2k+1}{2t}\pi, k = 0, 1, 2, \cdots, t-1$$

定理 5 的证明 解方程

$$\left(\frac{x-2+\sqrt{x^2-4x}}{2}\right)^t + \left(\frac{x-2-\sqrt{x^2-4x}}{2}\right)^t = 0$$

因为 $x-2-\sqrt{x^2-4x}=0$ 不成立,所以此方程可化为

$$\left(\frac{x-2+\sqrt{x^2-4x}}{x-2-\sqrt{x^2-4x}}\right)^t + 1 = 0$$

即

$$\left(\frac{x-2+\sqrt{x^2-4x}}{2}\right)^{2t} = -1 \qquad ㊾$$

故知 $\frac{x-2+\sqrt{x^2-4x}}{2}$ 必为虚数. 因此,若 x 为实数,则 $x^2-4x<0$. 这时由式 ㊾ 得

$$\frac{1}{2}(x-2) + \frac{1}{2}\sqrt{4x-x^2}\cdot i =$$
$$\cos\frac{(2k+1)\pi}{2t} + i\cdot\sin\frac{(2k+1)\pi}{2t}$$
$$k = 0,1,2,\cdots,2t-1$$

根据复数相等条件得

$$\begin{cases}\frac{1}{2}(x-2) = \cos\frac{(2k+1)\pi}{2t} = \cos\theta_k & ㊿ \\ \frac{1}{2}\sqrt{4x-x^2} = \sin\frac{(2k+1)\pi}{2t} = \sin\theta_k & ㊾\end{cases}$$

由式 ㊿ 得 $x = 2(1+\cos\theta_k)$,以之代入式 ㊾ 得

$$\sqrt{\sin^2\theta_k} = \sin\theta_k$$

上式成立的充要条件是 $\sin\theta_k > 0$,所以 $0 < \theta_k < \pi$. 由此得

$$-\frac{1}{2} < k < t - \frac{1}{2}$$

故 $k = 0, 1, 2, \cdots, t-1$. 反之,对于上述 k 值不难验证 $x_k = 2(1+\cos\theta_k)$ 是 $F_t(x) = 0$ 的根. 又 $F_t(x)$ 为 t 次多项式,仅有 t 个根. 故上述 x_k 即为全部特征根.

定理 6

$$u_n(t) = \frac{1}{2^{t-2}}\sum_{k=0}^{t-1} p_k (2 + 2\cos\theta_k)^{n-1} \qquad ㊾$$

其中,$\theta_k = \frac{2k+1}{2t}\pi$;$t=1$ 时,$p_0 = 1$;$t \geq 2$ 时

$$p_k = \prod_{i \neq k}(\cos\theta_k - \cos\theta_i)^{-1}, k = 0,1,\cdots,t-1 \qquad ㊾$$

定理 6 的证明 由定理 5 知 $F_t(x)$ 有 t 个互异的特征根 x_k,所以有

$$u_n(t) = \sum_{k=0}^{t-1} a_k x_k^{n-1}$$

由于 $m=2t$ 时青蛙至少要 $2t$ 步才能跳到顶点 A_m，故有初始条件
$$u_1(t)=u_2(t)=\cdots=u_{t-1}(t)=0, u_t(t)=2$$
以此代入上述 $u_n(t)$ 的表达式，得到方程组
$$\begin{cases} \sum_{k=0}^{t-1} x_k^{i-1} a_k = 0, i=1,2,\cdots,t-1 \\ \sum_{k=0}^{t-1} x_k^{t-1} a_k = 2 \end{cases}$$

利用范德蒙(Vandermonde)行列式的性质，可得此方程组的系数行列式

$$D = \begin{vmatrix} 1 & 1 & \cdots & 1 \\ x_0 & x_1 & \cdots & x_{t-1} \\ x_0^2 & x_1^2 & \cdots & x_{t-1}^2 \\ \vdots & \vdots & & \vdots \\ x_0^{t-1} & x_1^{t-1} & \cdots & x_{t-1}^{t-1} \end{vmatrix} = \prod_{i>j}(x_i - x_j) =$$

$$\prod_{i>j} 2(\cos\theta_i - \cos\theta_j) = 2^{\frac{t(t-1)}{2}} \prod_{i>j}(\cos\theta_i - \cos\theta_j)$$

又 a_k 的分子的行列式为

$$D_k = \begin{vmatrix} 1 & 1 & \cdots & 1 & 0 & 1 & \cdots & 1 \\ x_0 & x_1 & \cdots & x_{k-1} & 0 & x_{k+1} & \cdots & x_{t-1} \\ x_0^2 & x_1^2 & \cdots & x_{k-1}^2 & 0 & x_{k+1}^2 & \cdots & x_{t-1}^2 \\ \vdots & \vdots & & \vdots & \vdots & \vdots & & \vdots \\ x_0^{t-1} & x_1^{t-1} & \cdots & x_{k-1}^{t-1} & 2 & x_{k+1}^{t-1} & \cdots & x_{t-1}^{t-1} \end{vmatrix} =$$

$$(-1)^{t+k+1} \cdot 2 \begin{vmatrix} 1 & \cdots & 1 & 1 & \cdots & 1 \\ x_0 & \cdots & x_{k-1} & x_{k+1} & \cdots & x_{t-1} \\ x_0^2 & \cdots & x_{k-1}^2 & x_{k+1}^2 & \cdots & x_{t-1}^2 \\ \vdots & & \vdots & \vdots & & \vdots \\ x_0^{t-2} & \cdots & x_{k-1}^{t-2} & x_{k+1}^{t-2} & \cdots & x_{t-1}^{t-2} \end{vmatrix} =$$

$$(-1)^{t+k+1} \cdot 2 \prod_{\substack{i>j \\ (i\neq k, j\neq k)}} (x_i - x_j) =$$

$$(-1)^{t+k+1} \cdot 2 \cdot 2^{\frac{(t-1)(t-2)}{2}} \cdot \prod_{\substack{i>j \\ (i\neq k, j\neq k)}} (\cos\theta_i - \cos\theta_j)$$

又 $t \geqslant 3$ 时，D 可改写为

$$D = 2^{\frac{t(t-1)}{2}}(\cos\theta_k - \cos\theta_0)\cdots(\cos\theta_k - \cos\theta_{k-1})(\cos\theta_{k+1} - \cos\theta_k)\cdots(\cos\theta_{t-1} - \cos\theta_k) \prod_{\substack{i>j \\ (i\neq k, j\neq k)}} (\cos\theta_i - \cos\theta_j) =$$

$$2^{\frac{t(t-1)}{2}} \cdot (-1)^{t-k-1} \prod_{i\neq k}(\cos\theta_k - \cos\theta_i) \cdot$$

$$\prod_{\substack{i>j \\ (i\neq k, j\neq k)}} (\cos\theta_i - \cos\theta_j)$$

再由 $a_k = \dfrac{D_k}{D}$ 即可证明定理(至于 $t=1,2$ 时可直接验证).

例 4 对于正十二边形
$$m=6, t=3, \theta_0=\frac{\pi}{6}, \theta_1=\frac{\pi}{2}, \theta_2=\frac{5\pi}{6}$$
$$p_0^{-1} = \left(\cos\frac{\pi}{6} - \cos\frac{\pi}{2}\right)\left(\cos\frac{\pi}{6} - \cos\frac{5\pi}{6}\right) = \frac{3}{2}$$
$$p_1^{-1} = \left(\cos\frac{\pi}{2} - \cos\frac{\pi}{6}\right)\left(\cos\frac{\pi}{2} - \cos\frac{5\pi}{6}\right) = -\frac{3}{4}$$
$$p_2^{-1} = \left(\cos\frac{5\pi}{6} - \cos\frac{\pi}{6}\right)\left(\cos\frac{5\pi}{6} - \cos\frac{\pi}{6}\right) = \frac{3}{2}$$

所以 $\qquad p_0 = p_2 = \dfrac{2}{3}, p_1 = -\dfrac{4}{3}$

又
$$x_0 = 2 + 2\cos\frac{\pi}{6} = 2 + \sqrt{3}$$
$$x_1 = 2 + 2\cos\frac{\pi}{2}$$
$$x_2 = 2 + 2\cos\frac{5\pi}{6} = 2 - \sqrt{3}$$

故依式 ㊳ 得
$$e_{2n}(6) = u_n(3) =$$
$$\frac{1}{2}\left(\frac{2}{3}(2+\sqrt{3})^{n-1} - \frac{4}{3}\times 2^{n-1} + \frac{2}{3}(2-\sqrt{3})^{n-1}\right) =$$
$$\frac{1}{3}\left((2+\sqrt{3})^{n-1} + (2-\sqrt{3})^{n-1} - 2^n\right)$$

例 5 对于正十六边形
$$m=8, t=4, \theta_0=\frac{\pi}{8}, \theta_1=\frac{3\pi}{8}, \theta_2=\frac{5\pi}{8}, \theta_3=\frac{7\pi}{8}$$
$$p_0^{-1} = \left(\cos\frac{\pi}{8} - \cos\frac{3\pi}{8}\right)\left(\cos\frac{\pi}{8} - \cos\frac{5\pi}{8}\right)\left(\cos\frac{\pi}{8} - \cos\frac{7\pi}{8}\right) =$$
$$\sqrt{\frac{2+\sqrt{2}}{2}}$$

所以 $\qquad p_0 = \sqrt{\dfrac{2}{2+\sqrt{2}}}$

同样求得
$$p_1 = -\sqrt{\frac{2}{2-\sqrt{2}}}, p_2 = \sqrt{\frac{2}{2-\sqrt{2}}}, p_3 = -\sqrt{\frac{2}{2+\sqrt{2}}}$$

又 $\qquad x_0 = 2 + 2\cos\dfrac{\pi}{8} = 2 + \sqrt{2+\sqrt{2}}$

同样求得

$$x_1 = 2+\sqrt{2-\sqrt{2}}, x_2 = 2-\sqrt{2-\sqrt{2}}, x_3 = 2-\sqrt{2+\sqrt{2}}$$

代入式 ㊳ 得

$$e_{2n}(8) = u_n(4) = \frac{1}{2^2}\left[\sqrt{\frac{2}{2+\sqrt{2}}}(2+\sqrt{2+\sqrt{2}})^{n-1} - \right.$$

$$\sqrt{\frac{2}{2-\sqrt{2}}}(2+\sqrt{2-\sqrt{2}})^{n-1} +$$

$$\sqrt{\frac{2}{2-\sqrt{2}}}(2-\sqrt{2-\sqrt{2}})^{n-1} -$$

$$\left.\sqrt{\frac{2}{2+\sqrt{2}}}(2-\sqrt{2+\sqrt{2}})^{n-1}\right] =$$

$$\frac{1}{2\sqrt{4+2\sqrt{2}}}\left[(2+\sqrt{2+\sqrt{2}})^{n-1} - \right.$$

$$\left.(2-\sqrt{2+\sqrt{2}})^{n-1}\right] -$$

$$\frac{1}{2\sqrt{4-2\sqrt{2}}}\left[(2+\sqrt{2-\sqrt{2}})^{n-1} - \right.$$

$$\left.(2-\sqrt{2-\sqrt{2}})^{n-1}\right]$$

例6 对于正二十边形, $m=10, t=5$. 按照前面同样的方法, 并利用

$$\sin\frac{\pi}{10} = \cos\frac{2\pi}{5} = \frac{\sqrt{5}-1}{4}$$

可得

$$e_{2n}(10) = u_n(5) = \frac{\sqrt{5}-1}{10}\left[\left(2+\sqrt{\frac{5+\sqrt{5}}{2}}\right)^{n-1} + \right.$$

$$\left.\left(2-\sqrt{\frac{5+\sqrt{5}}{2}}\right)^{n-1}\right] - \frac{\sqrt{5}+1}{10}\left[\left(2+\sqrt{\frac{5-\sqrt{5}}{2}}\right)^{n-1} + \right.$$

$$\left.\left(2-\sqrt{\frac{5-\sqrt{5}}{2}}\right)^{n-1}\right] + \frac{1}{5}\times 2^n$$

3. $m=2t+1$ 的情形

这种情形与 $m=2t$ 时所用方法很类似, 故只简述如下.

令 $g_n(j)$ 表示混合组

$$\begin{cases} \sum_{i=1}^{2n+1} y_i = 2j+1 \\ \left|\sum_{i=1}^{2t+1} y_i\right| < 2t+1, l=1,2,\cdots,n-1 \end{cases}$$

的解 $(y_1, y_2, \cdots, y_{2n+1})$ 的个数. 那么, 由对称性, 有

$$g_n(j) = g_n(-j-1)$$

及 $\quad e_{2n+1}(2t+1) = v_n(t) = g_n(t) + g_n(-t-1) = 2g_n(t)$

引理 $1'$　$m=2t+1$ 时，$g_n(j)$ 适合下列递推等式：

$t=1$ 时
$$\begin{cases} g_n(0)=3g_{n-1}(0) \\ g_{n-1}(0)=g_n(1) \end{cases}$$

$t=2$ 时
$$\begin{cases} g_n(0)=3g_{n-1}(0)+g_{n-1}(1) \\ g_{n-1}(0)=g_n(1)-2g_{n-1}(1) \\ g_{n-1}(1)=g_n(2) \end{cases}$$

$t \geqslant 3$ 时
$$\begin{cases} g_n(0)=3g_{n-1}(0)+g_{n-1}(1) \\ g_{n-1}(j-1)=g_n(j)-2g_{n-1}(j)-g_{n-1}(j+1), j=1,2,\cdots,t-2 \\ g_{n-1}(t-2)=g_n(t-1)-2g_{n-1}(t-1) \\ g_{n-1}(t-1)=g_n(t) \end{cases}$$

证明从略．根据此引理，可直接验证 $\{v_n(1)\}$，$\{v_n(2)\}$，$\{v_n(3)\}$，$\{v_n(4)\}$ 分别为一、二、三、四阶循环数列，且其特征多项式分别为
$$G_1(x)=x-3$$
$$G_2(x)=x^2-5x+5$$
$$G_3(x)=x^3-7x^2+14x-7$$
$$G_4(x)=x^4-9x^3+27x^2-30x+9$$

定理 $2'$　$\{v_n(t)\}$ 是 t 阶循环数列．

证略．

定理 $3'$　设 $G_t(x)$ 是 $\{v_n(t)\}$ 的特征多项式，则
$$G_{t+2}(x)=(x-2)G_{t+1}(x)-G_t(x)$$

证略．

定理 $4'$
$$G_t(x)=\frac{x-4+\sqrt{x^2-4x}}{2\sqrt{x^2-4x}}\left(\frac{x-2+\sqrt{x^2-4x}}{2}\right)^t -$$
$$\frac{x-4-\sqrt{x^2-4x}}{2\sqrt{x^2-4x}}\left(\frac{x-2-\sqrt{x^2-4x}}{2}\right)^t$$

定理 $4'$ 的证明　仿定理 4 的证明可得
$$G_t(x)=\varphi(x)\lambda_1^{t-1}+\psi(x)\lambda_2^{t-1}$$

以初始条件
$$G_1(x)=x-3, G_2(x)=x^2-5x+5$$

代入得
$$\varphi(x)=\frac{x^2-5x+4+(x-3)\sqrt{x^2-4x}}{2\sqrt{x^2-4x}}=$$

$$\psi(x) = -\frac{\dfrac{(x-4+\sqrt{x^2-4x})(x-2+\sqrt{x^2-4x})}{4\sqrt{x^2-4x}}}{(x-4-\sqrt{x^2-4x})(x-2-\sqrt{x^2-4x})}$$

由此即可得证.

定理 5'　$G_t(x)$ 的 t 个特征根恰为 $x_k = 2(1+\cos\theta_k)$，其中
$$\theta_k = \frac{2k+1}{2t+1}\pi, k=0,1,\cdots,t-1$$

定理 5' 的证明　解方程
$$\frac{x-4+\sqrt{x^2-4x}}{2\sqrt{x^2-4x}}\left(\frac{x-2+\sqrt{x^2-4x}}{2}\right)^t -$$
$$\frac{x-4-\sqrt{x^2-4x}}{2\sqrt{x^2-4x}}\left(\frac{x-2-\sqrt{x^2-4x}}{2}\right)^t = 0$$

因为 $x-2\pm\sqrt{x^2-4x}=0$ 不成立，又 $x\neq 4$（否则方程无意义），所以
$$x-4+\sqrt{x^2-4x} \neq 0$$

故原方程可化为
$$\left(\frac{x-2+\sqrt{x^2-4x}}{x-2-\sqrt{x^2-4x}}\right)^t = \frac{x-4-\sqrt{x^2-4x}}{x-4+\sqrt{x^2-4x}}$$

即
$$\left(\frac{x-2+\sqrt{x^2-4x}}{2}\right)^{2t} = \frac{-2}{x-2+\sqrt{x^2-4x}}$$

或化为
$$\left(\frac{x-2+\sqrt{x^2-4x}}{2}\right)^{2t+1} = -1$$

所以
$$\frac{x-2+\sqrt{x^2-4x}}{2} = \cos\frac{(2k+1)\pi}{2t+1} + \mathrm{i}\cdot\sin\frac{(2k+1)\pi}{2t+1}$$
$$k=0,1,\cdots,2t$$

因为 $k=t$ 时，$\dfrac{x-2+\sqrt{x^2-4x}}{2}=-1$，但此时 $x=0$，原方程无意义，所以 $\dfrac{x-2+\sqrt{x^2-4x}}{2}$ 只能为虚数. 以下推导可仿照定理 5.

定理 6'　$v_n(t) = \dfrac{1}{2^{t-2}}\sum\limits_{k=0}^{t-1} p_k(2+2\cos\theta_k)^{n-1}$，其中，$\theta_k = \dfrac{2k+1}{2t+1}\pi$；$t=1$ 时，$p_0=1$；$t\geqslant 2$ 时
$$p_k = \prod_{i\neq k}(\cos\theta_k - \cos\theta_i)^{-1}, k=0,1,\cdots,t-1$$

可完全仿照定理 6 证明.

4. 综合结论

综合 $m=2t$ 和 $m=2t+1$ 的情形,可得

$$e_n(m) = (1+(-1)^{n+m}) \frac{1}{2^{[\frac{m}{2}]-1}} \sum_{k=0}^{[\frac{m}{2}]-1} p_k (2+2\cos\theta_k)^{[\frac{n}{2}]-1}$$

其中,$\theta_k = \frac{2k+1}{m}\pi$;$m=2$ 或 3 时,$p_0 = 1$;$m \geqslant 4$ 时

$$p_k = \prod_{i \neq k} (\cos\theta_k - \cos\theta_i)^{-1}, k=0,1,\cdots,\left[\frac{m}{2}\right]-1$$

第 21 届国际数学奥林匹克英文原题

The twenty-first International Mathematical Olympiad was held from June 28th to July 9th 1979 in the cities of London and Bristol.

❶ Let p,q be natural numbers such that
$$\frac{p}{q}=1-\frac{1}{2}+\frac{1}{3}-\frac{1}{4}+\cdots-\frac{1}{1\,318}+\frac{1}{1\,319}$$
Prove that p is divisible by $1\,979$. (F. R. Germany)

❷ We are given a prism with pentagons $A_1A_2A_3A_4A_5$ and $B_1B_2B_3B_4B_5$ as top and bottom faces. Each side of the two pentagons and each of the line-segments A_iB_j for all $i,j=1,2,\cdots,5$ is coloured either red or green. Every triangle whose vertices are vertices of the prism and whose sides has all been coloured has two sides of a different colour. Show that all ten sides of the top and bottom faces are the same colour. (Bulgaria)

❸ Two circles in a plane intersect. Let A be one of the points of intersection. Starting simultaneously from A two points move with constant speeds, each point travelling along its own circle in the same sense. After one revolution the two points return simultaneously to A. Prove that there exists a fixed point P in the plane such that, at any time, the distances from P to the moving points are equal. (USSR)

❹ Given a plane π, a point P in this plane and a point Q not in π, find all points R in π such that the ratio
$$\frac{QP+PR}{QR}$$
is a maximum. (USA)

❺ Find all real numbers a for which there exist nonnegative real numbers x_1, x_2, x_3, x_4, x_5 satisfying the relations
$$\sum_{k=1}^{5} k x_k = a, \sum_{k=1}^{5} k^3 x_k = a^2, \sum_{k=1}^{5} k^5 x_k = a^3.$$

(Israel)

❻ Let A and E be opposite vertices of a regular octagon. Let a_n be the number of paths of length n of the form $(P_0, P_1, \cdots, P_n)$ where P_i are vertices of the octagon and the paths are constructed after the rule: $P_0 = A$, $P_n = E$, P_i and P_{i+1} are adjacent vertices for $i = 0, \cdots, n-1$ and $P_i \neq E$ for $i = 0, \cdots, n-1$.

Prove that $a_{2n-1} = 0$ and $a_{2n} = \dfrac{1}{\sqrt{2}}(x^{n-1} - y^{n-1})$, $\forall n = 1, 2, 3, \cdots$, where $x = 2 + \sqrt{2}$ and $y = 2 - \sqrt{2}$.

(East Germany)

第21届国际数学奥林匹克各国成绩表

英国,1979

名次	国家或地区	分数（满分320）	金牌	银牌	铜牌	参赛队人数
1.	苏联	267	2	4	1	8
2.	罗马尼亚	240	1	4	2	8
3.	德意志联邦共和国	235	1	5	2	8
4.	英国	218	—	4	4	8
5.	美国	199	1	2	2	8
6.	德意志民主共和国	180	—	2	2	8
7.	捷克斯洛伐克	178	1	—	4	8
8.	匈牙利	176	—	2	2	8
9.	南斯拉夫	168	—	1	4	8
10.	波兰	160	—	2	3	8
11.	法国	155	1	—	1	8
12.	奥地利	152	—	—	4	8
13.	保加利亚	150	—	—	5	8
14.	瑞典	143	—	2	1	8
15.	越南	134	1	3	—	4
16.	荷兰	131	—	1	1	8
17.	以色列	119	—	—	2	8
18.	芬兰	89	—	—	1	8
19.	比利时	66	—	—	1	8
20.	希腊	57	—	—	1	8
21.	古巴	35	—	—	—	4
22.	巴西	19	—	—	—	5
23.	卢森堡	7	—	—	—	1

第 21 届国际数学奥林匹克预选题

英国,1979

❶ 证明欧几里得(Euclid)平面上的偶数边的正多边形必可剖分为一些菱形.

证明 用对关于 n 的归纳法,我们可以更一般地证明任意具有相等的边和平行的对边的 $2n$ 边形可以做那种剖分. 对 $n=2$,仅可能的那种 $2n$ 边形是一个单个的菱形,因此定理对这种情况成立. 现在,我们将证明定理对一般的 n 也成立. 假设定理对 $n-1$ 成立. 设 $A_1 A_2 \cdots A_{2n}$ 是一个任意的具有相等的边和互相平行的对边的 $2n$ 边形. 那么,我们可对 $i=3,4,\cdots,n$ 构造一些点 B_i,使得 $\overrightarrow{A_i B_i} = \overrightarrow{A_2 A_1} = \overrightarrow{A_{n+1} A_{n+2}}$. 我们令 $B_2 = A_{2n+1} = A_1$ 和 $B_{n+1} = A_{n+2}$. 这意味着对 $i=2,3,4,\cdots,n, A_i B_i B_{i+1} A_{i+1}$ 都是菱形. 同时也得出对 $i=2,3,4,\cdots,n, B_i B_{i+1}$ 都等于 $A_1 A_2 \cdots A_{2n}$ 的边并且平行于 $A_i A_{i+1}$,因此平行于 $A_{n+i} A_{n+i+1}$. 那就是说,$B_2 \cdots B_{n+1} A_{n+3} \cdots A_{2n}$ 是一个具有相等的边和互相平行的对边的 $2(n-1)$ 边形. 因而由归纳法假设,它可以被剖分成菱形,这样,我们就已经得出了对于 $A_1 A_2 \cdots A_{2n}$ 的剖分. 这就完成了证明.

❷ 设 E 为一个有 $n(n \geqslant 3)$ 个元素的有限集,又设 $f(n)$ 表示 E 的三元素子集的最大个数,这种三元素子集具有性质:其中任意两个恰有一个公共元素. 试计算 $f(n)$.

❸ 是否可能把三维的欧几里得空间分成 1 979 个互相等距的子集?

❹ 从一个装有 5 双颜色都不相同的袜子的口袋里随机地抽出 4 只袜子. 如果袜子中有成对的,则将其放在一边,并重新从袋中再抽出 2 只. 执行这一操作,直到袋中的袜子都被抽完或所抽出的 4 只袜子的颜色都不相同,问发生后一种情况的概率是多少?

解 发生后一种可能的唯一方法是第一次抽出 4 种不同颜色的袜子或在第一次只抽出一双袜子,然后在下一次再抽出 2 只不同的袜子.我们将设这几种情况发生的概率分别为 p_1, p_2, p_3.我们计算如下

$$p_1 = \frac{\binom{5}{4} 2^4}{\binom{10}{4}} = \frac{8}{21}, \quad p_2 = \frac{5 \binom{4}{2} 2^2}{\binom{10}{4}} = \frac{4}{7}, \quad p_3 = \frac{4}{\binom{6}{2}} = \frac{4}{15}$$

那样,最后我们算出所需的概率为 $p = p_1 + p_2 p_3 = \frac{8}{15}$.

---

❺ 说出哪些自然数不属于集合
$$E = \{[n + \sqrt{n} + \frac{1}{2}] \mid n \in \mathbf{N}\}$$

❻ 证明:$\frac{1}{2} \sqrt{4 \sin^2 36° - 1} = \cos 72°$.

❼ 设 $M(a_{ij})$ 是一个四阶正方矩阵,且满足:
(1) 对 $i = 1, 2, 3, 4$ 和 $k = 5, 6, 7$,有
$$a_{i,k} = a_{i,k-4}$$
又设
$$P_i = a_{1,i} + a_{2,i+1} + a_{3,i+2} + a_{4,i+3}$$
$$S_i = a_{4,i} + a_{3,i+1} + a_{2,i+2} + a_{1,i+3}$$
$$L_i = a_{i,1} + a_{i,2} + a_{i,3} + a_{i,4}$$
$$C_i = a_{1,i} + a_{2,i} + a_{3,i} + a_{4,i}$$
(2) 对 $i, j = 1, 2, 3, 4$,有 $P_i = P_j, S_i = S_j, L_i = L_j, C_i = C_j$;
(3) $a_{11} = 0, a_{12} = 7, a_{21} = 11, a_{23} = 2$ 以及 $a_{33} = 15$.
求矩阵 M.

❽ 定义实数序列如下
$$a_1 = 1, a_2 = 2, a_n = 3a_{n-1} - a_{n-2}, n \geqslant 3$$
证明:对 $n \geqslant 3, a_n = \left[\frac{a_{n-1}^2}{a_{n-2}}\right] + 1$,其中 $[x]$ 表示不超过实数 x 的最大整数.

❾ 实数 $\alpha_1, \alpha_2, \cdots, \alpha_n$ 都是正的.设:
$$H = \frac{n}{\frac{1}{\alpha_1} + \cdots + \frac{1}{\alpha_n}}$$ 表示它们的调和平均;

$$G = \sqrt[n]{\alpha_1 \cdot \cdots \cdot \alpha_n}$$ 表示它们的几何平均;

$$A = \frac{\alpha_1 + \cdots + \alpha_n}{n}$$ 表示它们的算数平均.

证明: $H \leqslant G \leqslant A$, 并证明任何二者之间成立等号蕴涵另一个值也与这两个值相等.

❿ 求出所有满足函数方程
$$f(x)f(2x^2) = f(2x^3 + x)$$
的实系数多项式.

解 一个显然的解是 $f(x) = 0$. 我们现在来寻求非零解. 注意令 $x = 0$, 我们得出 $f(0)^2 = f(0)$. 因此 $f(0) = 0$ 或 $f(0) = 1$. 如果 $f(0) = 0$, 那么 f 的形式为 $f(x) = x^k g(x)$, 其中 $g(0) \neq 0$. 把此式代入 $f(x)f(2x^2) = f(2x^3 + x)$, 我们得出
$$2^k x^{2k} g(x) g(2x^2) = (2x^2 + 1)^k g(2x^3 + x)$$
将 $x = 0$ 代入上式得出 $g(0) = 0$, 矛盾. 因此只能有 $f(0) = 1$.

对多项式 f 的任意一个根 α, $2\alpha^3 + \alpha$ 也必须是一个根. 设 α 是模最大的根. 如果 $|\alpha| > 1$, 那么 $|2\alpha^3 + \alpha| \geqslant 2|\alpha|^3 - |\alpha| > |\alpha|$, 这与 α 的模的最大性矛盾, 因此必须有 $|\alpha| \leqslant 1$, 所以 f 的所有的根的模都小于或等于 1. 但是所有的根的乘积的模是 $|f(0)| = 1$, 这蕴涵所有的根的模都是 1. 因此对 f 的任意一个根 α 成立 $|\alpha| = |2\alpha^3 + \alpha| = 1$, 此式当且仅当 $\alpha = \pm i$ 时成立. 由于 f 是实系数多项式, 这就得出 $f(x) = (x^2 + 1)^k$, 其中 k 是自然数. 而反过来, 易于验证 $f(x) = (x^2 + 1)^k$ 也满足原来的函数方程. 因此所求的函数方程的阶就是 $f(x) = 0$ 或 $f(x) = (x^2 + 1)^k$, 其中 k 是自然数.

⓫ 设在棱锥 $A_1 A_2 \cdots A_{2k+1} S$ 中, 棱长都相等, 且相邻的面之间的空间角都相等, 证明: 此棱锥必是正四面体.

变相版本: 设棱锥 $A_1 A_2 \cdots A_{2k+1} S$ 的相邻的面之间的空间角都相等, 证明: 如果存在一个球和各边都相切, 则此棱锥必是正四面体.

❶❷ 给出一个五边形棱柱 $A_1A_2\cdots A_5B_1B_2\cdots B_5$，把它的边、侧面的对角线和作为内部的棱锥的边的对角线（即所有的线段 A_iB_j，$i,j=1,2,\cdots,5$ 都被染成红色或绿色使得不存在 3 条边的颜色都相同的由棱锥的顶点构成的三角形）. 证明：此棱柱的顶面和底面的所有的边（即顶面的五边形和底面的五边形中的总共 10 条边）必都被染成相同的颜色.

证明 （1）我们首先证明边 A_1A_2，A_2A_3，$\cdots$，A_5A_1 的颜色相同. 假设不然，那么不失一般性，可设 A_1A_2 是红色，而 A_2A_3 是绿色. 线段 A_2B_l（$l=1,2,3,4,5$）之中的 3 条，比如 A_2B_i，A_2B_j，A_2B_k 必有相同的颜色. 不失一般性，不妨设它们都是红色，那么 A_1B_i，A_1B_j，A_1B_k 必须都是绿色. $\triangle B_iB_jB_k$ 的至少一条边，比如 B_iB_j 必是棱锥的一条边. 那样，观察 $\triangle A_1B_iB_j$ 和 $\triangle A_2B_iB_j$，我们就得出 B_iB_j 既不能是红的，也不能是绿的，矛盾. 因此五边形 $A_1A_2A_3A_4A_5$ 的所有 5 条边都有相同的颜色. 类似地，$B_1B_2B_3B_4B_5$ 的 5 条边的颜色也相同.

（2）我们现在证明，这两种颜色也必须相同. 假设不然，不失一般性，设 A 的边是红色，而 B 的边是绿色. 如果联结 A_1 与 B 的各顶点的线段中有 3 条都是绿色，那么其中必有 2 条线段以 B 的相邻的 2 个顶点为端点，比如 A_1B_1 和 A_1B_2. 如果它们都是红色的，则像（1）中那样又将得出矛盾，故它们必都是绿色的. 由于不存在 3 条边同色的三角形，因此 B_1B_2 必为红色，从而由（1）已证的结论可知 B 的所有的边都是红色的.

这就证明了上下底中的所有 10 条边的颜色都相同.

❶❸ 平面被平行的直线分成了相等的正方形，即给出了平面上的一个正方形网. 设 M 是这个网的任意 n 个正方形的集合. 证明：可在 M 中选取不少于 $\dfrac{n}{4}$ 个正方形使得其中任意两个正方形都没有公共点.

❶❹ 设 S 是 n^2+1 个闭区间的集合（n 是一个正整数）. 证明以下两个论断中至少有一个成立：

（1）S 中存在一个 $n+1$ 个闭区间的子集 S'，使得 S' 中的区间的交集是不空的；

（2）S 中存在一个 $n+1$ 个闭区间的子集 S'，使得 S' 中任意两个区间互不相交.

⑮ 设 $n \geq 2$ 是一个整数. 整数对 $(j,k), 1 \leq j < k \leq n$ 的集合 M 具有性质: 如果 $(j,k) \in M$, 那么对任意的 $m, (k,m) \notin M$, 求出 M 的元素可能有的最大个数.

解 设 $A = \{x \mid (x,y) \in M\}, B = \{y \mid (x,y) \in M\}$, 那么 A 和 B 是不相交的, 因此

$$|M| \leq |A| \cdot |B| \leq \frac{(|A|+|B|)^2}{4} \leq \left[\frac{n^2}{4}\right]$$

等号可能成立, 例如对 $M = \{(a,b) \mid a = 1, 2, \cdots, \left[\frac{n}{2}\right], b = \left[\frac{n}{2}\right] + 1, \cdots, n\}$.

⑯ 设 Q 是一个边长为 6 的正方形. 设 S 是 Q 中 n 个点组成的集合, 具有性质: 任意一个完全被包含在 Q 中的边长为 1 的正方形必在内部包含 S 中的至少 1 个点. 求 n 的最小值.

⑰ 求出使得方程
$$\sqrt{2p+1-x^2} + \sqrt{3x+p+4} = \sqrt{x^2+9x+3p+9}$$
恰有两个不同的实数根的实数 p 的值.

解 设 $q = x^2 + x - p$, 那么所给的方程就成为
$$\sqrt{(x+1)^2 - 2q} + \sqrt{(x+2)^2 - q} = \sqrt{(2x+3)^2 - 3q} \quad \text{①}$$
两边平方得到
$$2\sqrt{((x+1)^2 - 2q)((x+2)^2 - q)} = 2(x+1)(x+2)$$
两边再平方得到
$$q(2q - 2(x+2)^2 - (x+1)^2) = 0$$
如果 $2q - 2(x+2)^2 - (x+1)^2 = 0$, 则式 ① 中的三个根号下的式子至少要有一个是负的, 否则将有 $(x+1)^2 - 2q \geq 0, (x+2)^2 - q \geq 0, (2x+3)^2 - 3q \geq 0$, 将这三式相加并利用 $2q - 2(x+2)^2 - (x+1)^2 = 0$ 易于验证将得出矛盾. 因此 $2q - 2(x+2)^2 - (x+1)^2 \neq 0$, 因而必须有 $q = 0$. 这时式 ① 成为
$$|x+1| + |x+2| = |2x+3|$$
上式当且仅当 $x \notin (-2, -1)$ 时成立. 方程 $q = x^2 + x - p = 0$ 的不在区间 $(-2, -1)$ 内的实数解的数目当 $p < -\frac{1}{4}$ 时是 0, 当 $p = -\frac{1}{4}$ 或 $0 < p < 2$ 时是 1, 在其他情况下是 2. 因此答案是

$-\dfrac{1}{4} < p \leqslant 0$ 或 $p \geqslant 2$.

⑱ 证明:不存在整数 a 使得
$$1 + \frac{1}{1+a} + \frac{1}{1+2a} + \cdots + \frac{1}{1+na}$$
取整数值.

⑲ 对 $k = 1, 2, \cdots$,考虑使得
$$a_1 + 2a_2 + \cdots + ka_k = 1\,979$$
成立的正整数的 k 元有序组 $(a_1, a_2, \cdots, a_k)$,证明:k 为奇数的组和 k 为偶数的组的数目一样多.

⑳ 证明:对任意欧几里得空间中的向量 a, b,有
$$|a \times b| \leqslant \frac{3\sqrt{3}}{8} |a|^2 |b|^2 |a-b|^2$$
注:其中"×"号表示向量积.

证明 对情况 $a = \mathbf{0}, b = \mathbf{0}$ 和 $a \parallel b$,要证的不等式是平凡的.除此之外,让我们考虑使得 $\overrightarrow{CB} = a, \overrightarrow{CA} = b$ 的 $\triangle ABC$.用 α, β, γ 表示 $\triangle ABC$ 的角度.由于 $|a \times b| = |a||b|\sin\gamma$,要证的不等式就化为 $|a||b|\sin^3\gamma \leqslant \dfrac{3\sqrt{3}}{8}|c|^2$,利用正弦定理,它又进一步可化为
$$\sin\alpha \sin\beta \sin\gamma \leqslant \frac{3\sqrt{3}}{8}$$
最后这个不等式可以从对在 $0 < x < \pi$ 中是凹的函数 $f(x) = \ln\sin x$ 应用琴生(Jensen)不等式立即得出.由 $f'(x) = \cot x$ 是严格递减的,可以知道 $f(x)$ 的凹性.

㉑ 设 E 是 $\mathbf{R} \to \mathbf{R}$ 的所有具有性质
$$f(t) + f^{-1}(t) = 2t, \forall t \in \mathbf{R}$$
的 $1-1$ 映射的集合,其中 f^{-1} 表示 f 的逆映射.求出 E 中的所有单调映射.

㉒ 在仿射欧几里得平面中考虑两个四边形 $ABCD$ 和 $A'B'C'D'$,其中 $AB = A'B', BC = B'C', CD = C'D'$,以及 $DA = D'A'$.证明以下两个命题:

(1) 如果对角线 BD 和 AC 互相垂直,则对角线 $B'D'$ 和 $A'C'$ 也互相垂直;

(2) 设 BD 的垂直平分线交 AC 于点 M, $B'D'$ 的垂直平分线交 $A'C'$ 于点 M',则 $\dfrac{MA}{MC}=\dfrac{M'A'}{M'C'}$(如果 $MC=0$,那么 $M'C'=0$).

㉓ 考虑整数对 (a,b),其中 $a \geqslant 1, b \geqslant 1$ 具有以下性质:

(1) b 用三个数字写出,形如 $b=\alpha_2\alpha_1\alpha_0, \alpha_2 \neq 0$;

(2) 对某个 p, a 可写成 $a=\beta_p\cdots\beta_1\beta_0$;

(3) $(a+b)^2$ 可写成 $\beta_p\cdots\beta_1\beta_0\alpha_2\alpha_1\alpha_0$.

求出 E 中的所有元素.

㉔ 设 a,b 都是大于或等于 1 的互素的整数.证明:所有大于或等于 $(a-1)(b-1)$ 的整数 n 都可写成 $n=ua+vb, (u,v) \in \mathbf{N} \times \mathbf{N}$ 的形式.

㉕ 设
$$1-\frac{1}{2}+\frac{1}{3}-\frac{1}{4}+\cdots-\frac{1}{1\,318}+\frac{1}{1\,319}=\frac{p}{q}$$
其中 p,q 是没有公因数的自然数.证明: p 可被 1 979 整除.

证明 用 S 表示所说的和,我们有
$$S=1-\frac{1}{2}+\frac{1}{3}-\frac{1}{4}+\cdots-\frac{1}{1\,318}+\frac{1}{1\,319}=$$
$$1+\frac{1}{2}+\cdots+\frac{1}{1\,319}-2\left(\frac{1}{2}+\frac{1}{4}+\cdots+\frac{1}{1\,318}\right)=$$
$$1+\frac{1}{2}+\cdots+\frac{1}{1\,319}-\left(1+\frac{1}{2}+\cdots+\frac{1}{659}\right)=$$
$$\frac{1}{660}+\frac{1}{661}+\cdots+\frac{1}{1\,319}=$$
$$\sum_{i=660}^{989}\left(\frac{1}{i}+\frac{1}{1\,979-i}\right)=\sum_{i=660}^{989}\frac{1\,979}{i(1\,979-i)}$$

由于 1 979 是一个素数,因此和式中没有一项的分母可被 1 979 整除.这就得出如果 S 可被表示成 $\dfrac{p}{q}$ 的形式,则其中分子 p 必可被 1 979 整除.

㉖ 设 n 是自然数,如果 4^n+2^n+1 是素数,则 n 是 3 的幂.

㉗ 对所有的满足 $0 \leqslant x < 1$ 的有理数,定义 f 如下

$$f(x) = \begin{cases} \dfrac{f(2x)}{4}, & 0 \leqslant x < \dfrac{1}{2} \\ \dfrac{3}{4} + \dfrac{f(2x-1)}{4}, & \dfrac{1}{2} \leqslant x < 1 \end{cases}$$

设 $0.b_1 b_2 b_3 \cdots$ 是 x 的二进制小数表示,求 $f(x)$.

解 由 f 的定义可知

$$f(0.b_1 b_2 \cdots) = \frac{3b_1}{4} + \frac{1}{4}f(0.b_2 b_3 \cdots) =$$
$$0.b_1 b_1 \cdots + \frac{1}{4}f(0.b_2 b_3 \cdots)$$

反复继续这一过程得出

$$f(0.b_1 b_2 b_3 \cdots) = 0.b_1 b_1 \cdots b_n b_n + \frac{1}{2^{2n}}f(0.b_{n+1} b_{n+2} \cdots) \quad ①$$

每个有理数的二进制表示是最终周期的.

让我们首先对形式为 $x = \overline{0.b_1 b_2 \cdots b_n}$ 的有理数确定 $f(x)$. 利用式 ①,我们得出

$$f(x) = 0.b_1 b_1 \cdots b_n b_n + \frac{f(x)}{2^{2n}}$$

因此 $f(x) = \dfrac{2^n}{2^n - 1} \cdot 0.b_1 b_1 \cdots b_n b_n = 0.\overline{b_1 b_1 \cdots b_n b_n}$

现在设 $x = 0.a_1 a_2 \cdots a_k \overline{b_1 b_2 \cdots b_n}$ 是一个任意的有理数,那么从式 ① 我们得出

$$f(x) = 0.a_1 a_1 \cdots a_k a_k + \frac{1}{2^{2k}}f(0.\overline{b_1 b_2 \cdots b_n}) =$$
$$0.a_1 a_1 \cdots a_k a_k \overline{b_1 b_1 \cdots b_n b_n}$$

因此对每个有理数 $x = 0.b_1 b_2 \cdots, f(x) = 0.b_1 b_1 b_2 b_2 \cdots$.

㉘ 设 S 和 F 是正八边形的两个相对的顶点. 在 S 处放置一个棋子,从 S 开始,每秒钟向前或向后移动到此正八边形的另一个顶点处,至于究竟是向前还是向后,则由向空中抛掷落地后硬币的正反面来决定. 进行此过程直到棋子到达 F 处. 设 a_n 表示棋子在 n 秒钟内从 S 到 F 所走过的所有可能的路径的数目. 证明:对 $n = 1, 2, 3, \cdots$,有

$$a_{2n-1} = 0, a_{2n} = \frac{1}{\sqrt{2}}(x^{n-1} - y^{n-1})$$

其中 $x = 2 + \sqrt{2}, y = 2 - \sqrt{2}$.

证明 让我们从 S 开始,按顺时针方向把顶点标上数字.这时,$S=1,F=5$.把棋子奇数次移动到相邻的顶点后,我们只能到达偶数号顶点,因此对所有的 $n \in \mathbf{N}$ 必有 $a_{2n-1}=0$.现在让我们定义 z_n 和 w_n 分别是经过 $2n$ 次移动,从 S 到达 S 的路径的数目和经过 $2n$ 次移动,从 S 到达 3 号顶点和 7 号顶点的路径的数目.易于得出以下递推关系

$$a_{2n+2}=w_n, w_{n+1}=2w_n+z_n, z_{n+1}=2z_n+w_n, n=0,1,2,\cdots$$

把第二个式子代入第三个式子,我们得出

$$z_{n+1}=w_{n+1}-w_n$$

再把此式带入到 w_{n+2} 的表达式中就得出

$$w_{n+2}-4w_{n+1}+2w_n=0$$

其特征方程 $\lambda^2-4\lambda+2=0$ 的根是 $x=2+\sqrt{2}$ 和 $y=2-\sqrt{2}$,再由初始条件 $w_0=0$ 和 $w_1=2$,根据循环数列的理论易于得出

$$a_{2n}=w_{n-1}=\frac{1}{\sqrt{2}}(x^{n-1}-y^{n-1})$$

㉙ 给出实数 $x_1,x_2,\cdots,x_n(n \geqslant 2),x_i \geqslant \frac{1}{n}(i=1,2,\cdots,n)$,它们满足关系 $x_1^2+x_2^2+\cdots+x_n^2=1$.问乘积 $P=x_1 \cdot x_2 \cdots x_n$ 的最大值或最小值是否存在?如果它们存在,则求出它们的值.

解 令 $y_i=x_i^2$,那样,我们有 $y_1+y_2+\cdots+y_n=1, y_i \geqslant \frac{1}{n^2}$,以及 $P=\sqrt{y_1 \cdot y_2 \cdots y_n}$.

上界可由几何－算数幂平均不等式立即得出:$P \leqslant \frac{1}{n^{\frac{n}{2}}}$,其中等号仅在 $x_i=\sqrt{y_i}=\frac{1}{\sqrt{n}}$ 时成立.为得出下界,不失一般性,可设 $y_1 \geqslant y_2 \geqslant \cdots \geqslant y_n$.我们注意如果 $a \geqslant b \geqslant \frac{1}{n^2}$,并且 $s=a+b > \frac{2}{n^2}$ 是固定的,那么当 $|a-b|$ 最大时,即 $b=\frac{1}{n^2}$ 时,$ab=\frac{1}{4}(s^2-(a-b)^2)$ 最小.因此当 $y_2=y_3=\cdots=y_n=\frac{1}{n^2}$ 时,$y_1 \cdot y_2 \cdots y_n$ 最小.那样 $y_1=\frac{n^2-n+1}{n^2}$,并且因此 $P_{\min}=\frac{\sqrt{n^2-n+1}}{n^n}$.

30 设 M 是平面上至少含有两个点的集合. 证明:如果 M 有两个相交成 $\alpha = q\pi$ 角的对称轴 g_1 和 g_2,其中 q 是无理数,则 M 必是无限的.

31 设 R 是一个由 6 个元素组成的集合. R 的一个由它的子集组成的集合 F 称为是 R 上的一个 S 族,如果并且仅如果它满足以下三个条件:
(1) F 中没有两个子集 X, Y 具有关系 $X \subset Y$;
(2) F 中任意三个子集 X, Y, Z 具有关系 $X \cup Y \cup Z \neq R$;
(3) $\bigcup_{X \in F} X = R$.

用 $|F|$ 表示 F 中元素的数目(即 R 的属于 F 的子集的数目),确定 R 上 S 族的最大数目 $h = \max |F|$,如果 h 存在.

解 条件(1)保证 S 族中的集合都是不同的. 由于一个集合的不同的子集族是有限的,因此 h 存在. 事实上,我们将说明 $h = 11$. 分以下几种情况:

第一种情况. 如果存在 $X \in F$ 使得 $|X| \geq 5$,那么由(3)可知,必存在 $Y \in F$ 使得 $X \cup Y = R$. 在这种情况下,由于 F 中不可能存在 3 个覆盖 R 的并集,因此 $|F|$ 至多是 2.

第二种情况. 存在 $X \in F$ 使得 $|X| = 4$,对于剩下的两个元素,或是存在一个 F 中的子集 Y,它包含这两个元素,那么这时必有 $X \cup Y = R$,于是我们又回到上面已讨论过的情况;或是存在不同的 Y 和 Z,它们分别包含这两个元素,这时 $X \cup Y \cup Z = R$,而这不可能. 因此我们以下可假设,对所有的 $X \in F$,有 $|X| \leq 3$.

第三种情况. 假设对某个 X, $|X| = 1$. 在这种情况下,F 中其余的集合必不含这个子集(条件(1)),因此更不可能包含 X 中的元素. 因而必须被包含在剩余的 5 个元素构成的子集中,这些集合是彼此不包含的. 由初等组合知识可知,一个五元素集合的互不包含的子集的最大数目是 $\binom{5}{2} = 10$. 这仅当取所有的二元素子集时发生,这些子集也满足(2). 因此在这种情况下 $|F|_{\max} = 1 + 10 = 11$.

第四种情况. 存在 $X \in F$ 使得 $|X| = 3$. 设 $X = \{a, b, c\}$, $R \setminus X = \{u, v, w\}$. 我们定义子集族: $G = \{Z = Y \setminus X \mid Y \in F\}$.

如果 $G \neq \varnothing$,那么 F 中至少存在一个集合 Y 使得 $Y \supset X$, $Y \neq X$,这说明 $|Y| \geq 4$,因此归结到已讨论过的情况.

如果 $G=\varnothing$，那么 F 中的集合只能是 X，这时 $|F|=1$.

第五种情况. F 中所有的子集只有两个元素，因而共有 $\binom{6}{2}=15$（个）. 但是每三个彼此互补的集合是都不能用的. 因此在这种情况下，F 的最大数目是 $\dfrac{2\times 15}{3}=10$.

综合以上讨论就得出 $h=11$.

> **㉜** 设 $n,k\geqslant 1$ 是自然数. 求出方程
> $$|x_1|+|x_2|+\cdots+|x_k|=n$$
> 的解的数目 $A(n,k)$.

> **㉝** 证明：$\dfrac{20}{60}<\sin 20°<\dfrac{21}{60}$.

证明 由初等三角知识可知 $\sin 3t=3\sin t-4\sin^3 t$. 因此如果我们设 $y=\sin 20°$，我们就有 $\dfrac{\sqrt{3}}{2}=\sin 60°=3y-4y^3$. 显然 $0<y<\dfrac{1}{2}=\sin 30°$. 由于在区间 $\left[0,\dfrac{1}{2}\right)$ 上，$f'(x)=3-12x^2>0$，故函数 $f(x)=3x-4x^3$ 在区间 $\left[0,\dfrac{1}{2}\right)$ 上是严格递增的. 现在所需的不等式 $\dfrac{20}{60}=\dfrac{1}{3}<\sin 20°<\dfrac{21}{60}=\dfrac{7}{20}$ 可从
$$f\left(\dfrac{1}{3}\right)<\dfrac{\sqrt{3}}{2}<f\left(\dfrac{7}{20}\right)$$
得出，而上式可直接验证.

> **㉞** 注意在分数 $\dfrac{16}{64}$ 中我们可以实行一个形如 $\dfrac{1\cancel{6}}{\cancel{6}4}$ 的化简而仍然得到一个正确的答案 $\dfrac{1}{4}$. 求出所有分子、分母都是两位正整数的可以实行上述化简的分数.
>
> **㉟** 给出数列 $\{a_n\}$ 如下：$a_1=4$，$a_{n+1}=a_n^2-2(n>1)$，证明：存在边长为 a_{n-1},a_n,a_{n+1} 的三角形，并且其面积也是整数.
>
> **㊱** 把正四面体 $A_1B_1C_1D_1$ 嵌入到正四面体 $ABCD$ 中，使 A_1 位于平面 BCD 中，B_1 位于平面 ACD 中，证明：$A_1B_1\geqslant\dfrac{AB}{3}$.

37 求出所有的对数底数，使得在这种底数下，一个正实数的对数可以等于这个正实数，或者证明这种底数不存在.

解 假设 $a \in \mathbf{R}\backslash\{1\}$ 是存在 x 使得 $x=\log_a x$ 的实数值. 这等价于 $f(x)=\frac{\ln x}{x}=\ln a$，因此 $a=e^{\ln a}=e^{\frac{\ln x}{x}}=e^{f(x)}$ 就是函数 $e^{f(x)}$ 在 $\mathbf{R}^*\backslash\{1\}$ 上的函数值，反之亦然.

首先，我们观察到，当 $x\to 0$ 时，$f(x)\to -\infty$，以及当 $x\to 1$ 时，$f(x)\to 0$. 由于当 $x>1$ 时，$f(x)>1$，因此 $f(x)$ 在 $f'(x)=\frac{1-\ln x}{x^2}=0$ 时取到最大值，故

$$\max f(x)=f(e)=e^{\frac{1}{e}}$$

这就得出 $f(x)$ 在 $x\in\mathbf{R}^*$ 上的值域是区间 $(-\infty, e^{\frac{1}{e}}]$，因此所需的对数的底 a 所在的集合是 $e^{f(x)}$ 在 $\mathbf{R}^*$ 上的值域，即 $(-\infty, e^{\frac{1}{e}}]\backslash\{1\}=(0,1)\cup(1,e^{\frac{1}{e}}]$.

38 证明：如果实系数多项式 $f(x)$ 只能取非负值，则存在正整数 n 和多项式 $g_1(x), g_2(x), \cdots, g_n(x)$ 使得 $f(x)=(g_1(x))^2+(g_2(x))^2+\cdots+(g_n(x))^2$.

39 一个设在沙漠边缘的沙漠探险队大本营必须为住在距离大本营步行 n 天距离外的一名沙漠探险者提供 1 L 水并接他回到大本营，他们必须遵守以下条件：

(1) 每名探险队员至多携带 3 L 水；

(2) 在沙漠中每名探险者每天必须要喝掉 1 L 水；

(3) 所有的探险队员都必须回到大本营.

为此他们至少需要多少升水？

40 一个多项式的阶至多为 $2k$，其中 $k=0,1,2,\cdots$. 对整数 i，不等式 $-k\leqslant i\leqslant k$ 蕴涵 $|P(i)|\leqslant 1$. 证明：对所有满足 $-k\leqslant x\leqslant k$ 的实数 x，不等式

$$|P(x)|\leqslant (2k+1)\binom{2k}{k}$$

成立.

41 证明：不存在以正方形为底，侧面都是全等三角形的棱长、全面积和体积都是整数的棱锥.

42 设给出了二次多项式 $g(x)=ax^2+bx+c$ 和整数 $n\geqslant 1$. 证明：至多存在一个 n 阶多项式 $f(x)$ 使得 $f(g(x))=g(f(x))$.

❹❸ 设 a, b, c 分别表示 $\triangle ABC$ 的边 BC, CA, AB 的长度,P 是此三角形内切圆圆周上任意一点. 证明:$aPA^2 + bPB^2 + cPC^2$ 是一个常数.

❹❹ 非负实数 $x_1, x_2, x_3, x_4, x_5, a$ 满足下列条件
$$\sum_{i=1}^{5} ix_i = a, \quad \sum_{i=1}^{5} i^3 x_i = a^2, \quad \sum_{i=1}^{5} i^5 x_i = a^3$$
问 a 可取什么值?

解 我们注意
$$\sum_{i=1}^{5} i(a-i^2)^2 x_i = a^2 \sum_{i=1}^{5} ix_i - 2a \sum_{i=1}^{5} i^3 x_i + \sum_{i=1}^{5} i^5 x_i = a^2 \cdot a - 2a \cdot a^2 + a^3 = 0$$

由于左边和式中的所有的项都是非负的,由此得出所有的项必须都等于 0. 那样,当 $a = 0$ 时,对所有的 $i, x_i = 0$,或对某个 $i \neq j$,$x_i = 0, a = j^2$,这时 $x_j = \dfrac{a}{j} = j$. 因此 a 的仅可能的值是 $\{0, 1, 4, 9, 16, 25\}$.

❹❺ 对任意正整数 n,用 $F(n)$ 表示不计次序的把 n 分解成三个正整数之和的方法的数目. 例如,由于 $10 = 7 + 2 + 1 = 6 + 3 + 1 = 5 + 4 + 1 = 5 + 3 + 2$,因此我们有 $F(10) = 4$. 证明:如果 $n \equiv 2$ 或 $4 \pmod{6}$,那么 $F(n)$ 是偶数,而如果 n 可被 6 整除,则 $F(n)$ 是奇数.

❹❻ 设 K 表示集合 $\{a, b, c, d, e\}$,F 是 K 的 13 个不同的子集的一个集合. 又已知 F 中任意 3 个子集都有公共元素. 证明:F 的 13 个子集恰有 1 个公共元素.

证明 我们证明 F 具有以下性质:

(1) 任取 $A \in F, B \in F, A \neq B$,则 $A \cap B \neq \varnothing$.

假设不然,则由于 $|F| = 13$,因此必存在 $C \neq A, C \neq B, C \in F$,因而 $A \cap B \cap C = \varnothing$,矛盾.

(2) 如果集合 K 中有单元素集,比如 $\{a\}$,那么 a 是 F 中集合的仅有的公共元素.

设 A 是 F 中的任意一个集合,由于 $|F| = 16$,因此必存在 $B \neq$

$A, B \in F$,因而 $A \cap B \cap \{a\} = \{a\}$,故 $a \in A$.由 A 的任意性即得出 $a \in \bigcap\limits_{A \in F} A$.又 $\bigcap\limits_{A \in F} A$ 不可能存在与 a 不同的元素 x,否则由 $x \in \bigcap\limits_{A \in F} A$ 得出 $x \in \{a\}$,矛盾.故必须 $\bigcap\limits_{A \in F} A = \{a\}$,即 a 是 F 中集合的仅有的公共元素.

(3) F 中至多存在一个二元素集.

设 K 中存在两个不同的二元素集 $A \neq B$,那么它们必须包含一个公共元素.否则 $A \cap B = \varnothing$,由于 $|F| = 16$,因此必存在 $C \neq A, C \neq B, C \in F$,因而 $A \cap B \cap C = \varnothing$,矛盾.$A, B$ 只能有一个公共元素,否则由 A, B 都是二元素集得出 $A = B$,与 $A \neq B$ 矛盾.故至多存在一个二元素集.

下面我们证明,F 中必有一个单元素集.假设不然,分以下两种情况讨论:

(1) F 中既无单元素集,也无二元素集,则由于一个五元素集至多可以有 6 个元素多于 3 的子集,因此 K 的 10 个可能的三元素子集中,至少有 7 个属于 F,比如 $\{a,b,c\}, \{a,b,d\}, \{a,b,e\}, \{b,c,d\}, \{b,c,e\}, \{b,d,e\}, \{c,d,e\}$,那么就有
$$\{a,b,c\} \cap \{c,d,e\} \cap \{a,b,e\} = \varnothing$$
矛盾.其他情况同理可证.

(2) F 中无单元素集,而仅有一个二元素集,比如 $\{a,b\}$,那么由情况(1)的证明可知 K 的 10 个可能的三元素子集中,至少有 6 个属于 F,比如 $\{a,b,c\}, \{a,b,d\}, \{a,b,e\}, \{b,c,d\}, \{b,c,e\}, \{b,d,e\}$,那么又分两种情况:

① $\{a,c,d,e\} \in F$,这时
$$\{a,b,c\} \cap \{b,d,e\} \cap \{a,c,d,e\} = \varnothing$$
矛盾.

其他情况同理可证.

② $\{a,c,d,e\} \notin F$,则 K 的 10 个可能的三元素子集中,至少有 7 个属于 F.于是与情况(1)同理可得出矛盾.

由此可知,F 中必有一个单元素集.于是由性质(2)可知,要证的命题成立.

当 F 中有一个单元素集 $\{a\}$ 时,F 恰由 13 个包含 a 的子集合组成,例如 $\{a\}, \{a,b\}, \{a,b,c\}, \{a,b,d\}, \{a,b,e\}, \{a,c,d\}, \{a,c,e\}, \{a,d,e\}, \{b,c,d\}, \{b,c,e\}, \{b,d,e\}, \{c,d,e\}, \{a,b,c,d\}, \{a,b,c,e\}, \{a,b,d,e\}, \{a,c,d,e\}, \{a,b,c,d,e\}$.

注 原题是要求证明 K 的 16 个子集组成的具有所给条件的集合 F 必有且仅有一个公共元素.其证明与上面的证明类似,且形式上更简单.然而由上述证明可知,当 $|F| \geq 14$ 时,F 中必有 3 个集合之交为空集,因此所要证明的 F 根本不存在,因而原题是一个伪命题.如为减小证明难度,可将原题

改为证明假如存在符合所给条件的由 K 的 16 个子集组成的集合 F,则 F 的 16 个子集恰有 1 个公共元素.

㊼ 在等边 $\triangle ABC$ 中构造 3 个点 P,Q 和 R,使得
$$\angle QAB = \angle PBA = 15°$$
$$\angle RBC = \angle QCB = 20°$$
$$\angle PCA = \angle RAC = 25°$$
试确定 $\triangle PQR$ 的角度.

解 设 K,L 和 M 分别是 CQ 和 BR,AR 和 CP 以及 AQ 和 BP 的交点. 用 $\angle X$ 表示六边形 $KQMPLR$ 在顶点 X 处的角度. 由初等的计算可知
$$\angle K = 140°, \angle L = 130°, \angle M = 150°$$
$$\angle P = 100°, \angle Q = 95°, \angle R = 105°$$

由于 $\angle KBC = \angle KCB$,这就得出 K 位于 $\triangle ABC$ 的通过点 A 的对称直线上. 对 L 和 M 成立类似的命题. 设 K_R 和 K_Q 分别是点 K 关于 AR 和 AQ 的对称点. 由于 $\angle AK_QQ = \angle AK_QK_R = 70°$ 以及 $\angle AK_RR = \angle AK_RK_Q = 70°$,这就得出 K_R,R,Q 和 K_Q 共线. 因此 $\angle QRK = 2\angle R - 180°$,$\angle RQK = 2\angle Q - 180°$. 类似地,得出 $\angle PRL = 2\angle R - 180°$,$\angle RPL = 2\angle P - 180°$ 和 $\angle QPM = 2\angle P - 180°$,$\angle PQM = 2\angle Q - 180°$. 从这些式子易于得出 $\angle RPQ = 60°$,$\angle RQP = 75°$ 和 $\angle QRP = 45°$.

㊽ 在平面上给出一个半径为 1 的圆 C. 对任意直线 l,如果 l 和 C 相交于两点,则令 $s(l)$ 表示这两点之间的距离,否则令 $s(l) = 0$.

设 P 是距 C 的圆心距离为 r 的一点,定义 $M(r)$ 是 $s(m) + s(n)$ 的最大值,其中 m 和 n 是通过点 P 并互相垂直的可变的直线. 确定使得 $M(r) > 2$ 的 r 的值.

㊾ 设给出了两个满足以下条件的整数的序列 $f_i(1)$,$f_i(2),\cdots(i=1,2)$:
(1) 如果 $(m,n) = 1$,则 $f_i(mn) = f_i(m)f_i(n)$;
(2) 对每个素数 p 和所有的 $k = 2,3,4,\cdots,f_i(p^k) = f_i(p)f_i(p^{k-1}) - p^2 f_i(p^{k-2})$;

此外,对每个素数 p,有:
(3) $f_1(p) = 2p$;
(4) $f_2(p) < 2p$.
证明:对所有的 n,有 $|f_2(n)| < f_1(n)$ 成立.

(50) 设给出了 m 个正整数 $a_1,\cdots,a_m$. 证明:存在少于 2^m 个正整数 $b_1,\cdots,b_n$ 使得所有的不相等的 b_k 的和是不相等的,并且所有的 $a_i(i\leqslant m)$ 都出现在这些和之中.

证明　首先把所有的 a_i 写成二进制表示. 对 $S\subset\{1,2,\cdots,m\}$,我们定义 $b(S)$ 是那样一个数,在它的二进制表示中,所有的1只能出现在所有的 a_i 中1出现的位置上,其中 $i\in S$,并且不出现在其他的 a_i 中1出现的位置上. 某些 $b(S)$,包括 $b(\varnothing)$ 将等于0. 由于 $\{1,2,\cdots,m\}$ 的所有子集恰有 2^m 个,因此只存在少于 2^m 个不同的正的 $b(S)$. 我们注意如果 $S_1\neq S_2$,那么在 $b(S_1)$ 和 $b(S_2)$ 二进制表示的相同的位置上不可能都是1. 因此不同的 $b(S)$ 的和是不同的. 此外

$$a_i=\sum_{i\in S}b(S)$$

故所有的 $a_i(i\leqslant m)$ 都出现在这些和之中.

注　如果读者想不清 $b(S)$ 的含义,可看以下的例子:

例　$a_1=2,a_2=5,a_3=7$,那么在二进制表示中,$a_1=10,a_2=101$,$a_3=111$,$\{1,2,3\}$ 共有8个子集如下

$$\varnothing,\{1\},\{2\},\{3\},\{1,2\},\{2,3\},\{1,3\},\{1,2,3\}$$

$$b(\varnothing)=0$$

对于 $S=\{1\}$,由于在 a_1 中,1出现在第2位上,而在 $3\notin S$,a_3 中1出现在第1,2,3位上,因此 $b(\{1\})=0$,同理 $b(\{2\})=0$,$b(\{3\})=0$;

对于 $S=\{1,2\}$,不存在1都出现的位置,因此 $b(\{1,2\})=0$;

对于 $S=\{2,3\}$,在 a_2,a_3 中1都出现的位置是第1,3位,而在 $1\notin S$,a_1 中1出现在第2位上,在第1,3位上不出现1,因此 $b(\{2,3\})=101$;

对于 $S=\{1,3\}$,在 a_1,a_3 中1都出现的位置是第2位,而在 $2\notin S$,a_2 中1出现在第1,3位上,在第2位上不出现1,因此 $b(\{1,3\})=10$;

显然 $b(\{1,3\})=10$,$b(\{2,3\})=101$ 所构成的和是 $b(\{1,3\})=10$,$b(\{2,3\})=101$ 与 $b(\{1,3\})+b(\{2,3\})=111$,它们是两两不同的,且包含了 a_1,a_2,a_3.

(51) 设 $\triangle ABC$ 是任意三角形,并设 $S_1,S_2,\cdots,S_7$ 是满足以下条件的圆:

S_1 和 CA,AB 相切;

S_2 和 S_1,AB,BC 相切;

S_3 和 S_2,BC,CA 相切;

⋮

S_7 和 S_6,CA,AB 相切.

证明:圆 S_1 和 S_7 重合.

(52) 设给出了一个实数 $\lambda>1$，以及一个使得 $\frac{n_{k+1}}{n_k}>\lambda, k=1, 2,\cdots$ 的正整数的数列 $\{n_k\}$. 证明：存在一个正整数 c 使得不存在正整数 n，它可以用多于 c 的方式把 n 表示成 n_k+n_j 或 n_k-n_j 的形式.

(53) 已知正整数的无限递增数列 $\{n_j\}(j=1,2,\cdots)$ 具有性质：对某个 c 和每一个 $N>0$，$\frac{1}{N}\sum_{n_j\leqslant N} n_j\leqslant c$. 证明：存在有限多个数列 $\{m_j^{(i)}\}(i=1,2,\cdots,k)$ 使得

$$\{n_1,n_2,\cdots\}=\bigcup_{i=1}^{k}\{m_1^{(i)},m_2^{(i)},\cdots\}$$

以及

$$m_{j+1}^{(i)}>2m_j^{(i)}, 1\leqslant i\leqslant k, j=1,2,\cdots$$

(54) 考虑如下定义的数列

$$a_1=3, b_1=100, a_{n+1}=3^{a_n}, b_{n+1}=100^{b_n}$$

求出最小的使 $b_m>a_{100}$ 的整数 m.

解 对两个正整数 i 和 j，以下述方式定义 i_j：$i_1=i, i_{j+1}=i^{i_j}$. 那样，我们必须求出最小的 m 使得 $100_m>3_{100}$. 由于 $100_1=100>27=3_2$，我们归纳有

$$100_j=10^{100_{j-1}}>3^{100_{j-1}}>3^{3_j}=3_{j+1}$$

并且因此 $m\leqslant 99$. 现在我们证明 $100_{98}<3_{100}$，我们注意

$$(100_1)^2=10^4<27^4=3^{12}<3^{27}=3_3$$

我们还注意对 $d>12$，如果 $c>d^2$，那么就有

$$3^c>3^{d^2}>3^{12d}=(3^{12})^d>(10\ 000)^d=(100^d)^2$$

(对所有的 $d=100_i$，上式成立). 因此 $3_3>(100_1)^2$，由此归纳得出 $3_j>(100_{j-2})^2>100_{j-2}$，因此 $100_{99}>3_{100}>100_{98}$，因而 $m=99$.

(55) 设 a,b 是互素的整数，证明：方程 $ax^2+by^2=z^3$ 有由无限多个解 (x,y,z)，$x,y,z\in\mathbf{Z}$ 组成的解集，且在其中每个解中 x,y 是互素的.

56 证明:对每个自然数 n, $n\sqrt{2} - [n\sqrt{2}] > \dfrac{1}{2n\sqrt{2}}$,且对每个 $\varepsilon > 0$,存在一个自然数使得 $n\sqrt{2} - [n\sqrt{2}] < \dfrac{1}{2n\sqrt{2}} + \varepsilon$.

57 设 M 是一个集合,A, B, C 是给定的 M 的子集.求出存在那种集合 $X \subset M$ 的充分必要条件,其中 X 使得 $(X \cup A) \setminus (X \cap B) = C$,并刻画出所有那种集合 X 的特性.

58 证明:存在自然数 k_0,使得对每一个自然数 $k > k_0$,我们都可以求出平面上有限多条不是互相平行的直线,使得它们恰把平面划分成 k 个区域.求出 k_0.

59 确定 $x^2 y^2 z^2 w$ 的最大值,其中 $x, y, z, w \geq 0$,并且
$$2x + xy + z + yzw = 1$$

60 给出自然数 $n > 1$ 和实数 $a > 0$,确定 $\sum_{i=1}^{n-1} x_i x_{i+1}$ 的最大值,其中 x_i 都是非负整数,且其和是 a.

解 设 $x_k = \max\{x_1, x_2, \cdots, x_n\}$,那么有
$$x_i x_{i+1} \leq x_i x_k, i = 1, 2, \cdots, k-1$$
以及
$$x_i x_{i+1} \leq x_k x_{i+1}, i = k, \cdots, n-1$$
对 $i = 1, 2, \cdots, n$,将上述不等式相加得出
$$\sum_{i=1}^{n-1} x_i x_{i+1} < x_k(x_1 + \cdots + x_{k-1} + x_{k+1} + \cdots + x_n) = x_k(a - x_k) \leq \dfrac{a^2}{4}$$

注意当 $x_1 = x_2 = \dfrac{a}{2}$,$x_3 = \cdots = x_n = 0$ 时,值 $\dfrac{a^2}{4}$ 可以达到.因此 $\dfrac{a^2}{4}$ 就是所求的最大值.

61 设 $a_1 \leq a_2 \leq \cdots \leq a_n$ 和 $b_1 \leq b_2 \leq \cdots \leq b_n$ 是两个使得对所有的 $m \leq n$ 都有 $\sum_{k=1}^{m} a_k \geq \sum_{k=1}^{m} b_k$ 的数列,其中等号仅在 $m = n$ 时成立.设 f 是一个定义在全体实数上的凸函数,证明
$$\sum_{k=1}^{n} f(a_k) \leq \sum_{k=1}^{n} f(b_k)$$

62 设 T 是一个顶点为 P_1, P_2, P_3 的三角形.考虑 T 的一个划分,它把 T 分成有限多个三角形使得没有一个小三角形的顶点严格的位于其他小三角形的两个顶点之间.对每个小三角形的顶点 V,都按照以下法则标记一个数 $n(V)$:

(1) 如果 $V = P_i$,那么令 $n(V) = i$;

(2) 如果 V 位于 T 的边 $P_i P_j$ 上,则令 $n(V) = i$ 或 j;

(3) 如果 V 位于三角形 T 的内部,那么 $n(V)$ 可以等于 $1, 2, 3$ 三个数中的任意一个.

证明:至少存在一个小三角形,其顶点被分别标记为 $1, 2, 3$.

63 如果 $a_1, a_2, \cdots, a_n$ 分别表示一个任意多边形的边的长度,证明

$$2 \geqslant \frac{a_1}{s-a_1} + \frac{a_2}{s-a_2} + \cdots + \frac{a_n}{s-a_n} \geqslant \frac{n}{n-1}$$

其中 $s = a_1 + a_2 + \cdots + a_n$.

64 从 $\triangle ABC$ 的外接圆的 $\overarc{BC}$ 上一点 P 向 BC, AC, AB 作垂线,并设这些垂线分别与 BC, AC, AB 交于点 X, Y, Z(如果必要,所有的线都可延长),证明

$$\frac{BC}{PX} = \frac{AC}{PY} + \frac{AB}{PZ}$$

65 设对所有的实数 x, $f(x) \leqslant x$,且对所有的实数 x, y,有
$$f(x+y) \leqslant f(x) + f(y)$$
证明:对所有的实数 x, $f(x) = x$.

66 求出所有使得 $2^8 + 2^{11} + 2^n$ 是完全平方数的自然数 n.

解 易于验证当 $n \leqslant 8$ 时问题无解,因此我们以下假设 $n > 8$.我们注意

$$2^8 + 2^{11} + 2^n = 2^8 \times (9 + 2^{n-8})$$

因此 $9 + 2^{n-8}$ 必须也是一个完全平方数.设 $9 + 2^{n-8} = x^2, x \in \mathbf{N}$,那么

$$2^{n-8} = x^2 - 9 = (x-3)(x+3)$$

因而 $x-3$ 和 $x+3$ 必须都是 2 的幂,这只在 $x = 5$ 和 $n = 12$ 时才可能.因此 $n = 12$ 是唯一的解.

(67) 等腰$\triangle ABC$的底BC上以O为圆心的圆与边AB,AC相切. 如果在AB,AC上分别选两点P,Q使得$PB\cdot CQ=\left(\frac{BC}{2}\right)^2$,证明:直线$PQ$与圆$O$相切,并证明其逆命题也成立.

证明 显然O是BC的中点. 设M和N分别是圆对AB和AC的切点,并且设$\angle BAC=2\varphi$,那么$\angle BOM=\angle CON=\varphi$.

我们假设PQ和圆相切于点X. 如果我们设$\angle POM=\angle POX=x$,$\angle QON=\angle QOX=y$,那么$2x+2y=\angle MON=180^\circ-2\varphi$,或$y=90^\circ-\varphi-x$. 由此得出

$$\begin{aligned}\angle OQC=180^\circ-\angle QOC-\angle OCQ=\\180^\circ-(\varphi+y)-(90^\circ-\varphi)=\\90^\circ-y=x+\varphi=\angle BOP\end{aligned}$$

因此$\triangle BOP$和$\triangle CQO$是相似的,并且因而有$BP\cdot CQ=BO\cdot CO=\left(\frac{BC}{2}\right)^2$.

反之,若$BP\cdot CQ=\left(\frac{BC}{2}\right)^2$,那么设$Q'$是$AC$上使得$PQ'$和圆相切的点,那么$BP\cdot CQ'=\left(\frac{BC}{2}\right)^2$,这意味着$Q$与$Q'$重合.

(68) 在平面π上给出一点P,在平面π之外给出一点Q,说明如何在平面π上确定一点R使得$\frac{QP+PR}{QR}$最大.

解 我们首先在π上通过点P的直线l上寻求那种点R. 设$\angle QPR=2\theta$. 在l上考虑使得$Q'P=QP$的点Q',那么我们有

$$\frac{QP+PR}{QR}=\frac{RQ'}{QR}=\frac{\sin\angle Q'QR}{\sin\angle QQ'R}$$

由于$\angle QQ'P$是固定的,因此上面的表达式的最大值将在$\angle QQ'R=90^\circ$时达到. 在这种情况下

$$\frac{QP+PR}{QR}=\frac{1}{\sin\theta}$$

寻找所有可能的直线l,我们看出,当l是PQ在π上的投影时,θ最小. 因此点R就是PQ在π上的投影和通过Q并垂直于PQ的平面的交点.

69 设 N 是方程
$$x^2 - y^2 = z^3 - t^3$$
的满足条件 $0 \leqslant x, y, z, t \leqslant 10^6$ 的整数解的数目,而 M 是方程
$$x^2 - y^2 = z^3 - t^3 + 1$$
的满足条件 $0 \leqslant x, y, z, t \leqslant 10^6$ 的整数解的数目. 证明 $N > M$.

证明 设 $f(n)$ 是 $n \in \mathbf{N}$ 可被表示成 $x^2 + y^3 (x, y \in \{0, 1, \cdots, 10^6\})$ 的不同方式的数目. 显然当 $n < 0$ 或 $n > 10^{12} + 10^{18}$ 时, $f(n) = 0$. 第一个方程可被写成 $x^2 + t^3 = y^2 + z^3 = n$, 而第二个方程可被写成 $x^2 + t^3 = n+1, y^2 + z^3 = n$. 因此我们可以得出下面的关于 M, N 的公式
$$M = \sum_{i=0}^{m} f(i)^2, \quad N = \sum_{i=0}^{m-1} f(i) f(i+1)$$
利用算数—几何平均不等式,我们得出
$$N = \sum_{i=0}^{m-1} f(i) f(i+1) \leqslant$$
$$\sum_{i=0}^{m-1} \frac{f(i)^2 + f(i+1)^2}{2} = \frac{1}{2} f(0)^2 + \sum_{i=1}^{m-1} f(i)^2 + \frac{1}{2} f(m)^2 =$$
$$\frac{1}{2} + \sum_{i=1}^{m-1} f(i)^2 + \frac{1}{2} f(m)^2 < 1 + \sum_{i=1}^{m-1} f(i)^2 + f(m)^2 =$$
$$\sum_{i=0}^{m} f(i)^2 = M$$

70 给出 1 979 个等边三角形 $T_1, T_2, \cdots, T_{1\,979}$, 其中三角形 T_k 的边长为 $\frac{1}{k}, k = 1, 2, \cdots, 1\,979$. 当 a 是什么值时, 可把所有这 1 979 个三角形都互不相交地放入一个边长为 a 的等边三角形中?(允许三角形上的点接触).

71 在平面上给出两个圆. 设点 A 是它们的交点之一. 在两个圆上有两个动点同时以常速从点 A 开始分别沿着自己所在的圆运动, 并在相同的时间内同时回到点 A. 证明: 在平面上存在一点 P, 使得在每一时刻, 从点 P 到两个动点的距离都相等.

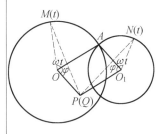

图 21.20

证明 如图 21.20, 设两个圆的圆心分别为 O 和 O_1, 而它们的半径分别为 r 和 r_1, 并设在时刻 t 两个动点在圆上的位置分别为

点 $M(t)$ 和点 $N(t)$. 设 Q 是使得 OAO_1Q 为平行四边形的点. 我们将证明 Q 就是我们所要找的点 P, 即对所有的 t 将有 $QM(t) = QN(t)$. 我们注意 $OQ = O_1A = r_1, O_1Q = OA = r$ 以及 $\angle QOA = \angle QO_1A = \varphi$. 由于两个动点在相同的时间内回到点 A, 这就得出 $\angle M(t)OA = \angle N(t)O_1A = \omega t$. 因此 $\angle QOM(t) = \angle QO_1N(t) = \varphi + \omega t$, 由此得出 $\triangle QOM(t) \cong \triangle QO_1N(t)$, 因此 $QM(t) = QN(t)$.

72 设 $f(x)$ 是一个整系数多项式. 证明: 如果在 x 的四个不同的整数值处 $f(x)$ 的值都等于 $1\,979$, 那么对 x 的任意整数值, $f(x)$ 不可能等于 $2 \times 1\,979$.

73 在平面上给出了有限个相等的圆, 它们互不相交但可能互相外切. 证明: 可用至多四种颜色给这些圆染色使得互相外切的圆具有不同的颜色. 又为达此目的而需要用四种颜色染色的圆的最小数目是多少?

74 在平面上给了一个边长为 a 的等边 $\triangle ABC$. 设 M 是此三角形的外接圆上一点. 证明: $s = MA^4 + MB^4 + MC^4$ 是依赖于点 M 的, 并确定其作为 a 的函数的值.

75 给出一个等边 $\triangle ABC$, 设 M 是空间中任意一点.

(1) 证明: 可以 MA, MB, MC 为边构造一个三角形;

(2) 设 P 和 Q 是关于 $\triangle ABC$ 的中心对称的两点. 证明: 以 PA, PB, PC 为边的三角形和以 QA, QB, QC 为边的三角形的面积相等.

76 设边长为整数的三角形的外接圆的半径为 6.25, 求出三角形的各边.

77 设 n 是大于 1 的整数, 而 $h(n)$ 表示 n 的最大的素因数. 问是否存在无穷多的使得 $h(n) < h(n+1) < h(n+2)$ 的整数 n.

78 设 n 是大于 1 的整数, 而 $\omega(n)$ 表示 n 的不同的素因数的个数. 证明: 存在无穷多的使得 $\omega(n) < \omega(n+1) < \omega(n+2)$ 的整数 n.

㊹ 设 S 是单位圆,而 K 是 S 的一些闭弧组成的子集. 设 K 具有以下性质:

(1) K 包含三个点 A, B, C,它们是一个锐角三角形的顶点;

(2) 对每个属于 K 的点 A,它的直径的对径点 A' 和以 A' 为中心的 S 上弧长为 $\frac{1}{9}$ 的弧上的点都不属于 K.

证明:在 S 上存在三个不属于 K 的点 E, F, G,它们是一个等边三角形的顶点.

㊵ 证明:函数方程
$$f(x+y) = f(x) + f(y)$$
和函数方程
$$f(x+y+xy) = f(x) + f(y) + f(xy), x, y \in \mathbf{R}$$
是等价的.

证明 假设对所有的实数,有 $f(x+y) = f(x) + f(y)$ 成立. 这时我们只要平凡地应用函数方程即可得出 $f(x+y+xy) = f(x+y) + f(xy) = f(x) + f(y) + f(xy)$. 因此我们已在一个方向上证明了等价性.

现在我们设对所有的实数,有 $f(x+y+xy) = f(x) + f(y) + f(xy)$ 成立. 那么令 $x = y = 0$ 就得出 $f(0) = 0$,令 $y = -1$ 得出 $f(-x) = -f(x)$,令 $y = 1$ 得出 $f(2x+1) = 2f(x) + f(1)$,因而对所有的实数 u, v,有
$$f(2(u+v+uv)+1) = 2f(u+v+uv) + f(1) =$$
$$2f(uv) + 2f(u) + 2f(v) + f(1)$$
成立. 另一方面,设 $x = u, y = 2v+1$,我们又得出
$$f(2(u+v+uv)+1) = 2f(u+(2v+1)+u(2v+1)) =$$
$$f(u) + 2f(v) + f(1) + f(2uv+u)$$
由以上两式就得出
$$2f(uv) + 2f(u) + 2f(v) + f(1) =$$
$$f(u) + 2f(v) + f(1) + f(2uv+u)$$
即
$$f(2uv+u) = 2f(uv) + f(u) \qquad ①$$
在上式中设 $v = -\frac{1}{2}$,我们得出

$$0 = 2f\left(-\frac{u}{2}\right) + f(u) = -2f\left(\frac{u}{2}\right) + f(u)$$

因此 $f(u) = 2f\left(\frac{u}{2}\right)$, 由此又得出对所有的实数, 有 $f(2x) = 2f(x)$ 成立. 对式 ① 应用这一式子得出 $f(2uv + u) = f(2uv) + f(u)$, 令 $u = y$ 和 $x = 2uv$, 我们就得出对所有的非零实数, 有 $f(x+y) = f(x) + f(y)$ 成立. 由于 $f(0) = 0$, 因而此式对 x, y 中之一为 0 或都为 0 的情况平凡的成立. 这就在另一个方向上证明了等价性.

㉛ 设 P 是一些长方体的集合, 这些长方体都至少有一个边的边长是整数. 如果长方体 P_0 可以被分解为长方体 $P_1, P_2, \cdots, P_n \in P$, 证明: $P_0 \in P$.

第二编
第22届国际数学奥林匹克

第 22 届国际数学奥林匹克题解

英国,1981

❶ 已知 P 是 $\triangle ABC$ 内的一点,从点 P 向 BC,CA,AB 作垂线,垂足分别为点 D,E,F,找到所有的点 P,使
$$\frac{BC}{PD}+\frac{CA}{PE}+\frac{AB}{PF}$$
为极小值.

英国命题

解法 1 将与点 A,B,C 相对的各边边长用 a,b,c 表示,将线段 PD,PE,PF 的长度用 x,y,z 表示,如图 22.1 所示.

三角形面积 K 满足关系
$$2K = ax + by + cz \qquad ①$$
我们将在满足式 ① 的条件下,极小化
$$\frac{a}{x}+\frac{b}{y}+\frac{c}{z} \qquad ②$$
有几种方法,最简单的是运用柯西不等式
$$(u_1v_1+u_2v_2+u_3v_3)^2 \leqslant (u_1^2+u_2^2+u_3^2)(v_1^2+v_2^2+v_3^2)$$
将 $\sqrt{ax},\sqrt{by},\sqrt{cz}$ 用 u_i 表示,$\sqrt{\frac{a}{x}},\sqrt{\frac{b}{y}},\sqrt{\frac{c}{z}}$ 用 v_i 表示,那么
$$(a+b+c)^2 \leqslant (ax+by+cz)\left(\frac{a}{x}+\frac{b}{y}+\frac{c}{z}\right) =$$
$$2K\left(\frac{a}{x}+\frac{b}{y}+\frac{c}{z}\right) \qquad ③$$
或
$$\frac{a}{x}+\frac{b}{y}+\frac{c}{z} \geqslant \frac{(a+b+c)^2}{2K}$$

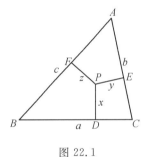

图 22.1

当且仅当 $(\frac{a}{x},\frac{b}{y},\frac{c}{z})$ 与 (ax,by,cz) 成比例,即当且仅当 $x=y=z$ 时,上述等式成立.这样,当点 P 为 $\triangle ABC$ 的内心时,式 ② 取最小值.

这个结论也可推广到三维空间的四面体,或用几种方法推广应用于 n 维欧几里得空间中的单体(n 维"三角形").这些都包含在下述的极值问题中:

给定 $\sum x_i = 1$,求 $S = \sum a_i x_i^p$ 的极值,这里是对 $i=1,2,\cdots,n,x_i \geqslant 0$ 求和;a_i 和 p 是已知的,且 $a_i > 0$.

一种简单的方法是应用赫尔德(Hölder)不等式,该不等式是柯西不等式的一般形式.

熟悉微积分的读者可以运用拉格朗日(Lagrange)方法使函数 $f(x,y,z)$ 极大化(当 $g(x,y,z)$ 等于常数时). 但是,对于解还必须验证确定达到了极大值或极小值,对于所给的题中有三个变量的情况,做到这点并不难;但对于 n 个变量的情形,还必须检验限制条件在较低维空间的"面"上的情况,这个任务是很艰巨的. 微积分方法是普遍应用的方法,但通过一个已知的不等式来求解会更简单.

解法 2 如图 22.2 所示,联结 PA,PB,PC,并设 $\angle PBC = \alpha$,$\angle PCA = \beta$,$\angle PAB = \gamma$,则有

$$BD = PD \cdot \cot \alpha$$
$$DC = PD \cdot \cot(C-\beta)$$

从而 $BC = PD(\cot \alpha + \cot(C-\beta))$

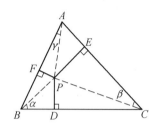

图 22.2

所以 $\dfrac{BC}{PD} = \cot \alpha + \cot(C-\beta)$

同理可得

$$\dfrac{AC}{PE} = \cot \beta + \cot(A-\gamma)$$

$$\dfrac{AB}{PF} = \cot \gamma + \cot(B-\alpha)$$

把以上三式相加,得

$$\dfrac{BC}{PD} + \dfrac{AC}{PE} + \dfrac{AB}{PF} = (\cot \alpha + \cot(B-\alpha)) + (\cot \beta + \cot(C-\beta)) +$$

$$(\cot \gamma + \cot(A-\gamma)) = \dfrac{\sin B}{\sin \alpha \cdot \sin(B-\alpha)} +$$

$$\dfrac{\sin C}{\sin \beta \cdot \sin(C-\beta)} + \dfrac{\sin A}{\sin \gamma \cdot \sin(A-\gamma)} =$$

$$\dfrac{2\sin B}{\cos(2\alpha - B) - \cos B} + \dfrac{2\sin C}{\cos(2\beta - C) - \cos C} +$$

$$\dfrac{2\sin A}{\cos(2\gamma - A) - \cos A}$$

上式中的 $\sin B$, $\cos B$, $\sin C$, $\cos C$, $\sin A$, $\cos A$ 均为定值,要使 $\dfrac{BC}{PD} + \dfrac{AC}{PE} + \dfrac{AB}{PF}$ 最小,只要令 $\cos(2\alpha - B)$, $\cos(2\beta - C)$, $\cos(2\gamma - A)$ 都取最大值即可. 显然,当 $\alpha = \dfrac{B}{2}$, $\beta = \dfrac{C}{2}$, $\gamma = \dfrac{A}{2}$ 时, $\dfrac{BC}{PD} + \dfrac{AC}{PE} + \dfrac{AB}{PF}$ 取最小值. 此时点 P 唯一确定,即 $\triangle ABC$ 的内心.

❷ 若 $1 \leqslant r \leqslant n$,考虑集合 $\{1,2,\cdots,n\}$ 的所有由 r 个元素组成的子集,每个子集有最小元素,以 $F(n,r)$ 表示所有这些最小元素的算术平均值,证明

$$F(n,r) = \frac{n+1}{r+1}$$

联邦德国命题

证法 1 我们把包含 r 个元素的各子集按其最小元素 k 来区分,其中 $k=1,2,\cdots,n-r+1$. 对于某个最小元素 k,剩下的 $r-1$ 个元素取自这 $n-k$ 个元素 $k+1,k+2,\cdots,n$. 因此,那些由 r 个元素组成并以 k 为最小元素的子集共有 $\binom{n-k}{r-1}$ 个,所以

$$F(n,r) = \frac{N(n,r)}{\binom{n}{r}}$$

其中

$$N(n,r) = \sum_{k=1}^{n-r+1} k \binom{n-k}{r-1} \qquad ①$$

是所有的子集中各最小元素之和. 为求出 $N(n,r)$,我们应用两次 "基本和公式"

$$\sum_{k=1}^{n} (F(k) - F(k-1)) = F(n) - F(0) \qquad ②$$

运用二项式系数公式

$$\binom{n-k}{r-1} = \binom{n-k+1}{r} - \binom{n-k}{r}$$

将式 ① 变成

$$\sum_{k=1}^{n-r+1} \left((k-1)\binom{n-k+1}{r} - k\binom{n-k}{r} \right) + \sum_{k=1}^{n-r+1} \binom{n-k+1}{r} \qquad ③$$

根据式 ②,③ 中的前一项为零,为求第二项之和,再如前拆开,即

$$\sum_{k=1}^{n-r+1} \binom{n-k+1}{r} = \sum_{k=1}^{n-r+1} \left(\binom{n-k+2}{r+1} - \binom{n-k+1}{r+1} \right) = \binom{n+1}{r+1} = N(n,r)$$

因此

$$F(n,r) = \frac{\binom{n+1}{r+1}}{\binom{n}{r}} = \frac{(n+1)}{(r+1)}$$

证法 2 用语言来阐述这个问题:在前 n 个正整数中随机选取 r 个,问所选整数的最小值的期望值为多少?

这个问题在有关概率和统计的名为《顺序统计学》的书中都有所讨论.我们不需运用概率方法而简单地求出答案.

画一个圆并将它分成 $n+1$ 段弧,标为 $0,1,\cdots,n$. 取 1 个红色标志和 r 个绿色标志,在各弧上作上标记,但每段弧上不能有 1 个以上的标志. 对于可能是红色标志的各位置,给 r 个绿色标志定位的每种方法都相当于由 $\{1,2,\cdots,n\}$ 中的 r 个元素组成的子集,这里各子集中的元素为绿色标志与红色标志之间的距离,并且是从红色标志起按顺时针方向测量的.

我们要求出红色标志按顺时针方向与最近的绿色标志之间距离的平均值. 考虑以 $r+1$ 为一组,每组中包括占据着一定结构的扇形的各种标志的安排. 当所占据的扇形结构固定时,红色标志有 $r+1$ 个可能的位置. 考虑到各种可能,从红色标志到最近的绿色标志的距离之和,正好是每个扇形到下一个扇形的距离绕圆一周之和,即为 $n+1$. 因此每组中红色标志与最近的绿色标志的平均值为 $\dfrac{n+1}{r+1}$,这个值也就是所有情况的平均值.

在证法 2 中所选的模型中包含一个重要的原理,我们称之为定理.

定理 设 $s=\{X\}$ 为某种具体形式的各结构的集合(在我们所举的例子中,是从 $1,2,\cdots,n$ 中选择 r 个整数). 设 $f(X)$ 为定义在 X 上的函数(在本例中,f 为 X 的最小元素),求 f 在 S 上的平均值

$$\frac{1}{k}\sum_{X\in S}f(X)$$

将 S 分成子集 S_j,使得 f 在每个子集上的平均值都为 f,即

$$\frac{1}{k_j}\sum_{X\in S_j}f(X)=f \qquad ④$$

其中,k_j 为 S_j 中的元素数目

$$\sum k_j=k$$

那么 f 在所有的 $X\in S$ 上的平均值也是 f.

定理的证明 将式 ④ 乘以 k_j,然后对 j 求和,有

$$k_jf=\sum_{X\in S_j}f(X),\sum k_jf=kf,f=\frac{1}{k}\sum_{X\in S}f(X)$$

在证法 2 中,这个原理应用于所有由 $r+1$ 个弧组成的集合的集合中,其中每个集合中有一段弧标为红色.

证法 3 记 $M=\binom{n+1}{r+1}$,$N=\binom{n}{r}$,令 $\{X_1,X_2,\cdots,X_M\}$ 是 $\{0,1,\cdots,n\}$ 的 $r+1$ 元子集的全体,$\{Y_1,Y_2,\cdots,Y_N\}$ 是 $\{1,2,\cdots,n\}$ 的

r 元子集的全体. 考虑 $M \times N$ 的 $0-1$ 矩阵: 如果去掉 X_i 的最小元得到 Y_j, 则在 (i,j) 位置是 1, 否则为 0. 那么每一行只有一个 1, 而且第 j 列 1 的个数是 Y_j 的最小元, 所以 $\{1,2,\cdots,n\}$ 的所有 r 元子集的最小元的和是 $\binom{n+1}{r+1}$. 因此最小元的算术平均值为

$$F(n,r) = \frac{\binom{n+1}{r+1}}{\binom{n}{r}} = \frac{n+1}{r+1}$$

证法 4　记集合
$$A = \{1,2,3,\cdots,n\}$$
而它的所有有 r 个元素 (其中 $1 \leqslant r \leqslant n$) 的子集合所构成的集合类记为 A_r. 而再用
$$A_{r,j}, 1 \leqslant j \leqslant n-r+1$$
表示 A 的所有有 r 个元素而且其最小元素为 j 的这样一些 A 的子集合所构成的集合类, 显而易见
$$A_r = A_{r,1} \bigcup A_{r,2} \bigcup \cdots \bigcup A_{r,n-r+1} \qquad ⑤$$
此外, 对任意两个 $A_{r,j}$ 和 $A_{r,j'}$, $j \neq j'$, $A_{r,j} \bigcap A_{r,j'} = \varnothing$. 如果我们对一个集合类 B, 用 $|B|$ 表示 B 中集合的个数, 那么我们要证明
$$|A_{r,j}| = \binom{n-j}{r-1} \qquad ⑥$$
这是因为对 $A_{r,j}$ 中的每一个集合 B, 其最小元素为 j, 因此其余 $r-1$ 个元素必定是落在 $j+1, j+2, \cdots, n-1, n$ 这 $n-j$ 个数中, 因此所有的最小元素为 j 的 r 个元素的 A 的子集合, 共有 $\binom{n-j}{r-1}$ 个, 亦即式 ⑥ 成立. 有了式 ⑤ 和式 ⑥, 那么如果记 μ 为集合类 A_r 中所有集合的最小元素的平均数, 那么就有

$$\mu = \frac{1 \cdot \binom{n-1}{r-1} + 2 \cdot \binom{n-2}{r-1} + \cdots + (n-r) \cdot \binom{r}{r-1}}{\binom{n}{r}} +$$

$$\frac{(n-r+1) \cdot \binom{r-1}{r-1}}{\binom{n}{r}} \qquad ⑦$$

为了计算式 ⑦ 的分子, 我们需要建立一个引理.

引理　对自然数 $a, b, b \geqslant a$, 我们有

$$\binom{a}{a}+\binom{a+1}{a}+\binom{a+2}{a}+\cdots+\binom{b}{a}=\binom{b+1}{a+1} \qquad ⑧$$

引理的证明 由题意,有
$$\binom{a}{a}+\binom{a+1}{a}+\binom{a+2}{a}+\cdots+\binom{b}{a}=$$
$$\binom{a+1}{a+1}+\binom{a+1}{a}+\binom{a+2}{a}+\cdots+\binom{b}{a}=$$
$$\binom{a+2}{a+1}+\binom{a+2}{a}+\cdots+\binom{b}{a}=$$
$$\binom{a+3}{a+1}+\binom{a+3}{a}+\cdots+\binom{b}{a}=$$
$$\binom{a+4}{a+1}+\cdots+\binom{b}{a}=\cdots=\binom{b+1}{a+1}$$

现在有
$$1\cdot\binom{n-1}{r-1}+2\cdot\binom{n-2}{r-1}+\cdots+$$
$$(n-r)\cdot\binom{r}{r-1}+(n-r+1)\cdot\binom{r-1}{r-1}=$$
$$\left(\binom{n-1}{r-1}+\binom{n-2}{r-1}+\cdots+\binom{r}{r-1}+\binom{r-1}{r-1}\right)+$$
$$\left(\binom{n-2}{r-1}+\cdots+\binom{r}{r-1}+\binom{r-1}{r-1}\right)+\cdots+$$
$$\left(\binom{r}{r-1}+\binom{r-1}{r-1}\right)+\binom{r-1}{r-1}=$$
$$\binom{n}{r}+\binom{n-1}{r}+\cdots+\binom{r+1}{r}+\binom{r}{r}=\binom{n+1}{r+1}$$

因此
$$\mu=\frac{\binom{n+1}{r+1}}{\binom{n}{r}}=\frac{\frac{(n+1)!}{(r+1)!(n-r)!}}{\frac{n!}{r!(n-r)!}}=\frac{n+1}{r+1} \qquad ⑨$$

证法 5 集合 $\{1,2,\cdots,n\}$ 的 r 元子集共有 C_n^r 个,这些子集的最小数之和为 $S=C_n^r F(n,r)$.

考虑另一集合 $M=\{0,1,2,\cdots,n\}$,它共有 $n+1$ 个元素,从 M 中取一个 $r+1$ 元子集,去掉其中的最小元素便得到集合 $\{1,2,\cdots,n\}$ 的一个 r 元子集. 这样便定义了一个由 M 的所有 $r+1$ 元子集到 $\{1,2,\cdots,n\}$ 的 r 元子集之间的一个映射.

设 A 是 $\{1,2,\cdots,n\}$ 的一个 r 元子集,如果它的最小元素为 a,那么 M 的 a 个 $r+1$ 元子集
$$\{0\}\bigcup A,\{1\}\bigcup A,\cdots,\{a-1\}\bigcup A$$
在此映射下的象为 A. 这就是说,a 恰好等于上述 $r+1$ 元子集的个数. 因此,集合 $\{1,2,\cdots,n\}$ 的所有 r 元子集的最小数之和 S 恰好等于 M 的一切 $r+1$ 元子集的个数,即
$$C_n^r F(n,r)=C_{n+1}^{r+1}$$
所以
$$F(n,r)=\frac{C_{n+1}^{r+1}}{C_n^r}=\frac{n+1}{r+1}$$

证法 6 集合 $\{1,2,\cdots,n\}$ 的含 r 个元素的子集有 C_n^r 个,其中最小数为 k 的子集有 $C_{n-k}^{r-1}(k=1,2,\cdots,n-r+1)$ 个,所以有
$$C_{n-1}^{r-1}+C_{n-2}^{r-1}+\cdots+C_{r-1}^{r-1}=C_n^r \qquad ⑩$$
这些子集中最小数的和为
$$S=C_{n-1}^{r-1}+2C_{n-2}^{r-1}+\cdots+(n-r+1)C_{r-1}^{r-1} \qquad ⑪$$
利用式 ⑩,可推得
$$\begin{aligned}S=&(C_{n-1}^{r-1}+C_{n-2}^{r-1}+C_{n-3}^{r-1}+\cdots+C_{r-1}^{r-1})+\\ &(C_{n-2}^{r-1}+C_{n-3}^{r-1}+\cdots+C_{r-1}^{r-1})+\\ &(C_{n-3}^{r-1}+\cdots+C_{r-1}^{r-1})+\cdots+C_{r-1}^{r-1}=\\ &C_n^r+C_{n-1}^r+\cdots+C_r^r=C_{n+1}^{r+1}\end{aligned}$$
所以
$$F(n,r)=\frac{S}{C_n^r}=\frac{C_{n+1}^{r+1}}{C_n^r}=\frac{n+1}{r+1}$$

证法 7 考虑一个两分图如下:黑顶点是 $\{0,1,\cdots,n\}$ 的 $r+1$ 元子集,白顶点是 $\{1,2,\cdots,n\}$ 的 r 元子集. 黑顶点 X 与 X 中去掉最小数的白顶点 Y 相连. 这个两分图有 $\binom{n+1}{r+1}$ 个黑顶点,$\binom{n}{r}$ 个白顶点和 $\frac{n+1}{r+1}\cdot\binom{n}{r}$ 条边. 注意到白顶点的度数是这个顶点(是 $\{1,\cdots,n\}$ 的 r 元子集)的最小数. 这样,所要求的最小元的平均值就是黑顶点的平均度数 $\frac{n+1}{r+1}$.

此证法属于 Memphis State 大学的 Cecil Rousseau.

注 学生的证明用了二项式系数的计算,发现这样的证明是容易的. 试证明下面的推广.

n 元集合 $\{1,2,\cdots,n\}$ 的第 k 个最小元的算术平均值是
$$F(k,n,r)=k\cdot\frac{n+1}{r+1}$$
最简单的证明是利用概率. 在长为 $n+1$ 的圆周上取等距的 $n+1$ 个点(把圆周 $n+1$ 等分的分点). $n+1$ 个点中随机地取 $r+1$ 个点,所选的点把圆周分

成 $r+1$ 段. 由对称性,每一段的期望值为 $\frac{n+1}{r+1}$. 在所选的第 $r+1$ 点处切开这个圆,并把它拉直成长为 $n+1$ 的线段. 这样就有 r 个在 $\{1,2,\cdots,n\}$ 选中的点,最小的点与原点的距离的期望值是 $\frac{n+1}{r+1}$,由同样的对称性论证,原点到第 k 个最小点距离的期望值是

$$F(k,n,r) = k \cdot \frac{n+1}{r+1}$$

❸ 求出 m^2+n^2 的极大值,其中 m,n 为整数,并满足 m, $n \in \{1,2,\cdots,1\,981\}$ 且

$$(n^2-mn-m^2)^2 = 1$$

荷兰命题

解法 1 我们称一个有序数对 (n,m) 是"允许的"是指:m, $n \in \{1,2,\cdots,1\,981\}$ 且满足

$$(n^2-nm-m^2)^2 = 1 \qquad ①$$

如果 $m=1$,那么 $(1,1)$ 和 $(2,1)$ 为仅有的允许对.

对任何允许对 (n_1,n_2),其中 $n_2 > 1$,有

$$n_1(n_1-n_2) = n_2^2 \pm 1 > 0$$

所以 $n_1 > n_2$. 定义

$$n_3 = n_1 - n_2$$

那么 $n_1 = n_2 + n_3$,将此式代入 ①,得

$$1 = (n_1^2 - n_1 n_2 - n_2^2)^2 =$$
$$((n_2+n_3)^2 - (n_2+n_3)n_2 - n_2^2)^2 =$$
$$(-n_2^2 + n_2 n_3 + n_3^2)^2 = (n_2^2 - n_2 n_3 - n_3^2)^2$$

所以 (n_2,n_3) 也是一个允许对.

若 $n_3 > 1$,按同样的方法也可得 $n_2 > n_3$. 设 $n_2 - n_3 = n_4$,又发现 (n_3,n_4) 为一个允许对.

这样就得到一数列 $n_1 > n_2 > n_3 > \cdots$(一定为有限个),其中

$$n_{i+1} = n_{i-1} - n_i$$

且 (n_i, n_{i+1}) 为允许对.

该数列当 $n_i = 1$ 时终止. 因为 $(n_{i-1},1)$ 为允许对,$n_{i-1} > 1$,则必有 $n_{i-1} = 2$(见上式). 因此 (n_1,n_2) 是截尾的斐波那契(Fibonacci)数列 $1\,597, 987, \cdots, 13, 8, 5, 3, 2, 1$ 的连续项. 反过来说,任意两项都构成允许对.

上面的各步骤都可以反推,从初值 $(2,1)$ 开始反推可以唯一地确定斐波那契数列 $1,2,3,5,8,\cdots$,该数列的相邻项包括所有允许对. 不超过 $1\,981$ 的,这样的最大允许对为 $(987, 1\,597)$,所以 m^2+n^2 的最大值为 $1\,597^2 + 987^2$.

解法 2 凡是适合关系式 $(m^2-mn-n^2)^2=1$ 的序偶 (m,n)，称为可用序偶.

当 $m=1$ 时，除 $(1,1)$ 和 $(2,1)$ 外，显然没有其他可用序偶.

现在考虑 $m\geqslant 2$ 时的情形.

设 $m_1\geqslant 2$，并设 (m_2,m_1) 是一个可用序偶，则因
$$m_2(m_2-m_1)=m_1^2+(m_2^2-m_1m_2-m_1^2)=m_1^2\pm 1>0$$
可知 m_2-m_1 是正数，即 $m_2>m_1$.

令 $m_3=m_2+m_1$，因
$$\begin{aligned}1&=(m_2^2-m_1m_2-m_1^2)^2=\\&\quad(m_2^2-(m_3-m_2)m_2-(m_3-m_2)^2)^2=\\&\quad(-m_2^2+m_2m_3+m_3^2)^2=(m_3^2-m_2m_3-m_2^2)^2\end{aligned}$$
所以 (m_3,m_2) 也是一个可用序偶.

再令 $m_4=m_3+m_2$. 同样理由可知 (m_4,m_3) 又是一个可用序偶.

依此法得到一个递增数列
$$m_1,m_2,m_3,m_4,\cdots,m_r,m_{r+1},\cdots$$
其中每两个相邻的数，构成一个可用序偶 (m_{r+1},m_r).

如果我们取 $m_1=2$，则数列
$$1,1,m_1(=2),m_2,m_3,\cdots,m_r,m_{r+1},\cdots \quad ②$$
中自第三项起，每一项是前面两项的和，所以 ② 是斐波那契数列.

于是我们可以断言在斐波那契数列中，任取两个相邻的数都可以构成一个可用序偶.

另一方面，设 (n_r,n_{r-1}) 是任一个可用序偶，则易知 $n_r>n_{r-1}$，而且 (n_{r-1},n_r-n_{r-1}) 也是一个可用序偶. 若递增数列
$$n_r,n_{r-1},\cdots,n_s,\cdots,n_1 \quad ③$$
中每一个 n_s 等于 $n_{s+2}-n_{s+1}$，而且终止于 n_1，则 $n_1=1$. 因为若 $n_1>1$，则 ③ 的下一项仍可求得，与 n_1 是 ③ 的最后一项的假设矛盾. 把数列 ③ 的顺序倒置，则
$$n_1(=1),n_2,\cdots,n_{r-1},n_r$$
显然是斐波那契数列的一个片段，$n_s=m_{s-1}$. 所以每个可用序偶必定是斐波那契数列中两个相邻的数.

根据斐波那契数列的性质，当 r 无限增大时，② 中 m_{r+1} 和 m_r 的比值趋于极限 $\frac{1}{2}(\sqrt{5}+1)\approx 1.62$. 实际上当 $r\geqslant 5$ 时，所有 $\frac{m_{r+1}}{m_r}$ 的值皆接近而略小于 1.62. 若 m_k 是 ② 中不大于 1 981 的最大项，则
$$m_k\cdot 1.62^{k-5}\leqslant 1\ 981 \quad ④$$

因为 $m_5=13$，对 ④ 的两边取常用对数，得

$$k - 5 \leqslant \frac{\lg 1\,981 - \lg 13}{\lg 1.62} \approx 10.4$$

所以 k 的最大可能整数值是 15,而 $(m_{15}, m_{14}) = (1\,597, 987)$ 是适合 $1 \leqslant m, n \leqslant 1\,981$ 的最大可用序偶.

因此,所求的 $m^2 + n^2$ 的最大值是 $987^2 + 1\,597^2 = 3\,524\,578$.

❹ (1) 对于什么样的 $n > 2$ 的数,可以找到一个由 n 个连续正整数构成的数列,该数列的最大值可以被另外的 $n-1$ 个数的最小公倍数整除?

(2) 对于什么样的 $n > 2$ 的数,可以找到并且只能找到一个具有上述性质的数列?

比利时命题

解法 1 (1) 和 (2) 的答案分别为 $n \geqslant 4$ 和 $n = 4$. 为证实这点,用 N 表示 n 个连续正整数组成的集合的最大元素. 注意,在这样的集合中只存在一个可被 n 整除的元素.

设 $n = 3$ 为 3 整除 $N-1$ 和 $N-2$ 的最小公倍数, N 不可能有一个素数因子 $p > 2$(因为这样的话, p 不可能是 $N-1$ 和 $N-2$ 的因子),所以 N 必然取 2^a 的形式. 又因 $N \geqslant 3$,则 a 必为一个大于 1 的整数. 由于 N 必须整除奇数 $N-1$,所以 N 就不可能有这种形式,这就排除了 $n = 3$.

设 $n = 4$, 那么前三项的最小公倍数包括因子 $2^b 3^c$ (b, c 为某两正整数). 同样, N 不可能有素数因子 $p \geqslant 5$, 否则前三项中没有一个可被 p 整除,即 N 不能整除它们的最小公倍数. 因此
$$N = 2^b \cdot 3^c$$
由此
$$N - 2 = 2(2^{b-1} \cdot 3^c - 1)$$
$$N - 3 = 3(2^b \cdot 3^{c-1} - 1)$$

只有当 $b = 1, c = 1$, 即 $N = 6$ 时, N 才能整除它们的最小公倍数. 事实上,数列 $3, 4, 5, 6, (3, 4, 5)$ 的最小公倍数为 60, 可被 6 整除,这就回答了问题(2).

现在设 $n > 4$, 我们来证明 $(n-1)(n-2), (n-2)(n-3)$ 都大于 n, 都是 N 的可能取值.

任何两个相邻整数都是互素的,因此它们的最小公倍数即为其积. n 个以 N 结尾的连续整数为
$$N - (n-1), N - (n-2), N - (n-3), \cdots, N - 1, N \quad \text{①}$$

当 $N = (n-1)(n-2)$ 时,它整除式 ① 中前两项之积,因为 $n - 1$ 整除
$$N - (n-1) = (n-1)(n-3)$$
$n - 2$ 整除

$$N - (n-2) = (n-2)(n-2)$$

因此 $(n-1)(n-2)$ 整除 N 之前的 $n-1$ 个整数的最小公倍数.

当 $N = (n-2)(n-3)$ 时,很容易看出它整除式①中第二、三项之积,所以 $(n-2)(n-3)$ 也为 N 的可能取值.

这样,对于 $n > 4$,我们可以找到一个以上由 n 个连续整数构成的数列,其最大数可整除其他各数的最小公倍数. 这就回答了问题(1).

解法2 设 n 个连续正整数的集合为 $\{k+1, k+2, \cdots, k+n\}$.

先证当 $n = 3$ 时,本题无解. 事实上,因 $[k+1, k+2] = (k+1)(k+2) = k^2 + 3k + 2$,若 $k+3 \mid [k+1, k+2]$,则 $k+3 \mid 2$,与 k 为正整数矛盾.

考虑 $n > 3$ 的情形.

① 若 n 为偶数, $n = 2m (m \geqslant 2)$,取 n 个连续正整数的集合
$$A = \{n-1, n, n+1, \cdots, 2n-2\}$$
即适合题设条件.

因 $2n - 2 = 2(n-1)$, $n-1$ 为奇数, $2 \nmid (n-1)$, $2 \mid n$, 故
$$2n - 2 \mid [n-1, n, n+1, \cdots, 2n-3]$$

② 若 n 为奇数, $n = 2m+1 (m \geqslant 2)$,根据①对偶数 $n-1$ 取 $n-1$ 个连续正整数的集合
$$A' = \{n-2, n-1, n, \cdots, 2n-4\}$$
则 $\quad 2n - 4 \mid [n-2, n-1, n, \cdots, 2n-4]$
在 A' 中加上一个 $n-3$,得集合
$$B = \{n-3, n-2, n-1, n, \cdots, 2n-4\}$$
则 n 个连续正整数的集合 B 即适合题设条件.

现在来讨论问题(2).

① 当 $n = 4$ 时,由
$$k+4 \mid [k+1, k+2, k+3]$$
推出
$$k+4 \mid (k+1)(k+2)(k+3) = (k+4)(k^2 + 2k + 3) - 6$$
得 $k+4 \mid 6$,从而 $k = 2$,故只有唯一的适合题设条件的集合 $\{3, 4, 5, 6\}$.

② 当 $n = 5$ 时,集合 $A_1 = \{2, 3, 4, 5, 6\}$ 和 $A_2 = \{8, 9, 10, 11, 12\}$ 都适合题设条件.

③ 当 $n > 5$ 时,若 $n = 2m$ 为偶数,可取 $A_1 = \{n-1, n, \cdots, 2n-2\}$ 或 $A_2 = \{n-5, n-4, \cdots, 2n-6\}$ 都适合题设条件.

若 $n = 2m+1$ 为奇数,则可取
$$B_1 = \{n-3, n-2, \cdots, 2n-4\}$$

或
$$B_2 = \{n-5, n-4, \cdots, 2n-6\}$$
都适合题设条件.

故当 $n \geqslant 5$ 时,至少有两个集合适合题设条件.

解法 3 我们按照习惯,用方括号表示最小公倍数,用圆括号表示最大公约数,首先要建立一个初等数论中的引理.

引理 如果 $[b_1, b_2, \cdots, b_s] = b$,那么
$$P^\alpha \mid b$$
的充分必要条件是存在某个 $i, 1 \leqslant i \leqslant s$,使
$$P^\alpha \mid b_i$$
其中,P 是素数,α 是自然数.

引理的证明 我们将 $b_1, b_2, \cdots, b_s$ 作素因子分解,即
$$b_1 = P_1^{\alpha_1^{(1)}} \cdot P_2^{\alpha_2^{(1)}} \cdot \cdots \cdot P_t^{\alpha_t^{(1)}}$$
$$b_2 = P_1^{\alpha_1^{(2)}} \cdot P_2^{\alpha_2^{(2)}} \cdot \cdots \cdot P_t^{\alpha_t^{(2)}}$$
$$\vdots$$
$$b_s = P_1^{\alpha_1^{(s)}} \cdot P_2^{\alpha_2^{(s)}} \cdot \cdots \cdot P_t^{\alpha_t^{(s)}}$$
其中,$P_1, P_2, \cdots, P_t$ 是互异的素数,$\alpha_1^{(1)}, \alpha_1^{(2)}, \cdots, \alpha_1^{(s)}$ 不全为零,$\cdots\cdots$,$\alpha_t^{(1)}, \alpha_t^{(2)}, \cdots, \alpha_t^{(s)}$ 不全为零.令
$$\alpha_1 = \max_i \alpha_1^{(i)}, \alpha_2 = \max_i \alpha_2^{(i)}, \cdots, \alpha_t = \max_i \alpha_t^{(i)}$$
则显然
$$[b_1, b_2, \cdots, b_s] = b = P_1^{\alpha_1} \cdot P_2^{\alpha_2} \cdot \cdots \cdot P_t^{\alpha_t}$$
因此若
$$P^\alpha \mid b$$
那么一定存在某一个 $j, 1 \leqslant j \leqslant t$,使
$$P = P_j, \alpha \leqslant \alpha_j$$
再设 $\alpha_j^{(1)}, \alpha_j^{(2)}, \cdots, \alpha_j^{(s)}$ 中最大者为 $\alpha_j^{(i)}$,亦即
$$\alpha_j = \max_i \alpha_j^{(i)} = \alpha_j^{(i)}$$
这样就有
$$\alpha \leqslant \alpha_j^{(i)}$$
因此 $\quad P^\alpha \mid b_i$

至于引理的充分性部分是显然的.

对固定的 n,我们对所有 $k \geqslant n$ 的自然数,定义
$$M_{k-1} = [k-1, k-2, k-3, \cdots, k-(n-1)]$$
即 M_{k-1} 是相连续的 $n-1$ 个数 $k-1, k-2, \cdots, k-(n-1)$ 的最小公倍数.

我们要证明:如果存在 $k \geqslant n$,使
$$k \mid M_{k-1} \quad\quad ②$$
那么一定有

$$k \mid M_{n-1} \qquad ③$$

反之亦然.

这是因为对任何 $k \geqslant n$,我们有
$$(k, M_{k-1}) = (k, M_{n-1}) \qquad ④$$

我们先来证明式 ④,若对素数 P
$$P^a \mid (k, M_{k-1})$$

则一定有
$$P^a \mid k$$

及 $\quad P^a \mid M_{k-1} = [k-1, k-2, \cdots, k-(n-1)]$

据引理可知,一定存在某一个 i,$1 \leqslant i \leqslant n-1$,使
$$P^a \mid i$$

这样就有
$$P^a \mid k-i$$

其中,$1 \leqslant i \leqslant n-1$. 故一定有
$$P^a \mid M_{n-1}$$

因此 $\quad P^a \mid (k, M_{n-1})$

反之亦可证明若 $P^a \mid (k, M_{n-1})$,一定有 $P^a \mid (k, M_{k-1})$. 这样就证明了式 ④.

现在因为 $k \mid M_{k-1}$,所以
$$k = (k, M_{k-1}) = (k, M_{n-1})$$

因此一定有 $k \mid M_{n-1}$,亦就是式 ③ 得证. 反之亦可从式 ② 来证得式 ④.

现在我们对各个具体的 n 来观察式 ③,从而研究是否存在 k,使得
$$n \leqslant k, k \mid M_{n-1} \qquad ⑤$$

当 $n=3$ 时,$M_2 = 1 \times 2 = 2$. 若 $k \mid M_2$,那么一定有 $k=1$ 或 2,但要求 $k \geqslant 3$,所以矛盾. 因此可知 $n=3$ 时本题无解.

当 $n=4$ 时,$M_3 = [3,2,1] = 6$. 要求 $k \geqslant 4$ 以及 $k \mid 6$,那么就只有 $k=6$,此时 $k-1, k-2, k-3$ 分别为 $5,4,3$,而 $[5,4,3] = 5 \times 4 \times 3 = 60$,而且 $6 \mid 60$. 所以可知 $n=4$ 时,存在唯一的解,即 $k=6$.

当 $n \geqslant 5$ 时,因为
$$1 = (n-1, n-2)$$

这是因为若 $(n-1, n-2) = s \geqslant 2$,那么 $s \mid n-1, s \mid n-2$,因此
$$s \mid (n-1) - (n-2) = 1$$

但 $s \geqslant 2$,故矛盾. 因此
$$(n-1)(n-2) \mid M_{n-1}$$

又因为 $n-1, n-2$ 中必定有一个为偶数,所以 $\dfrac{(n-1)(n-2)}{2}$ 是整数,而且

$$\frac{(n-1)(n-2)}{2} \Big| M_{n-1}$$

因对 $n \geqslant 5$,有

$$\frac{(n-1)(n-2)}{2} > n \qquad \text{⑥}$$

这是因为与式 ⑥ 等价的不等式是

$$n^2 - 5n + 2 > 0$$

亦即

$$\left(n - \frac{5}{2}\right)^2 > \left(\frac{\sqrt{17}}{2}\right)^2$$

因为

$$5 - \frac{5}{2} = \frac{5}{2} > \frac{\sqrt{17}}{2}$$

所以式 ⑥ 对 $n \geqslant 5$ 是满足的,这样我们对 $n \geqslant 5$ 就至少找到了两个 k,即

$$k_1 = (n-1)(n-2), k_2 = \frac{(n-1)(n-2)}{2}$$

它们都满足式 ⑤,因此可知:$n \geqslant 5$ 时,存在两个以上的解. 如 $n = 8, k_1 = 42, k_2 = 21$ 就是两个解.

❺ 三个全等的圆相交于一点 O,三圆同位于一已知的三角形内,并分别与三角形的其中两边相切. 求证:三角形的内心、外心与 O 三点共线.

苏联命题

证明 如图 22.3 所示,将三角形各顶点用 A, B, C 表示,各圆的圆心用 A', B', C' 表示.

因为三个圆的半径相等,$\triangle ABC$ 的各边与 $\triangle A'B'C'$ 的相应各边平行,点 O 为 $\triangle A'B'C'$ 的外心,因此 $\triangle ABC$ 和 $\triangle A'B'C'$ 位似. 位似的一个重要性质是各对应点与位似中心在同一直线上. AA',BB' 和 CC' 分别平分 $\angle A, \angle B, \angle C$,它们也联系两位似三角形的对应点且相交于 $\triangle ABC$ 的内心 I(也为 $\triangle A'B'C'$ 的内心),所以 I 为位似中心. 因两个三角形的外心为对应点,故它们与点 I 共线.

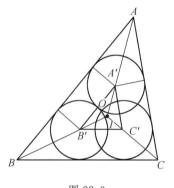

图 22.3

❻ 函数 $f(x, y)$ 满足:

(1) $f(0, y) = y + 1$;

(2) $f(x+1, 0) = f(x, 1)$;

(3) $f(x+1, y+1) = f(x, f(x+1, y))$.

其中,x, y 为非负整数. 求 $f(4, 1981)$.

芬兰命题

解法 1 在条件(1)和条件(2)中,令 $x = 0$,得

$$f(1,0) = f(0,1) = 2$$

并令(3)和(1)中 $y=0$,得
$$f(1,1) = f(0,f(1,0)) = f(1,0) + 1 = 3$$

然后,令(3)中 $y=1$,运用上式得
$$f(1,2) = f(0,f(1,1)) = f(0,3) = 4$$

我们断言
$$f(1,y) = y + 2 \qquad ①$$

我们已在 $y = 0,1,2$ 时证实了式 ①,一般情况可以从(3)出发,用数学归纳法来证明
$$f(1,k) = f(0,f(1,k-1)) = f(1,k-1) + 1 = (k-1) + 2 + 1 = k + 2$$

下一步,我们求
$$f(2,0) = f(1,1) = 3$$

由(3)和式 ① 得
$$f(2,1) = f(1,f(2,0)) = f(1,3) = 5$$
$$f(2,2) = f(1,f(2,1)) = f(1,5) = 7$$

一般地,再对 y 进行归纳,且在(3)中令 $x=1$,有
$$f(2,y) = 2y + 3$$

下面,用类似的归纳方法对 $f(3,y)$ 进行分析
$$f(3,0) = f(2,1) = 5 = 2^3 - 3$$
$$f(3,1) = f(2,f(3,0)) = 2 \times 5 + 3 = 2^4 - 3$$

一般地
$$f(3,y) = 2^{y+3} - 3$$

最后,为求 $f(4,1\,981)$,可用
$$f(4,y+1) = f(3,f(4,y))$$

及
$$f(4,0) = f(3,1) = 2^4 - 3$$
$$f(4,1) = f(3,f(4,0)) = 2^{2^4-3+3} - 3 = 2^{2^{2^2}} - 3$$

一般地
$$f(4,y) = 2^{2^{\cdot^{\cdot^{\cdot^2}}}} - 3$$

这里前一项中有 $y+3$ 个 2,所以
$$f(4,1\,981) = 2^{2^{2^{\cdot^{\cdot^{\cdot^2}}}}} - 3$$

这里共有 1 984 个 2.

注 这个由双重递归定义的函数称为阿克曼(Ackermann)函数.阿克曼是希尔伯特(Hilbert)的一个学生,他证明这个函数比任何单变量递归函数都增长得快,计算机专家对此很感兴趣,因为它比任何简单循环程序都增长得快.

第 22 届国际数学奥林匹克英文原题

The twenty-second International Mathematical Olympiad was held from July 8th to July 20th 1981 in the cities of Washington D. C. and Fredericksburg.

It is the case to mention that an IMO was not organised in 1980 and this caused a gap in the history of the IMO's. The situation was brought forth by the regulations of the IMO at that time. Because the Olympiad was continuously growing during previous years it was unable to preserve the stable group of organizing countries. Moreover, such a situation did not seem to be convenient for these countries because of the increasing costs to manage and support such a large event.

❶ Let P be a point inside the triangle ABC. Let D, E, F be the feet of the perpendiculars from P to the lines BC, CA, AB respectively.

Find all P for which

$$\frac{BC}{PD}+\frac{CA}{PE}+\frac{AB}{PF}$$

is least. (United Kingdom)

❷ Let r, n be natural numbers such that $1 \leqslant r \leqslant n$. Consider all subsets of r elements of the set $\{1, 2, \cdots, n\}$. Each of these subsets has a smallest member. Let $F(n, r)$ denote the arithmetic mean of these smallest numbers. Prove that $F(n,r)=\frac{n+1}{r+1}$. (F. R. Germany)

❸ Determine the maximum value of m^2+n^2, where m and n are integer numbers satisfying $1 \leqslant m, n \leqslant 1\,981$ and $(n^2-mn-m^2)^2=1$. (Netherlands)

❹ a) For which values of $n, n > 2$, is there a set of n consecutive positive integers such that the largest number in the set is a divisor of the least common multiple of the remaining $n-1$ numbers?

b) For which values of $n, n > 2$, is there exactly one set of numbers having the stated property?

(Belgium)

❺ Three congruent circles have a common point O and lie inside a given triangle. Each circle touches a pair of sides of the triangle. Prove that the incenter and the circumcenter of the triangle and the point O are collinear.

(USSR)

❻ The function $f(x, y)$ satisfies the conditions:
a) $f(0, y) = y + 1$;
b) $f(x+1, 0) = f(x, 1)$;
c) $f(x+1, y+1) = f(x, f(x+1, y))$.

for all non-negative integers x, y. Determine $f(4, 1981)$.

(Finland)

第 22 届国际数学奥林匹克各国成绩表

美国,1981

名次	国家或地区	分数（满分 336）	金牌	银牌	铜牌	参赛队人数
1.	美国	314	4	3	1	8
2.	德意志联邦共和国	312	5	2	1	8
3.	英国	301	3	4	1	8
4.	奥地利	290	4	2	1	8
5.	保加利亚	287	2	3	3	8
6.	波兰	259	2	3	1	8
7.	加拿大	249	2	2	1	8
8.	南斯拉夫	246	1	2	3	8
9.	苏联	230	3	2	1	6
10.	荷兰	219	—	3	1	8
11.	法国	209	2	—	3	8
12.	瑞典	207	—	1	3	8
13.	芬兰	206	1	1	3	8
14.	捷克斯洛伐克	190	1	3	1	5
15.	以色列	175	1	—	3	6
16.	巴西	172	1	—	—	8
17.	匈牙利	164	3	1	—	4
18.	古巴	141	—	1	—	8
19.	比利时	139	—	2	—	8
20.	罗马尼亚	136	—	2	2	4
21.	澳大利亚	122	—	—	1	8
22.	希腊	104	—	—	—	8
23.	哥伦比亚	93	—	—	—	8
24.	委内瑞拉	64	—	—	—	8
25.	卢森堡	42	1	—	—	1
26.	突尼斯	32	—	—	—	2
27.	墨西哥	5	—	—	—	5

第 22 届国际数学奥林匹克预选题

美国,1981

❶ (1) 设 $n > 2$,问对 n 的哪些值,存在一个由 n 个连续的正整数组成的集合,使得集合中最大的数是集合中其他 $n-1$ 个数的最小公倍数的因数?

(2) 设 $n > 2$,问对 n 的哪些值,存在一个唯一的具有上述性质的集合?

解 假设由 n 个连续整数组成的集合 $\{a-n+1, a-n+2, \cdots, a\}$ 满足条件

$$a \mid [a-n+1, \cdots, a-1]$$

设 a 的标准因子分解式为 $a = p_1^{\alpha_1} \cdot p_2^{\alpha_2} \cdots p_r^{\alpha_r}$,其中 $p_1 < p_2 < \cdots < p_r$ 是素数,而 $\alpha_1, \alpha_2, \cdots, \alpha_r > 0$. 那么对每个 $j=1, 2, \cdots, r$ 都存在一个 $m, m=1, 2, \cdots, n-1$,使得 $p_j^{\alpha_j} \mid a-m$,因此 $p_j^{\alpha_j} \mid m$,那样 $p_j^{\alpha_j} \leqslant n-1$. 如果 $r=1$,那么 $a = p_1^{\alpha_1} \leqslant n-1$,这与 $a-n+1 > 0$ 矛盾,故必有 $r \geqslant 2$,但这意味着存在两个不同的小于 n 的素数,因而 $n \geqslant 4$.

对 $n=4$,我们必有 $p_1^{\alpha_1} p_2^{\alpha_2} \leqslant 3$,这蕴涵 $p_1=2, p_2=3, \alpha_1=\alpha_2=1$,因此 $a=6$,而 $\{3,4,5,6\}$ 是唯一满足问题条件的集合.

对每个 $n \geqslant 5$,至少存在两个那种集合. 事实上,对 $n=5$,我们易于求出两个集合 $\{2,3,4,5,6\}$ 和 $\{8,9,10,11,12\}$. 假设 $n \geqslant 6$. 设 r,s,t 是使得 $2^r \leqslant n-1 < 2^{r+1}, 3^s \leqslant n-1 < 3^{s+1}, 5^t \leqslant n-1 < 5^{t+1}$ 的自然数,那么取 $a = 2^r \times 3^s$ 和 $a = 2^r \times 5^t$,我们就获得了两个不同的具有所需性质的集合. 因此问题(1)的答案是 $n \geqslant 4$,而(2)的答案是 $n=4$.

❷ 球 S 分别和四面体 $ABCD$ 的棱 AB, BC, CD, DA 相切于点 E, F, G, H,而点 E, F, G, H 是一个正方形的顶点. 证明:如果 S 和棱 AC 相切,则它也和棱 BD 相切.

证明 先证明下面的引理.

引理 设 E, F, G, H, I, K 分别是四面体 $ABCD$ 的棱 AB,

BC, CD, DA, AC, BD 上的点，那么当且仅当
$$AE = AH = AI, BE = BF = BK$$
$$CF = CG = CI, DG = DH = DK \qquad ①$$
时，存在一个球在这些点和 $ABCD$ 的棱相切.

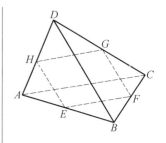

图 22.4

引理的证明 必要性显然. 现在假设条件 ① 成立. 如图 22.4，用 $\varepsilon, \varphi, \gamma, \eta, \tau, \kappa$ 分别表示通过点 E, F, G, H, I, K 并垂直于 AB, BC, CD, DA, AC, BD 的平面.

由于平面 $\varepsilon, \varphi, \tau$ 是互相不平行的，因此它们必相交于一点 O. 显然
$$\triangle AEO \cong \triangle AHO \cong \triangle AIO$$
因此
$$OE = OH = OI = r$$
因而，球 $\sigma(O, r)$ 和 AB, AD, AC 相切.

为证明球 $\sigma(O, r)$ 也和 BC, CD, BD 相切，只需证明 φ, γ, κ 也通过点 O 就够了. 不失一般性，可只对 φ 证明这一点. 由对关于 E, F, I 的条件可知，E, F, I 恰是 $\triangle ABC$ 的内切圆和它的各边的相切点. 设 S 是内心，那么 $SE \perp AB, SF \perp BC, SI \perp AC$. 因此 $\varepsilon, \varphi, \tau$ 都通过 S 并垂直于平面 ABC，因而通过 S 并垂直于平面 ABC 的直线 l 同时位于这三个平面上.

由于 $l = \varepsilon \cap \tau$，因此点 O 在直线 l 上，所以也在平面 φ 上. 这就证明了引理.

下面我们将对本题进行证明.

证法 1 设 $AH = AE = x, BE = BF = y, CF = CG = z, DG = DH = w$. 如果球面也和 AC 相切于某点 I，那么 $AI = x$ 且 $IC = z$. 利用上述引理只需证明如果 $AC = x + z$，那么 $BD = y + w$ 就够了.

设 $EF = FG = GH = HI = t, \angle BAD = \alpha, \angle ABC = \beta, \angle BCD = \gamma, \angle ADC = \delta$，则
$$t^2 = EH^2 = AE^2 + AH^2 - 2 \cdot AE \cdot AH \cos \alpha = 2x^2(1 - \cos \alpha)$$
类似地，得出
$$t^2 = 2y^2(1 - \cos \beta) = 2z^2(1 - \cos \gamma) = 2w^2(1 - \cos \delta)$$
进而，利用 $AB = x + y, BC = y + z, \cos \beta = 1 - \dfrac{t^2}{2y^2}$，我们得出
$$AC^2 = AB^2 + BC^2 - 2AB \cdot BC \cdot \cos \beta =$$
$$(x - z)^2 + t^2 \left(\dfrac{x}{y} + 1\right)\left(\dfrac{z}{y} + 1\right)$$
类似地，从 $\triangle ADC$ 中我们得出
$$AC^2 = (x - z)^2 + t^2 \left(\dfrac{x}{w} + 1\right)\left(\dfrac{z}{w} + 1\right)$$
因此
$$\left(\dfrac{x}{y} + 1\right)\left(\dfrac{z}{y} + 1\right) = \left(\dfrac{x}{w} + 1\right)\left(\dfrac{z}{w} + 1\right)$$

由于 $f(s)=\left(\dfrac{x}{s}+1\right)\left(\dfrac{z}{s}+1\right)$ 是 s 的递减函数,这就得出 $y=w$,类似地,$x=z$.

因此 $CF=CG=x$, $DG=DH=y$,这又得出 $AC \parallel EF$ 以及
$$AC:t=AC:EF=AB:EB=(x+y):y$$
即
$$AC=\frac{t(x+y)}{y}$$

类似地,从 $\triangle ABD$ 中,我们得出 $BD=\dfrac{t(x+y)}{x}$. 因此如果 $AC=x+z=2x$,那么就得出 $2x=\dfrac{t(x+y)}{y} \Rightarrow 2xy=t(x+y) \Rightarrow BD=\dfrac{t(x+y)}{x}=2y=y+w$,这就完成了证明.

证法 2 不失一般性,设 $EF=2$. 建立坐标系,使在此坐标系中点 O,E,F,G,H 的坐标分别为 $(0,0,0),(-1,-1,a),(1,-1,a),(1,1,a),(-1,1,a)$. 直线 AH 垂直于 OH,而直线 AE 垂直于 OE. 因此由勾股定理可知
$$AO^2=AH^2+HO^2=AE^2+EO^2=AE^2+HO^2$$
由此得出 $AH=AE$. 因此点 A 的纵坐标是 0. 类似地,点 B 和点 D 的横坐标以及点 C 的纵坐标是 0. 因此可设点 A 的坐标为 $(x_0,0,z_1)$,那么 $\overrightarrow{EA}(x_0+1,1,z_1-a) \perp \overrightarrow{EO}(1,-1,a)$,因此 $\overrightarrow{EA} \cdot \overrightarrow{EO}=x_0+2+a(a-z_1)=0$. 类似地,对 $B(0,y_0,z_2)$,我们有 $y_0+2+a(a-z_2)=0$. 由此得出
$$z_1=\frac{x_0+a^2+2}{a}, z_2=\frac{y_0+a^2+2}{a} \qquad ②$$

我们还有 $A(x_0,0,z_1)$,$E(-1,-1,a)$ 和 $B(0,y_0,z_2)$ 是共线的. 设 A',B',E' 分别是 A,B,E 在 xOy 平面上的垂足,那么直线 $A'B'$ 的方程为 $y_0x+x_0y=x_0y_0, z=0$,这条直线包含点 $E'(-1,-1,0)$,因而
$$(x_0+1)(y_0+1)=1 \qquad ③$$
同理,从点 B 和 C 可得出类似于 ②,③ 的关系,由此关系可以得出点 C 的坐标为 $C(-x_0,0,z_1)$,类似地,可得出点 D 的坐标为 $D(0,-y_0,z_2)$. 条件 AC 和球 $\sigma(O,OE)$ 相切等价于 $z_1=\sqrt{a^2+2}$,即 $x_0=a\sqrt{a^2+2}-(a^2+2)$,但是 ③ 蕴涵 $y_0=-a\sqrt{a^2+2}-(a^2+2)$ 和 $z_2=-\sqrt{a^2+2}$,这表示球 $\sigma(O,OE)$ 也和 BD 相切. 这就结束了证明.

❸ 在以下限制条件下,求出
$$\max\{a+b+c, b+c+d, c+d+e, d+e+f, e+f+g\}$$
的最小值.
(1) $a,b,c,d,e,f,g \geq 0$;
(2) $a+b+c+d+e+f+g=1$.

解 令 $p = \max\{a+b+c, b+c+d, c+d+e, d+e+f, e+f+g\}$,则我们有
$$1+c+e = (a+b+c)+(c+d+e)+(e+f+g) \leq p+p+p = 3p$$

这说明 $p \geq \dfrac{1}{3}$. 然而另一方面,当
$$(a,b,c,d,e,f,g) = \left(\dfrac{1}{3}, 0, 0, \dfrac{1}{3}, 0, 0, \dfrac{1}{3}\right)$$

时, $p = \dfrac{1}{3}$,因此所要求的答案就是 $\dfrac{1}{3}$.

注 事实上,用同样的方法可以证明更一般的命题:给出正整数 $n \geq k$, 如果 $a_1, a_2, \cdots, a_n$ 是和为 1 的非负实数,那么 $\max\limits_{i=1,\cdots,n-k+1}\{a_i + a_{i+1} + \cdots + a_{i+k-1}\}$ 的最小值是 $\dfrac{1}{r}$,其中 r 是适合 $k(r-1) < n \leq kr$ 的整数.

❹ 设 $\{f_n\}$ 是斐波那契数列 $\{1,1,2,3,5,\cdots\}$.
(1) 求出所有的实数对 (a,b),使得对每个 n, $af_n + bf_{n+1}$ 都是斐波那契数;
(2) 求出所有的正实数对 (u,v),使得对每个 n, $uf_n^2 + vf_n^2$ 都是斐波那契数.

解 我们将应用已知的斐波那契数列的通项公式
$$f_n = \dfrac{1}{\sqrt{5}}(\alpha^n - (-1)^n \alpha^{-n}) \qquad ①$$

其中 $\alpha = \dfrac{1+\sqrt{5}}{2}$.

(1) 假设对所有的 n, $af_n + bf_{n+1} = f_{k_n}$,其中 $k_n > 0$ 是一个依赖于 n 的整数. 由式 ①,这等价于 $a(\alpha^n - (-1)^n \alpha^{-n}) + b(\alpha^{n+1} + (-1)^n \alpha^{-n-1}) = \alpha^{k_n} - (-1)^{k_n} \alpha^{-k_n}$,故我们有,当 $n \to \infty$ 时
$$\alpha^{k_n - n} = a + b\alpha - \alpha^{-2n}(-1)^n(a - b\alpha^{-1} - (-\alpha)^{n-k_n}) \to a + b\alpha$$
$$②$$

因此,由于 k_n 是一个整数,从某种意义上说, $k_n - n$ 必是一个待定

的常数,为确定此常数,可列出方程 $k_n - n = k$ 和 $\alpha^k = a + b\alpha$. 那样,由式 ② 得出 $\alpha^{-k} = a - b\alpha^{-1}$,再由式 ① 我们就可算出对每个 n,有 $af_n + bf_{n+1} = f_{k+n}$ 成立. 在前面的关系式中令 $n=1$ 和 $n=2$,并解所得的方程组就得出 $a = f_{k-1}, b = f_k$. 易于验证,这样的 a 和 b 也满足问题的条件.

(2) 在(1)中设对所有的 n,$uf_n^2 + vf_{n+1}^2 = f_{l_n}$. 由此推出当 $n \to \infty$ 时

$$u + v\alpha^2 - \sqrt{5}\alpha^{l_n - 2n} = 2(u-v)(-1)^n \alpha^{-2n} - \\ (u\alpha^{-4n} + v\alpha^{-4n-2} + (-1)^{l_n} \sqrt{5}\alpha^{-l_n-2n}) \to 0$$

那样 $u + v\alpha^2 = \sqrt{5}\alpha^{l_n - 2n}$,因而 $l_n - 2n = k$ 是一个常数. 将此式代入上面的方程,并在其两边同乘 α^{2n},我们得出当 $n \to \infty$ 时,$u - v \to 0$,即 $u = v$. 最后,在 $uf_n^2 + vf_{n+1}^2 = f_{l_n}$ 中令 $n=1$ 和 $n=2$,我们就得出仅有的一种可能为 $u = v = 1$ 以及 $k = 1$. 容易验证这样的 u 和 v 也满足问题的条件.

❺ 用 27 个白色的立方体拼成了一个大立方体,然后把此大立方体的表面都涂成黑色并将其重新拆开. 一个盲人又把拆开并打乱后的小立方体重新拼成一个大立方体. 问这个大立方体的表面都是黑色的概率是多少?对你的答案给出一个近似的估计.

解 将大立方体拆开后,可以得出 4 种类型的小立方体.
(1) 8 个在角上的三个面都是黑色的小立方体;
(2) 12 个在边上的两个面都是黑色的小立方体;
(3) 6 个在每个面中心的一个面是黑色的小立方体;
(4) 1 个完全是白色的小立方体.

所有类型为(1)的小立方体必须放在角上并以正确的方式(三种方式中的一种)放置,这一步共有 $3^8 \times 8!$ 种可能性. 此外,所有类型为(2)的小立方体必须以正确的方式(两种方式中的一种)放在边上,这一步又有 $2^{12} \times 12!$ 种可能性. 类似地,放置类型为(3)的小立方体有 $4^6 \times 6!$ 种可能性,放置类型为(4)的小立方体有 24 种可能性. 这样,符合要求的放置方法共有 $3^8 \times 8! \times 2^{12} \times 12! \times 4^6 \times 6! \times 24$ 种可能性,而总共有 $24^{27} \times 27!$ 种任意重排的可能性. 因此所需的概率为

$$\frac{3^8 \times 8! \times 2^{12} \times 12! \times 4^6 \cdot 6! \times 24}{24^{27} \times 27!}$$

没必要确切地算出此概率的数值即可断定盲人是几乎不可能把原来的样式重新拼出的. 事实上,此概率的数量级为 $1.8 \times$

10^{-37}.

> **❻** 设 $P(z)$ 和 $Q(z)$ 是次数不低于 1 的复变量多项式. 设
> $$P_k = \{z \in \mathbf{C} \mid P(z) = k\}, Q_k = \{z \in \mathbf{C} \mid Q(z) = k\}$$
> 又设 $P_0 = Q_0, P_1 = Q_1$. 证明:$P(z) \equiv Q(z)$.

证明 不失一般性,设 $n = \deg P \geqslant \deg Q$,以及 $P_0 = \{z_1, z_2, \cdots, z_k\}, P_1 = \{z_{k+1}, z_{k+2}, \cdots, z_{k+m}\}$. 多项式 P 和 Q 在 $k+m$ 个点 $z_1, z_2, \cdots, z_{k+m}$ 处重合. 因此我们只需证明 $k+m > n$ 即可得出结果.

由假设,对某些正整数 $\alpha_1, \cdots, \alpha_{k+m}$,有
$$P(x) = (x-z_1)^{\alpha_1} \cdot \cdots \cdot (x-z_k)^{\alpha_k} =$$
$$(x-z_{k+1})^{\alpha_{k+1}} \cdot \cdots \cdot (x-z_{k+m})^{\alpha_{k+m}} + 1$$
考虑 $P'(x)$,如我们所知,对 $i = 1, 2, \cdots, k+m$,它可被 $(x-z_i)^{\alpha_i - 1}$ 整除,即
$$\prod_{i=1}^{k+m} (x-z_i)^{\alpha_i - 1} \mid P'(x)$$
因此 $2n - k - m = \deg \prod_{i=1}^{k+m} (x-z_i)^{\alpha_i - 1} \leqslant \deg P' = n - 1$
而这就是 $k + m \geqslant n + 1$. 命题得证.

> **❼** 设对所有的正整数 x 和 y,$f(x,y)$ 有定义并且满足以下函数方程
> $$f(0, y) = y + 1$$
> $$f(x+1, 0) = f(x, 1)$$
> $$f(x+1, y+1) = f(x, f(x+1, y))$$
> 试确定 $f(2,2), f(3,3)$ 和 $f(4,4)$.
>
> 选择问题:试确定 $f(4, 1981)$. (注:在正式竞赛题中,选择了这一问法)

解 我们立即求出 $f(1,0) = f(0,1) = 2$,以及 $f(1, y+1) = f(0, f(1, y)) = f(1, y) + 1$,因此对 $y \geqslant 0$,有 $f(1, y) = y + 2$. 然后我们求出 $f(2, 0) = f(1, 1) = 3$,以及 $f(2, y+1) = f(1, f(2, y)) = f(2, y) + 2$,由此得出 $f(2, y) = 2y + 3$,特别地,$f(2, 2) = 7$. 然后再求出 $f(3, 0) = f(2, 1) = 5$,以及 $f(3, y+1) = f(2, f(3, y)) = 2f(3, y) + 3$,由此由归纳法得出 $f(3, y) = 2^{y+3} - 3$. 令 $y = 3$,得出 $f(3, 3) = 61$. 最后,从 $f(4, 0) = f(3, 1) = 13$ 和 $f(4, y+1) = f(3, f(4, y)) = 2^{f(4,y)+3} - 3$,我们得出 $f(4, y) = 2^{2^{\cdot^{\cdot^{\cdot^2}}}} - 3$ (共 $y+3$ 层).

❽ 设 $f(n,r)$ 表示集合 $\{1,2,\cdots,n\}$ 的所有 r 元子集的最小者的算数平均. 证明: $f(n,r) = \dfrac{n+1}{r+1}$.

证明 由于对 $k, k=1,2,\cdots,n-r+1, \{1,2,\cdots,n\}$ 的 r 元子集的最小个数恰是 $\binom{n-k}{r-1}$, 这就得出

$$f(n,r) = \frac{1}{\binom{n}{r}} \sum_{k=1}^{n-r+1} k \binom{n-k}{r-1}$$

为了计算上面的表达式中的和, 我们注意

$$\sum_{k=1}^{n-r+1} k \binom{n-k}{r-1} = \sum_{j=0}^{n-r} \left(\sum_{i=0}^{j} \binom{r+i-1}{r-1} \right) = \sum_{j=0}^{n-r} \binom{n+1}{r+1} = \frac{n+1}{r+1} \binom{n}{r}$$

由此就得出

$$f(n,r) = \frac{n+1}{r+1}$$

❾ 由递推关系

$$a_1 = 1, a_{n+1} = \frac{1 + 4a_n + \sqrt{1+24a_n}}{16}$$

定义了数列 a_n, 求出 a_n 的明显的表达式.

解 令 $1 + 24a_n = b_n^2$, 则所给的递推关系就成为

$$\frac{2}{3} b_{n+1}^2 = \frac{3}{2} + \frac{b_n^2}{6} + b_n = \frac{2}{3} \left(\frac{3}{2} + \frac{b_n}{2} \right)^2$$

这也就是

$$b_{n+1} = \frac{3 + b_n}{2} \qquad ①$$

其中 $b_1 = 5$. 为解这个递推关系, 再令 $c_n = 2^{n-1} b_n$, 从式 ① 得出

$$c_{n+1} = c_n + 3 \times 2^{n-1} = \cdots = c_1 + 3(1 + 2 + 2^2 + \cdots + 2^{n-1}) =$$
$$5 + 3(2^n - 1) = 3 \times 2^n + 2$$

因此 $b_n = 3 + 2^{-n+2}$, 因而

$$a_n = \frac{b_n^2 - 1}{24} = \frac{1}{3}\left(1 + \frac{3}{2^n} + \frac{1}{2^{2n-1}}\right) = \frac{1}{3}\left(1 + \frac{1}{2^{n-1}}\right)\left(1 + \frac{1}{2^n}\right)$$

❿ 确定具有以下性质的最小的自然数 n. 对每个整数 p, $p \geqslant n$ 都可以把一个给定的完全平方数分解成 p 个完全平方数之和(不一定是相同的).

解 如图 22.5,易于看出,当 $k \geqslant 2$ 时,可以把所给的完全平方数分解成 $p = 2k$ 个平方数.

此外,无论是否可能将其分解为 p 个平方数,都存在一种将其分解为 $p+3$ 个平方数的划分,即在分解成 p 个平方数的划分中,将其中一个分解为 4 个新的平方数. 这意味着如果 $k \geqslant 2$,那么将其分解为 $p = 2k$ 个平方数和 $p = 2k+3$ 个平方数都是可能的. 因而对所有 $p \geqslant 6$ 都是可能的.

另一方面,将其分解为 5 个平方数是不可能的. 否则,其中一条边将恰被两个正方形覆盖,而这两个正方形不可能是同样大的(图 22.6). 因而大正方形的其余部分不可能被分为三个正方形. 因此所要的答案就是 6.

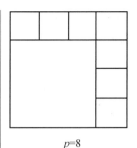

$p=8$

图 22.5

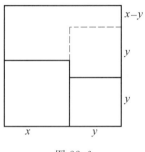

图 22.6

❶❶ 在一个半径为 1 的半圆上给了 4 条相连的弦 AB, BC, CD, DE,其长度分别为 a, b, c, d. 证明
$$a^2 + b^2 + c^2 + d^2 + abc + bcd < 4$$

证明 用 O 表示半圆的中心,并设 $\angle AOB = 2\alpha, \angle BOC = 2\beta, AC = m, CE = n$,那么我们断言 $a^2 + b^2 + n^2 + abn = 4$. 实际上,由于
$$a = 2\sin\alpha, b = 2\sin\beta, n = 2\cos(\alpha+\beta)$$
因此我们有
$$a^2 + b^2 + n^2 + abn = 4(\sin^2\alpha + \sin^2\beta + \cos^2(\alpha+\beta) +$$
$$2\sin\alpha\sin\beta\cos(\alpha+\beta)) =$$
$$4 + 4\left(-\frac{\cos 2\alpha}{2} - \frac{\cos 2\beta}{2} + \cos(\alpha+\beta)\cos(\alpha-\beta)\right) =$$
$$4 + 4(\cos(\alpha+\beta)\cos(\alpha-\beta) - \cos(\alpha+\beta)\cos(\alpha-\beta)) = 4$$
类似地,$c^2 + d^2 + m^2 + cdm = 4$,将两个等式相加,并将 $m^2 + n^2 = 4$ 代入,就得到
$$a^2 + b^2 + c^2 + d^2 + abn + cdm = 4$$
由于 $n > c$ 和 $m > b$,由此即可得出所要证明的不等式.

❶❷ 设 m, n 是满足条件
$$m, n \in \{1, 2, \cdots, 100\}, (n^2 - mn - m^2)^2 = 1$$
的整数,试确定 $m^2 + n^2$ 的最大值.

解 我们将求解竞赛题(其中 $m, n \in \{1, 2, \cdots, 1\,981\}$). 对 $m = 1, n$ 可以是 1 或 2. 如果 $m > 1$,那么 $n(n-m) = m^2 \pm 1 > 0$. 因此 $n - m > 0$. 令 $p = n - m$. 由于
$$m^2 - mp - p^2 = m^2 - p(m+p) = -(n^2 - nm - m^2)$$

因此我们看出当且仅当(p,m)是方程的解时,(m,n)也是方程的解.所以,方程的所有解由斐波那契数列$1,1,2,3,5,8,13,21,34$,$55,89,144,233,377,610,987,1\ 597,2\ 584,\cdots$的相继的两项给出.因而,所需的最大值就是
$$987^2+1\ 597^2$$

❸ 设P是满足条件
$$P(k)=\binom{n+1}{k}^{-1},k=0,1,\cdots,n$$
的n阶多项式.试确定$P(n+1)$.

解 先证明下面的引理.

引理 对次数至多为n的多项式P,有
$$\sum_{i=0}^{n+1}(-1)^i\binom{n+1}{i}P(i)=0 \qquad ①$$

引理的证明 我们将对n使用归纳法.对$n=0$,结论是成立的.假设命题对n成立,并设$P(x)$是$n+1$次多项式,那么$P(x)-P(x+1)$的次数显然至多为n,因此式 ① 给出
$$0=\sum_{i=1}^{n+1}(-1)^i\binom{n+1}{i}(P(i)-P(i+1))=$$
$$\sum_{i=0}^{n+1}(-1)^i\binom{n+1}{i}P(i)+\sum_{i=0}^{n+2}(-1)^i\binom{n+1}{i-1}P(i)=$$
$$\sum_{i=0}^{n+2}(-1)^i\binom{n+2}{i}P(i)$$
这就证明了引理.

现在,我们对值$P(n+1)$应用引理.由于对$i=0,1,\cdots,n$,$P(i)=\binom{n+1}{i}^{-1}$,我们有
$$0=\sum_{i=0}^{n+1}(-1)^i\binom{n+1}{i}P(i)=(-1)^{n+1}P(n+1)+\begin{cases}1,2\mid n\\0,2\nmid n\end{cases}$$
这就得出
$$P(n+1)=\begin{cases}1,2\mid n\\0,2\nmid n\end{cases}$$

❹ 设五边形$ABCDE$的边长都相等,其内角满足条件
$$\angle A\geqslant\angle B\geqslant\angle C\geqslant\angle D\geqslant\angle E$$
证明:它必是一个正五边形.

证明 我们需要以下引理:

引理 如果一个凸四边形 $PQRS$ 满足条件 $PS = QR$ 和 $\angle SPQ \geqslant \angle RQP$，那么 $\angle QRS \geqslant \angle PSR$.

引理的证明 如果直线 PS 和 QR 是平行的，那么所给的四边形就是一个平行四边形并且要证的命题是平凡的. 因此, 可设它们不平行, 因而可设 X 是 PS 和 QR 的交点.

设 $\angle SPQ + \angle RQP > 180°$, 那么 $\angle XPQ \leqslant \angle XQP$ 蕴涵 $XP \geqslant XQ$, 因此 $XS \geqslant XR$, 所以 $\angle QRS = \angle XRS \geqslant \angle XSR = \angle PSR$.

类似地, 如果 $\angle SPQ + \angle RQP < 180°$, 那么 $\angle XPQ \geqslant \angle XQP$ 蕴涵 $XP \leqslant XQ$, 因此 $XS \leqslant XR$, 所以 $\angle QRS = 180° - \angle XRS \geqslant 180° - \angle XSR = \angle PSR$.

现在我们对四边形 $ABCD$ 应用引理. 由于 $\angle B \geqslant \angle C$, 以及 $AB = CD$, 这就得出 $\angle CDA \geqslant \angle BAD$, 联合此式和 $\angle EDA = \angle EAD$, 得出 $\angle D \geqslant \angle A$, 因而
$$\angle A = \angle B = \angle C = \angle D$$
类似地, 对四边形 $BCDE$ 应用引理得出 $\angle E \geqslant \angle B$, 因而
$$\angle B = \angle C = \angle D = \angle E$$

❺ 在 $\triangle ABC$ 中求一点 P, 使得
$$\frac{BC}{PD} + \frac{CA}{PE} + \frac{AB}{PF}$$
最小, 其中 PD, PE, PF 分别是从点 P 向 BC, CA, AB 所引的垂线.

解 设 $BC = a, CA = b, AB = c$, 并用 Δ 表示 $\triangle ABC$ 的面积, 用 S 表示 $\frac{a}{PD} + \frac{b}{PE} + \frac{c}{PE}$. 由于 $a \cdot PD + b \cdot PE + c \cdot PF = 2\Delta$, 因此由柯西－施瓦兹(Cauchy-Schwarz)不等式, 我们有
$$2\Delta S = (a \cdot PD + b \cdot PE + c \cdot PF)\left(\frac{a}{PD} + \frac{b}{PE} + \frac{c}{PE}\right) \geqslant (a+b+c)^2$$
等号仅在 $PD = PE = PF$ 即 P 是 $\triangle ABC$ 的内心时成立. 这时 S 达到极小值
$$S_{\min} = \frac{(a+b+c)^2}{2\Delta}$$

❻ 由初始条件 u_1 和递推关系 $4u_{n+1} = \sqrt[3]{64u_n + 15}$, $n \geqslant 1$ 确定了实数数列 $u_1, u_2, u_3, \cdots$, 描述并证明当 $n \to \infty$ 时, u_n 的变化.

证明 无论 u_1 如何,数列 $\{u_n\}$ 都是有界的.实际上,假设不然,那么设 u_m 是此数列中第一个使得 $|u_m| > \max\{2, |u_1|\}$ 的数,那么 $|u_{m-1}| = \left|u_{m+1}^3 - \dfrac{15}{64}\right| > |u_m|$,矛盾.

然后,我们看对哪些 u_m 的值,u_{m+1} 较大、相等或较小.

如果 $u_{m+1} = u_m$,那么 $u_m = u_{m+1}^3 - \dfrac{15}{64} = u_m^3 - \dfrac{15}{64}$,即 u_m 是 $x^3 - x - \dfrac{15}{64} = 0$ 的根,这个方程的左边可因式分解为 $\left(x + \dfrac{1}{4}\right)\left(x^2 - \dfrac{x}{4} - \dfrac{15}{16}\right)$,因此 u_m 等于 $x_1 = \dfrac{1 - \sqrt{61}}{8}$,$x_2 = -\dfrac{1}{4}$,$x_3 = \dfrac{1 + \sqrt{61}}{8}$,而这些值都是此数列可能的极限值.$u_{m+1} > u_m$ 或 $u_{m+1} < u_m$ 分别等价于

$$u_m^3 - u_m - \dfrac{15}{64} < 0 \text{ 或 } u_m^3 - u_m - \dfrac{15}{64} > 0$$

前者在 u_m 位于区间 $I_1 = (-\infty, x_1)$ 或 $I_3 = (x_2, x_3)$ 时成立,而后者在 u_m 位于区间 $I_2 = (x_1, x_2)$ 或 $I_4 = (x_2, \infty)$ 时成立.此外由于函数 $f(x) = \sqrt[3]{x + \dfrac{15}{64}}$ 是严格递减的,并且拥有不动点 x_1, x_2, x_3,这就意味着 u_m 不可能从上述区间 I_1, I_2, I_3, I_4 之中的某个区间离开.至于 u_m 究竟停留在哪个区间内,则取决于数列的初值,也就是:

(1) 如果 u_1 取 x_1, x_2, x_3 三个值之一,则数列为常数;
(2) 如果 $u_1 \in I_1$,那么数列严格递增地趋近于 x_1;
(3) 如果 $u_1 \in I_2$,那么数列严格递减地趋近于 x_1;
(4) 如果 $u_1 \in I_3$,那么数列严格递增地趋近于 x_3;
(5) 如果 $u_1 \in I_4$,那么数列严格递减地趋近于 x_3.

❶❼ △ABC 中有三个相等的圆分别与三角形的边相切,且这三个相等的圆相交于一点 O.证明:△ABC 的内切圆圆心、外接圆圆心和点 O 共线.

证明 分别用 S_A, S_B, S_C 表示所给的圆的圆心,那么 S_A 位于 $\angle A$ 的平分线上,S_B 位于 $\angle B$ 的平分线上,S_C 位于 $\angle C$ 的平分线上.因此 $S_A S_B \parallel AB$,$S_B S_C \parallel BC$,$S_C S_A \parallel CA$,因而 △ABC 的内角平分线也是 △$S_A S_B S_C$ 的内角平分线.那样,这两个三角形具有共同的内心 S,它也是把 △$S_A S_B S_C$ 映为 △ABC 的位似变换 χ 的中心.

点 O 是 △$S_A S_B S_C$ 的外接圆圆心,因此也被 χ 映为 △ABC 的

外接圆圆心 P. 这就意味着 O, P 和 χ 的中心 S 共线.

> **❶⓼** 在外空间中给出了一些相等的球形行星. 在每个行星的表面都有一些从其他行星上看不到的区域. 证明: 所有这些区域的面积之和就等于一个行星的表面积.

证明 设 C 是行星的集合的凸包; 其边界由一部分平面、一部分圆柱以及一部分行星的表面组成, 其中由行星的表面组成的部分恰是所有不可见的点. 行星表面位于 C 中的任何点都是不可见的. 那样就只需证明行星的所有这些部分的面积之和就等于一个行星的表面积.

由于就像我们上面已说过的那样, 行星的不可见部分的边界都是某个球面的一对平行的弧. 现在, 固定任意一个行星 P, 并且把这些弧平移到 P 上去, 所有这些弧把 P 的表面分成几部分, 每部分都对应于某个行星的不可见部分. 这个对应是 $1-1$ 的, 这就证明了命题.

> **❶⓽** 在平面上给出了有限个由单位圆组成的集合, 它们的并集 U 的面积为 S. 证明: 在这些单位圆中, 存在一些互不相交的子集, 使得它们的并集的面积大于 $\dfrac{2}{9}S$.

证明 考虑把平面 π 划分为正六边形的分划, 其中每个六边形的直径为 2. 固定一个正六边形并用 γ 表示它. 对任意分划中的其他六边形 x, 都存在一个将其映到 γ 中去的平移 τ_x. 定义映射 $\varphi : \pi \to \gamma$ 如下: 如果 A 属于一个六边形 x 的内部, 那么令 $\varphi(A) = \tau_x(A)$. (如果 A 位于六边形的边界上, 那么它的象实际上被映到哪里并没有关系)

所给圆的并的映象的总面积等于 S, 而六边形 γ 的面积是 $8\sqrt{3}$. 那样, γ 中就存在一个点 B, 它至少被覆盖了 $\dfrac{S}{8\sqrt{3}}$ 次, 也就是 $\varphi^{-1}(B)$ 至少由平面上属于某个圆中至少 $\dfrac{S}{8\sqrt{3}}$ 个不同的点组成. 对其中任意一点, 在所给的圆中, 取一个包含它的圆. 所有这些圆都是互不相交的, 那么所有这些圆的总面积将不小于 $\dfrac{\pi}{8\sqrt{3}} S \geqslant \dfrac{2S}{9}$.

注 如果将问题中的常数改成任何大于 $\dfrac{1}{4}$ 的数, 命题将不成立. 这时的一个反例, 例如, 可以是一些位于半径为 2 的圆内的单位圆的集合, 这些圆覆盖了半径为 2 的圆的充分大的部分.

第三编
第 23 届国际数学奥林匹克

第 23 届国际数学奥林匹克题解

匈牙利,1982

❶ $f(n)$ 的定义域为所有的正整数 n,值域为非负整数,且对于所有的 m,n 都有
$$f(m+n)-f(m)-f(n)=0 \text{ 或 } 1$$
$$f(2)=0, f(3)>0$$
并且 $f(9\,999)=3\,333$,求 $f(1\,982)$.

英国命题

解 由已知条件知
$$f(m+n) \geqslant f(m)+f(n)$$
当 $m=n=1$ 时,得 $f(2) \geqslant 2f(1)$;但 $f(2)=0$,且因函数 f 的值为非负数,所以 $f(1)=0$.

当 $m=2,n=1$ 时,有
$$f(3)=f(2)+f(1)+\{0 \text{ 或 } 1\}=0 \text{ 或 } 1$$
因为 $f(3)>0$,所以 $f(3)=1$,那么
$$f(2 \times 3)=f(3+3) \geqslant 2f(3)=2$$
因此,对于 3 的倍数,对 n 用数学归纳法得
$$f(n \cdot 3)=f((n-1) \cdot 3+3) \geqslant (n-1)f(3)+f(3)=n$$
即对于所有的 $n,f(3n) \geqslant n$,而且若对某些 n,严格不等号">"成立,即若 $f(3n)>n$,同样有 $f(3(n+1))>n+1$,等.这样,对于所有的 $m \geqslant n$,有 $f(3m)>m$.但因为
$$f(9\,999)=f(3 \times 3\,333)=3\,333$$
至少直到 $n=3\,333$,等号才成立.即对 $n \leqslant 3\,333$,有 $f(3n)=3$.特别地,$f(3 \times 1\,982)=1\,982$.

另一方面,有
$$1\,982=f(3 \times 1\,982) \geqslant f(2 \times 1\,982)+f(1\,982) \geqslant 3f(1\,982)$$
所以
$$f(1\,982) \leqslant \frac{1\,982}{3} < 661$$
同时 $f(1\,982) \geqslant f(1\,980)+f(2)=f(3 \times 660)=660$
即
$$660 \leqslant f(1\,982) < 661$$
得出
$$f(1\,982)=660$$

注 存在一个函数具有这些性质,例如 $f(n) = \left[\dfrac{n}{3}\right]$,这里 $[x]$ 表示 x 的整数部分.

❷ 已知一个非等腰 $\triangle A_1 A_2 A_3$,各边为 a_1, a_2, a_3(a_i 是与 $\angle A_i$ 相对的边).对所有的 $i = 1, 2, 3$,M_i 是边 a_i 的中点,T_i 为内切圆与边 a_i 的切点.S_i 是 T_i 以 $\angle A_i$ 的平分线为对称轴的对称点.证明:线段 $M_1 S_1, M_2 S_2, M_3 S_3$ 相交于一点.

荷兰命题

证明 我们用位似三角形解答了第 22 届国际数学奥林匹克中的第 5 题,现在我们也用这种方法.若我们能证明 $\triangle M_1 M_2 M_3$ 和 $\triangle S_1 S_2 S_3$ 位似,那么所求证的结论就自然而然地得出了.我们知道 $\triangle M_1 M_2 M_3$ 和 $\triangle A_1 A_2 A_3$ 位似,若证明 $\triangle S_1 S_2 S_3$ 和 $\triangle A_1 A_2 A_3$ 也位似,那么 $\triangle M_1 M_2 M_3$ 和 $\triangle S_1 S_2 S_3$ 的位似性即可证实,从而证明了其全等不成立.

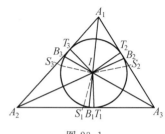

图 23.1

在图 23.1 中,表示出了 $\angle A_1, \angle A_2, \angle A_3$ 的平分线,它们分别与所对的边相交于点 B_1, B_2, B_3,但我们略去了中点 M_i.由题意,有

$$\angle T_1 I T_3 = 180° - \angle A_2$$

$$\angle T_3 B_3 A_3 = \angle A_2 + \dfrac{1}{2} \angle A_3$$

$$\angle T_3 I B_3 = 90° - \left(\angle A_2 + \dfrac{1}{2} \angle A_3\right)$$

$$\angle T_3 I S_3 = 2 \angle T_3 I B_3 = 180° - 2 \angle A_2 - \angle A_3$$

那么 $\angle S_2 I T_1 = \angle T_3 I T_1 - \angle T_3 I S_3 = \angle A_2 + \angle A_3$
同样地,$\angle S_2 I T_1 = \angle A_3 + \angle A_2$.因此,$S_2 S_3 \parallel A_2 A_3$.类似可得 $S_3 S_1 \parallel A_3 A_1$ 及 $S_1 S_2 \parallel A_1 A_2$,故 $\triangle S_1 S_2 S_3$ 和 $\triangle M_1 M_2 M_3$ 的各相应边平行.因为 S_1, S_2, S_3 位于 $\triangle A_1 A_2 A_3$ 的内切圆上,而 M_1, M_2, M_3 位于其九点圆上,又因为 $\triangle A_1 A_2 A_3$ 不是等边三角形,所以两圆半径不等.我们得出结论:$\triangle S_1 S_2 S_3$ 和 $\triangle M_1 M_2 M_3$ 位似,故 $M_1 S_1, M_2 S_2, M_3 S_3$ 相交于一点.

❸ 考虑一个具有下述性质的由正实数组成的无穷级数 $\{x_n\}, x_0 = 1$,对所有的 $i \geqslant 0, x_{i+1} \leqslant x_i$.

苏联命题

(1) 证明:对于所有的这种级数,存在一个 $n \geqslant 1$,使

$$\dfrac{x_0^2}{x_1} + \dfrac{x_1^2}{x_2} + \cdots + \dfrac{x_{n-1}^2}{x_n} \geqslant 3.999$$

(2) 找出一个这样的级数,使

$$\dfrac{x_0^2}{x_1} + \dfrac{x_1^2}{x_2} + \cdots + \dfrac{x_{n-1}^2}{x_n} < 4 \text{(对所有的 } n\text{)}$$

证法 1 (1) 我们将证明级数
$$\frac{x_0^2}{x_1} + \frac{x_1^2}{x_2} + \frac{x_2^2}{x_3} + \cdots, 1 = x_0 \geqslant x_1 \geqslant x_2 \geqslant \cdots > 0 \qquad ①$$
的和大于或等于 4(很明显,当这个级数发散时,这个结论成立),即该级数的某些部分和大于或等于 3.999.

设 L 为形式①的所有级数的和的最大下界(inf). 很明显 $L > 1$,因为第一项 $\frac{1}{x_1} > 1$,对于任何 $\varepsilon > 0$,我们都能找到序列 $\{x_n\}$,使得
$$L + \varepsilon > \frac{x_0^2}{x_1} + \frac{x_1^2}{x_2} + \frac{x_2^2}{x_3} + \cdots \qquad ②$$
令 $y_n = x_n + \frac{1}{x_1}(n \geqslant 0)$,注意到 $1 = y_0 \geqslant y_1 \geqslant y_2 \geqslant \cdots > 0$. 式②右边的级数可写成
$$\frac{1}{x_1} + x_1\left(\frac{y_0^2}{y_1} + \frac{y_1^2}{y_2} + \frac{y_2^2}{y_3} + \cdots\right)$$
根据 L 的定义,括号内的级数的和大于或等于 L,因此从式②得到
$$L + \varepsilon > \frac{1}{x_1} + x_1 L$$
将算术平均、几何平均不等式应用于右式,得到
$$L + \varepsilon > 2\sqrt{L}$$
因为上式对所有的 $\varepsilon > 0$ 都成立,推出 $L \geqslant 2\sqrt{L}$,所以 $L^2 \geqslant 4L$. 因为 $L > 0$,所以 $L \geqslant 4$.

(2) 设 $x_n = \frac{1}{2^n}$,那么
$$\sum_{n=0}^{\infty} \frac{x_n^2}{x_{n+1}} = \sum_{n=0}^{\infty} \frac{1}{2^{n-1}} = 4$$
所以级数的任何部分和都小于 4.

证法 2 (1) 分以下两种情形讨论.

① 若 $\{x_n\}$ 不以 0 为极限,则必存在某一正数 $\delta > 0$,使得对所有的 $i, x_i \geqslant \delta$. 于是
$$\frac{x_i^2}{x_{i+1}} \geqslant \frac{\delta^2}{x_{i+1}} \geqslant \delta^2$$
只要取 n,使 $n\delta^2 \geqslant 3.999$ 即可.

② 若 $x_n \to 0$,因为
$$(x_i - 2x_{i+1})^2 = x_i^2 - 4x_i x_{i+1} + 4x_{i+1}^2 \geqslant 0$$
所以

$$\frac{x_i^2}{x_{i+1}} \geqslant 4(x_i - x_{i+1})$$

$$\frac{x_0^2}{x_1} + \frac{x_1^2}{x_2} + \cdots + \frac{x_{n-1}^2}{x_n} \geqslant 4(x_0 - x_1) + 4(x_1 - x_2) + \cdots +$$

$$4(x_{n-1} - x_n) = 4 - 4x_n$$

因为 $4x_n \to 0$,所以有 N 存在,当 $n \geqslant N$ 时,有 $4x_n \leqslant 0.001$,从而 $4 - 4x_n \geqslant 3.999$.

(2) 取 $x_i = \frac{1}{2^i}$ 即可,因为

$$\frac{x_0^2}{x_1} + \frac{x_1^2}{x_2} + \cdots + \frac{x_{n-1}^2}{x_n} = 2 + 1 + \frac{1}{2} + \frac{1}{2^2} + \cdots + \frac{1}{2^{n-2}} =$$

$$4 - \frac{1}{2^{n-1}} < 4$$

证法 3 构造正数序列 $\{C_n\}$,使得对每一个满足条件

$$x_0 \geqslant x_1 \geqslant \cdots \geqslant x_n \geqslant \cdots > 0$$

的数列,有以下不等式

$$\frac{x_0^2}{x_1} + \frac{x_1^2}{x_2} + \cdots + \frac{x_{n-1}^2}{x_n} \geqslant C_n x_0$$

从而

$$\frac{x_0^2}{x_1} + \left(\frac{x_1^2}{x_2} + \cdots + \frac{x_{n-1}^2}{x_n} + \frac{x_n^2}{x_{n+1}}\right) \geqslant \frac{x_0^2}{x_1} + C_n x_1$$

因为

$$\frac{x_0^2}{x_1} + C_n x_1 \geqslant 2\sqrt{C_n} x_0$$

所以

$$C_{n+1} = 2\sqrt{C_n}$$

注意到 $\frac{x_0^2}{x_1} \geqslant x_0$,故可取 $C_1 = 1$,因而可得 $\{C_n\}$ 的通项公式为

$$C_n = 4 \times 2^{-\frac{1}{2^{n-2}}}, n = 1, 2, \cdots$$

这样,只要能找到一个 $n \geqslant 1$,使得

$$C_n = 4 \times 2^{-\frac{1}{2^{n-2}}} \geqslant 3.999$$

即

$$\left(\frac{4}{3.999}\right)^{2^{n-2}} \geqslant 2$$

由于

$$\left(\frac{4}{3.999}\right)^{2^{n-2}} > \left(1 + \frac{1}{4\,000}\right)^{2^{n-2}} > 1 + \frac{2^{n-2}}{4\,000}$$

当 $n = 14$ 时

$$1 + \frac{2^{12}}{4\,000} = 1 + \frac{4\,096}{4\,000} > 2$$

因此,选取 $n = 14$ 即可. 所以第(1)问得证.

至于第(2)问,取首项 $x_0 = 1$,公比为 $\frac{1}{2}$ 的等比数列 $\{x_n\}$: $x_n = \frac{1}{2^n}$,则对所有的 n,有

$$\frac{x_0^2}{x_1} + \frac{x_1^2}{x_2} + \cdots + \frac{x_{n-1}^2}{x_n} = 2^1 + 2^0 + 2^{-1} + \cdots + 2^{-n+2} =$$
$$4 - 2^{-n+2} < 4$$

推广 我们可以把这一 IMO 试题写成另一形式.

求证:对任一正数数列 $\{x_n\}: x_0 = 1, x_{i+1} \leqslant x_i (i \geqslant 0)$,有

$$\sum_{i=0}^{\infty} \frac{x_i^2}{x_{i+1}} \geqslant 4 \qquad ③$$

并指出何时不等式 ③ 等号成立.

此推广属于杨克昌.

因数列不等式 ③ 对任一满足条件的正数数列成立,则对一个给定的 $\varepsilon > 0$,任一满足条件的正数数列 $\{x_n\}$,总存在一个 $n \geqslant 1$,使得

$$\sum_{i=0}^{n} \frac{x_i^2}{x_{i+1}} \geqslant 4 - \varepsilon$$

因可指出对某一满足条件的具体数列使式 ③ 有等号成立,即

$$\sum_{i=0}^{\infty} \frac{x_i^2}{x_{i+1}} = 4$$

则对所有的正整数 n,有 $\sum_{i=0}^{n} \frac{x_i^2}{x_{i+1}} < 4$ 对该数列成立.

可以把所有数列不等式的左边各项的分母指数推广到正数 t,分子指数推广到正数 $r+t$,得到以下数列不等式.

定理 设正数序列 $\{x_n\}: x_0 = 1, x_{i+1} \leqslant x_i (i \geqslant 0), t, r \in \mathbf{R}^*$,则有

$$\sum_{i=0}^{\infty} \frac{x_i^{r+t}}{x_{i+1}^t} \geqslant \left(\frac{r+t}{t}\right)^{\frac{t}{r}} \cdot \frac{r+t}{r} \qquad ④$$

当取 $x_i = \left(\frac{t}{r+t}\right)^{\frac{i}{r}} (i \geqslant 0)$ 时,式 ④ 等号成立.

定理的证明 构造数列 $\{g_n\}$ 为

$$g_n = \left(\left(\frac{r+t}{t}\right)^{\frac{t}{r}} \cdot \frac{r+t}{r}\right)^{1-\left(\frac{t}{r+t}\right)^n}, n = 0, 1, 2, \cdots \qquad ⑤$$

我们用数学归纳法证明

$$\sum_{i=0}^{n-1} \frac{x_i^{r+t}}{x_{i+1}^t} \geqslant g_{n-1} x_0^r \qquad ⑥$$

其中,$x_0 \leqslant 1, x_{i+1} \leqslant x_i (i \geqslant 0)$.

事实上,当 $n = 1$ 时,注意到 $\left(\frac{x_0}{x_1}\right)^t \geqslant 1$,而 $g_0 = 1$,显然

$$\frac{x_0^{r+t}}{x_1^t} = \left(\frac{x_0}{x_1}\right)^t x_0^r \geqslant x_0^r$$

即当 $n = 1$ 时,式 ⑥ 成立.

假设当 $n = 1$ 时,式 ⑥ 成立,我们证当 $n + 1$ 时,式 ⑥ 也成立.

根据数列 $\{g_n\}$ 的表达式 ⑤ 知

$$\frac{g_n}{g_{n-1}^{\frac{t}{r+t}}} = \left((\frac{r+t}{t})^{\frac{t}{r}} \cdot \frac{r+t}{r}\right)^{1-\frac{t}{r+t}} =$$

$$(\frac{r+t}{t})^{\frac{t}{r+t}} (\frac{r+t}{r})^{\frac{r}{r+t}} = \frac{r+t}{r} (\frac{r}{t})^{\frac{t}{r+t}}$$

则

$$g_n = \frac{r+t}{r} (\frac{r}{t} \cdot g_{n-1})^{\frac{t}{r+t}} \qquad ⑦$$

同时应用加权平均不等式,并注意到递推式 ⑦,有

$$\frac{x_0^{r+t}}{x_1^t} + \frac{x_1^{r+t}}{x_2^t} + \cdots + \frac{x_{n-1}^{r+t}}{x_n^t} + \frac{x_n^{r+t}}{x_{n+1}^t} \geqslant \frac{x_0^{r+t}}{x_1^t} + g_{n-1} x_1^r =$$

$$1 \cdot \frac{x_0^{r+t}}{x_1^t} + \frac{t}{r} (\frac{r}{t} \cdot g_{n-1} x_1^r) \geqslant$$

$$(1+\frac{t}{r}) \left(\frac{x_0^{r+t}}{x_1^t} (\frac{r}{t} \cdot g_{n-1} x_1^r)^{\frac{t}{r}}\right)^{\frac{1}{1+\frac{t}{r}}} =$$

$$\frac{r+t}{r} (\frac{r}{t} \cdot g_{n-1})^{\frac{t}{r+t}} \cdot x_0^r = g_n x_0^r$$

于是得当 $n+1$ 时,式 ⑥ 也成立. 这就完成了对式 ⑥ 的归纳证明.

注意到 $\frac{t}{r+t} < 1, \lim_{n\to\infty} (\frac{t}{r+t})^{n-1} = 0$,则可得

$$\lim_{n\to\infty} g_{n-1} = (\frac{r+t}{t})^{\frac{t}{r}} \cdot \frac{r+t}{r} \qquad ⑧$$

综合式 ⑥ 和式 ⑧ 得数列不等式 ④ 成立.

取 $\qquad x_i = (\frac{t}{r+t})^{\frac{i}{r}}, i \geqslant 0$

易知 $x_0^r, x_1^r, x_2^r, \cdots$ 是以 $\frac{t}{r+t}$ 为公比的无穷递缩等比数列. 注意到

$$\frac{x_i^{r+t}}{x_{i+1}^t} = (\frac{x_i}{x_{i+1}})^t x_i^r = (\frac{r+t}{t})^{\frac{t}{r}} \cdot x_i^r$$

则

$$\sum_{i=0}^{\infty} \frac{x_i^{r+t}}{x_{i+1}^t} = (\frac{r+t}{t})^{\frac{t}{r}} \sum_{i=0}^{\infty} x_i^r =$$

$$(\frac{r+t}{t})^{\frac{t}{r}} \cdot \frac{1}{1-\frac{t}{r+t}} = (\frac{r+t}{t})^{\frac{t}{r}} \cdot \frac{r+t}{r}$$

此时,式 ④ 等号成立. 定理证毕.

显然,本题是该定理取 $t=r=1$ 的特例.

式 ④ 取 $t=m, r=1$ 或 $t=1, r=m$,可得下述推论.

对任一正数数列 $\{x_n\}: x_0 = 1, x_{i+1} \leqslant x_i (i \geqslant 0), m \in \mathbf{N}$,则有

$$\sum_{i=0}^{\infty} \frac{x_i^{m+1}}{x_{i+1}^m} \geqslant \frac{(m+1)^{m+1}}{m^m} \qquad ⑨$$

与

$$\sum_{i=0}^{\infty} \frac{x_i^{m+1}}{x_{i+1}} \geqslant \frac{(m+1)^{\frac{m+1}{m}}}{m} \qquad \text{⑩}$$

取 $x_i = (\frac{m}{m+1})^i (i \geqslant 0)$ 时，式 ⑨ 等号成立. 取 $x_i = (\frac{1}{m+1})^{\frac{i}{m}} (i \geqslant 0)$ 时，式 ⑩ 等号成立.

显然，本题也是式 ⑨ 与式 ⑩ 取 $m=1$ 的特例.

❹ 证明：若 n 是一个正整数，则方程
$$x^3 - 3xy^2 + y^3 = n$$
若有一个整数解 (x,y)，则此方程至少有三个整数解；若 $n = 2\,891$，则该方程不可能有整数解.

英国命题

证法 1 (1) 所给定的式子可以重写成
$$x^3 - 3xy^2 + y^3 = (y-x)^3 - 3x^2 y + 2x^3 = \\ (y-x)^3 - 3(y-x)x^2 + (-x)^3$$

因此，若数对 (x,y) 为一个解，则数对 $(y-x,-x)$ 也是一个解. 通过类似的代数运算，我们可以证得 $(-y, x-y)$ 也是一个解. 换句话说，若 (x,y) 是一个解，那么变换
$$T: \begin{cases} x' = -x+y \\ y' = -x \end{cases} \text{或} \ T\binom{x}{y} = \binom{-1 \ \ 1}{-1 \ \ 0}\binom{x}{y} \qquad \text{①}$$

产生另一个解（读者可以证明 T^2 产生第三个解，而 $T^3 = I -$ 恒等变换）. 而且这三个数对是各不相同的. 因为如果其中两个是相同的，例如 $x=x', y=y'$，那么 $x=y=0$. 而这一点已由已知条件 $n > 0$ 排除了.

(2) 为证明
$$x^3 - 3xy^2 + y^3 = 2\,891$$
没有整数解，我们首先考虑 mod 3 的解. 这时等式变成
$$x^3 + y^3 \equiv 2 (\text{mod } 3) \equiv -1 (\text{mod } 3) \qquad \text{②}$$
这里只有以下三种情况：

① $x \equiv -1 (\text{mod } 3), y \equiv 0 (\text{mod } 3)$；

② $x \equiv 0 (\text{mod } 3), y \equiv -1 (\text{mod } 3)$；

③ $x \equiv 1 (\text{mod } 3), y \equiv 1 (\text{mod } 3)$.

其他任何 (x,y) 都不可能满足式 ②. 对于情况 ①，$x = 3m-1, y = 3n$，代入原等式中可得到
$$(3m-1)^3 - 3(3m-1)(3n)^2 + (3n)^3 = 2\,891 = 9 \times 321 + 2$$
显然对于 mod 9 不能成立. 情况 ② 的结论也类似.

情况 ③ 也不可能成立，因为已经证明如果 (x,y) 是一个解，则 $(y-x,-x)$ 也是一个解，这样由 $(1,1)$ 推导出 $(0,-1)$，这与情

况②是一样的.

我们讨论了各种可能情况而得出结论:等式②没有整数解.

证法2 (1) 设(x_0, y_0)是方程的一个解. 令$x_0 = y_0 + y_1$,则
$$(y_0 + y_1)^3 - 3(y_0 + y_1)y_0^2 + y_0^3 = n$$
$$y_0^3 + 3y_0^2 y_1 + 3y_0 y_1^2 + y_1^3 - 3y_0^3 - 3y_1 y_0^2 + y_0^3 = n$$
$$-y_0^3 - (-y_0)y_1^2 + y_1^3 = n$$

所以$(x_1, y_1) = (-y_0, x_0 - y_0)$也是方程的解,且$(x_1, y_1) \neq (x_0, y_0)$. 事实上,若$x_1 = x_0, y_1 = y_0$,则$-y_0 = 2y_0$,得$y_0 = 0, x = 0$,与$n$为正整数矛盾.

再令$y_0 = x_0 + x_2$,则有
$$x_0^3 - 3x_0(x_0 + x_2)^2 + (x_0 + x_2)^3 = n$$
$$x_0^3 - 3x_0^3 - 6x_0^2 x_2 - 3x_0 x_2^2 + x_0^3 + 3x_0^2 x_2 + 3x_0 x_2^2 + x_2^3 = n$$
即 $$x_2^3 - 3x_2(-x_0)^2 + (-x_0)^3 = n$$

所以$(x_2, y_2) = (y_0 - x_0, -x_0)$也是方程的一个解.

若$(x_2, y_2) = (x_0, y_0)$,则$y_0 = -x_0, x_0 = -2x_0$,推出$x_0 = 0, y_0 = 0$;

若$(x_2, y_2) = (x_1, y_1)$,则$y_0 - x_0 = -y_0, -x_0 = x_0 - y_0$,仍得$x_0 = 0, y_0 = 0$,均矛盾.

故方程确有三组不同的解.

(2) 若有整数x, y,使
$$x^3 - 3xy^2 + y^3 = 2\,891$$
则 $$(x + y)^3 = 2\,891 + 3xy(x + 2y) \equiv 2 \pmod 3$$
因此 $$x + y \equiv 2 \pmod 3$$
若有$x \equiv 0 \pmod 3$或$y \equiv 0 \pmod 3$,则
$$(x + y)^3 \equiv 2\,891 \equiv 2 \pmod 9$$
但 $$(x + y)^3 \equiv 2^3 \equiv 8 \pmod 9$$
矛盾. 若有$y \equiv 1 \pmod 3$,则$x + 2y \equiv 0 \pmod 3$,亦得
$$(x + y)^3 \equiv 2\,891 \equiv 2 \pmod 9$$
仍矛盾.

故不存在x, y,使$x^3 - 3xy^2 + y^3 = 2\,891$.

---

❺ 正六边形$ABCDEF$的对角线AC和CE上分别有一点M和N,并且
$$\frac{AM}{AC} = \frac{CN}{CE} = r$$
若B, M, N三点共线,求r的值.

荷兰命题

解法1 如图23.2所示,因为$AC = EC$,从已知比例式中推

导出
$$CM = EN, \triangle BMC \cong \triangle DNE$$
这样,$\angle NBC = \angle EDN$.因为 $\angle ECB = 90°, \angle CED = 30°$,所以
$$\angle BND = \angle BNC + \angle CND =$$
$$(90° - \angle NBC) + (\angle CED + \angle NDE) =$$
$$90° - \angle NBC + 30° + \angle NBC = 120°$$
这样,BD 对于点 N 以及六边形外接圆圆心点 O 都成 $120°$ 角.所以点 N 位于一圆心为 C,半径为 $CD = CB = CN$ 的圆上.在 Rt$\triangle BCE$ 中,$\angle EBC = 60°$,故
$$r = \frac{CN}{CE} = \frac{CB}{CE} = \frac{\sqrt{3}}{3}$$

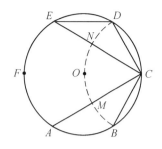

图 23.2

解法 2 设六边形的各边长为 1,点 B, M, N 共线.令 X 表示 AC 和 BE 的交点,如图 23.3 所示.因为 N 位于 CE 上,B 位于 EX 上,M 位于 XC 上,可以应用梅涅劳斯(Menelaus)定理于 $\triangle CEX$,有
$$\frac{CN}{NE} \cdot \frac{EB}{BX} \cdot \frac{XM}{MC} = -1$$

现在将该式子中的各段距离用 r 来表示.CE 为一等腰三角形中与 $120°$ 角相对的一边,其他两边的长度都为 1,所以得到
$$CE = \sqrt{3}, CN = \sqrt{3} r, EB = 2$$
$$BX = -\frac{1}{2}, AM = \sqrt{3} r$$
$$MC = AC - AM = \sqrt{3}(1 - r)$$
$$XM = \frac{\sqrt{3}}{2} - MC = \frac{\sqrt{3}}{2} - \sqrt{3} + \sqrt{3} r = \sqrt{3}(r - \frac{1}{2})$$

代入梅涅劳斯定理,得
$$\frac{\sqrt{3} r}{\sqrt{3}(1 - r)} \cdot \frac{2}{-\frac{1}{2}} \cdot \frac{\sqrt{3}(r - \frac{1}{2})}{\sqrt{3}(1 - r)} = -1$$

所以 $r = \frac{\sqrt{3}}{3}$.

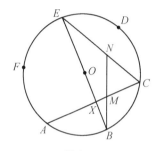

图 23.3

解法 3 如图 23.4 所示,在 $\triangle BMC$ 和 $\triangle DNE$ 中
$$BC = ED, \angle BCM = \angle DEN = 30°$$
$$AM = rAC = rCE = CN$$
所以 $MC = NE$,因此
$$\triangle BCM \cong \triangle DEN$$
$$\angle BND = \angle BNC + \angle CND =$$

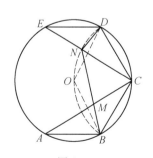

图 23.4

$$(90° - \angle NBC) + (\angle CED + \angle NDE) =$$
$$(90° - \angle NBC) + (30° + \angle MBC) = 120° = \angle BOD$$

即 B, O, N, D 四点共圆，圆心为 C，故

$$r = \frac{CN}{CE} = \frac{CB}{CE} = \frac{\sqrt{3}}{3}$$

解法 4 在复平面上考虑问题，也用 $A, B, \cdots$ 表示点 $A, B, \cdots$ 所代表的复数. 依定比分点公式有

$$M = (1-r)A + rC$$
$$N = (1-r)C + rE$$

由于 B, M, N 共线，则应有

$$\begin{vmatrix} 1 & 1 & 1 \\ B & M & N \\ \overline{B} & \overline{M} & \overline{N} \end{vmatrix} = 0$$

其中，$\overline{B}, \overline{M}, \overline{N}$ 分别是 B, M, N 的共轭复数，也就是

$$\begin{vmatrix} 1 & (1-r)+r & (1-r)+r \\ B & (1-r)A+rC & (1-r)C+rE \\ \overline{B} & (1-r)\overline{A}+r\overline{C} & (1-r)\overline{C}+r\overline{E} \end{vmatrix} = 0$$

得

$$(1-r)^2 \begin{vmatrix} 1 & 1 & 1 \\ B & A & C \\ \overline{B} & \overline{A} & \overline{C} \end{vmatrix} + (1-r)r \begin{vmatrix} 1 & 1 & 1 \\ B & A & E \\ \overline{B} & \overline{A} & \overline{E} \end{vmatrix} + r^2 \begin{vmatrix} 1 & 1 & 1 \\ B & C & E \\ \overline{B} & \overline{C} & \overline{E} \end{vmatrix} = 0$$

注意到 $\triangle BAC, \triangle BAE$ 是同向的，它们与 $\triangle BCE$ 是反向的，其次

$$S_{\triangle BAE} = S_{\triangle BEC} = 2S_{\triangle ABC}$$

因此，上式可得方程

$$(1-r)^2 + 2(1-r)r - 2r^2 = 0$$

化简后，得

$$3r^2 - 1 = 0$$

解得 $r = \frac{\sqrt{3}}{3}$.

---

❻ 设 S 是一个边长为 100 的正方形，L 为 S 内的一条路径，该路径自身无交点，L 由线段 $A_0A_1, A_1A_2, \cdots, A_{n-1}A_n$ 组成，其中 $A_0 \neq A_n$. 假设对于 S 边上的任何一点 P，总可以在 L 上找到一个点与点 P 的距离不超过 $\frac{1}{2}$. 证明：在 L 上必定存在两点 x, y，它们的距离不大于 1，但它们之间的路径 L 的长度不小于 198.

越南命题

证法 1 将正方形边上一点 P 到多边形路径 L 上一点 Q 之间的距离用 $d(P,Q)$ 表示.将多边形路径上点 A 到点 B 之间的长度用 $s(A,B)$ 表示.当
$$s(A_0,A) < s(A_0,B)$$
我们记为 $A < B$. 设 S_1, S_2, S_3, S_4 为正方形的各顶点,在 L 上取点 S'_1, S'_2, S'_3, S'_4 且使得 $d(S_i, S'_i) \leqslant \dfrac{1}{2}$,并且 $S'_1 < S'_4 < S'_2$(详见后面的"注").

设 L_1 为 L 上所有点 X 的集合,其中 $X \leqslant S'_4$;设 L_2 为所有满足 $X \geqslant S'_4$ 的 L 上的点的集合.考虑边 $S_1 S_2$,$S_1 S_2$ 上有一子集 L'_1,其上所有点与 L_1 的距离都小于或等于 $\dfrac{1}{2}$;另有一子集 L'_2,其上所有点与 L_2 的距离都小于或等于 $\dfrac{1}{2}$(因为 L'_1 包括点 S_1,L'_2 包括点 S_2,故都不是空集).

L'_1 和 L'_2 的并集为 $S_1 S_2$,且由于距离定义,L'_1 和 L'_2 的交集也不是空集.设 M 为 L'_1 与 L'_2 的交集上的一点.

在 L_1 上选一点 X,在 L_2 上选一点 Y,使得
$$d(M,X) \leqslant \dfrac{1}{2}, d(M,Y) \leqslant \dfrac{1}{2}$$
那么 $d(X,Y) \leqslant 1$,而且 $X < S'_4 < Y$,且
$$s(X,Y) = s(X, S'_4) + s(S'_4, Y) \geqslant 99 + 99 = 198$$

注 我们可把路径 $L: A_0 A_1 \cdots A_n$ 看作是以区间 $[0, t]$ 到 L 的一个射影 Q,其中,$Q(0) = A_0$,$Q(1) = A_n$,且 $Q(0) \neq Q(1)$.现从 $Q(0)$ 出发,考虑运动路径 L,首先有一个时刻 t_1,在此时刻前,L 位于离正方形的某一顶点的距离小于 $\dfrac{1}{2}$ 的部分,记该顶点为 S_1,记路径上的点 $Q(t_1)$ 为 S'_1.将与点 S_1 相对的另一顶点用 S_3 表示.继续沿路径 L 前行直到 L 上的点位于点 S_1 相邻的一正方形顶点的 $\dfrac{1}{2}$ 距离之内,称该顶点为 S_4,称 L 上的那点为 $S'_4 = Q(t_4)$.S_1 与 S_4 为正方形一边的两端点,它们以 $S_1 S_4 S_3 S_2$ 的顺序表示其四边形的边线.最后 L 必定靠近 S_2,其参数值 $t > t_4$.在 L 上选一点,使它位于离 S_2 的距离小于 $\dfrac{1}{2}$ 的范围内,这样就完成了这一步骤.

证法 2 如图 23.5 所示,以 S_1, S_2, S_3, S_4 表示正方形的顶点. 用 $d(P,Q)$ 表示点 P 与 Q 的距离,$s(A,B)$ 表示在折线 L 上的两点 A 与 B 之间部分的长.若 $s(A_0, A) < s(A_0, B)$,则称 A 在 B 之前,记作 $A < B$.

由题设,S_1, S_2, S_3, S_4 在 S 的边界上,故在 L 上有相应的点

S'_1, S'_2, S'_3, S'_4,使得
$$d(S_i, S'_i) \leqslant \frac{1}{2}, i=1,2,3,4$$

不妨设 $S'_1 \prec S'_4 \prec S'_2$,以 L_1, L_2 分别记 L 上的点集,即
$$L_1 = \{X \mid X \in L, X \prec S'_4\}$$
$$L_2 = \{X \mid X \in L, S'_4 \prec X\}$$

则在 S 的边 S_1S_2 上,有子集 L'_1 与 L'_2,它们分别与 L_1, L_2 中的某点距离不大于 $\frac{1}{2}$. 根据题设条件,S_1S_2 上任一点,都能在 L 上找到一点,与此点距离不大于 $\frac{1}{2}$,易见,$S_1 \in L'_1, S_2 \in L'_2$,且有
$$L'_1 \bigcup L'_2 = S_1S_2, L'_1 \bigcap L'_2 \neq \varnothing$$

设 $M \in L'_1 \bigcap L'_2$,选取 $X \in L_1, Y \in L_2$,使得
$$d(M,X) \leqslant \frac{1}{2}, d(M,Y) \leqslant \frac{1}{2}$$

则
$$d(X,Y) \leqslant d(M,X) + d(M,Y) = 1$$
且
$$X \prec S'_4 \prec Y$$
故
$$s(X,Y) = s(X, S'_4) + s(S'_4, Y) \geqslant$$
$$d(X, S'_4) + d(S'_4, Y) \geqslant$$
$$(d(S_1, S_4) - d(S_1, X) - d(S_4, S'_4)) +$$
$$(d(S_2, S_4) - d(S_2, Y) - d(S_4, S'_4)) \geqslant$$
$$(100 - (d(S_1, X) + d(S_4, S'_4))) +$$
$$(100 - (d(S_2, Y) + d(S_4, S'_4))) \geqslant$$
$$(100 - 1) + (100 - 1) = 198$$

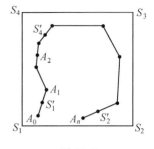

图 23.5

第23届国际数学奥林匹克英文原题

The twenty-third International Mathematical Olympiad was held from July 5th to July 14th 1982 in the cities of Budapest and Csegled.

❶ Let $\mathbf{N}^* = \{1, 2, \cdots, n, \cdots\}$ be the set of positive integers. The function $f: \mathbf{N}^* \to \mathbf{N}$ satisfies the conditions:
   a) $f(m+n) - f(m) - f(n) = 0$ or 1, for all m, n.
   b) $f(2) = 0, f(3) > 0$ and $f(9\ 999) = 3\ 333$.
   Determine $f(1\ 982)$.

(United Kingdom)

❷ Let $A_1 A_2 A_3$ be a non-isosceles triangle with sides a_1, a_2, a_3 (a_i is the opposite side to A_i). Let M_i be the midpoint of the side a_i and T_i be the point where the incircle touches side a_i, for all $i = 1, 2, 3$. Denote by S_i the reflection of T_i in the interior bisector of angle A_i. Prove that the lines $M_1 S_1$, $M_2 S_2$, $M_3 S_3$ are concurrent.

(Netherlands)

❸ Consider the infinite sequences $\{x_n\}$ $(n \geq 0)$ of positive real numbers with the following properties: $x_0 = 1$, and $x_{i+1} \leq x_i$, for all $i \geq 0$.
   a) prove that for every such sequence, there is an $n \geq 1$ such that
$$\frac{x_0^2}{x_1} + \frac{x_1^2}{x_2} + \cdots + \frac{x_{n-1}^2}{x_n} \geq 3.999$$
   b) Find a sequence with stated properties such that
$$\frac{x_0^2}{x_1} + \frac{x_1^2}{x_2} + \cdots + \frac{x_{n-1}^2}{x_n} < 4, \text{ for all } n \geq 1$$

(USSR)

❹ Prove that if n is a positive integer such that the equation $x^3 - 3xy^2 + y^3 = n$ has an integer solution (x, y) than it has at least three such solutions.

(United Kingdom)

Show that the equation has no integer solutions when $n = 2\,891$.

❺ The diagonals AC and CE of the regular hexagon $ABCDEF$ are divided by the inner points M and N, respectively, such that
$$\frac{AM}{AC} = \frac{CN}{CE} = r$$
Determine r knowing that B, M and N are collinear.

(Netherlands)

❻ Let S be a square with sides of length 100, and let L be a path within S which does not meet itself and which is composed of line segments $A_0A_1, A_1A_2, \cdots, A_{n-1}A_n$ with $A_0 \neq A_n$. Suppose that for every point P of the boundary of S there is a point of L at a distance from P not greater that $\frac{1}{2}$. Prove that there are two points X and Y in L such that the distance between X and Y is not greater than 1, and the length of that part of L which lies between X and Y is not smaller than 198.

(Vietnam)

第 23 届国际数学奥林匹克各国成绩表

匈牙利,1982

名次	国家或地区	分数（满分168）	金牌	银牌	铜牌	参赛队人数
1.	德意志联邦共和国	145	2	2	—	4
2.	苏联	137	2	1	1	4
3.	德意志民主共和国	136	2	1	1	4
3.	美国	136	1	2	1	4
5.	越南	133	1	2	1	4
6.	匈牙利	125	—	3	1	4
7.	捷克斯洛伐克	115	—	2	2	4
8.	芬兰	113	—	2	1	4
9.	保加利亚	108	—	—	4	4
10.	英国	103	—	—	4	4
11.	罗马尼亚	99	—	1	2	4
12.	南斯拉夫	98	—	2	—	4
13.	波兰	96	—	1	2	4
14.	荷兰	92	—	1	1	4
15.	法国	89	1	—	—	4
16.	奥地利	82	1	—	1	4
17.	加拿大	78	—	—	2	4
18.	以色列	75	—	—	1	4
19.	瑞典	74	—	—	2	4
20.	澳大利亚	66	—	—	1	4
20.	巴西	66	—	—	1	4
22.	蒙古	56	—	—	1	4
23.	希腊	55	—	—	—	4
24.	比利时	50	—	—	1	4
25.	古巴	44	—	—	—	4
26.	哥伦比亚	34	—	—	—	4
27.	阿尔及利亚	23	—	—	—	4
27.	委内瑞拉	23	—	—	—	4
29.	突尼斯	19	—	—	—	4
30.	科威特	4	—	—	—	4

第 23 届国际数学奥林匹克预选题

匈牙利,1982

❶ (1) 证明:对 $n \geqslant 0$,$\frac{1}{n+1}\binom{2n}{n}$ 是整数;

(2) 给出正整数 k,确定使得当 $n \geqslant k$ 时,$\frac{C_k}{n+k+1}\binom{2n}{n+k}$ 是整数的最小整数 C_k。

其中 $\binom{n}{k} = \frac{n!}{k!(n-k)!}$ 表示二项式系数.

❷ 在平面上给出有限个角域 $A_1, A_2, \cdots, A_k$. 每个 A_i 的边界是两条相交于顶点的半直线并且带有"+"号或"−"号. 对平面上每个不在边界半直线上的点 P 赋予一个数 $k-l$,其中 k 是带"+"号的包含 P 的角域的数目,而 l 是带"−"号的包含 P 的角域的数目.(注意 A_i 的边界不属于 A_i)

例如,在图 23.6 中,区域 QAP 和 RCQ 带有"+"号,而区域 RBP 带有"−"号.

△ABC 中的每个点具有数 1,而每个不在 △ABC 并且不在半直线上的点具有数 0. 我们称 △ABC 的内部可表示为单个区域 QAP, RBP 和 RCQ 的和.

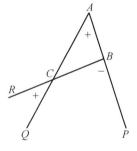

图 23.6

(1) 说明如何把任何一个平面上的凸区域的内部表示为一些单个的角域之和.

(2) 说明如何把一个四面体的内部表示为一些单个的空间角域之和,即一些边界是三个相交于顶点的平面并带有"+"号或"−"号的区域之和.

❸ 在区间 $I = [0,1]$ 中给出 n 个点 $X_1, X_2, \cdots, X_n$,证明:在此区间 I 存在一点 Y,使得

$$\frac{1}{n}\sum_{i=1}^{n}|Y - X_i| = \frac{1}{2}$$

❹ 设 $ABCD$ 是平面上的一个凸四边形,并设 A_1 是 $\triangle BCD$ 的外接圆圆心.类似地,可定义 B_1, C_1, D_1.

(1) 证明:A_1, B_1, C_1, D_1 或者重合为一个点,或者是四个不相同的点.在后一种情况中,证明:A_1, C_1 位于直线 $B_1 D_1$ 的两侧,类似地,B_1, D_1 位于直线 $A_1 C_1$ 的两侧.(这表明了四边形 $A_1 B_1 C_1 D_1$ 的凸性)

(2) 用 A_2 表示 $\triangle B_1 C_1 D_1$ 的外接圆圆心.类似地,可定义 B_2, C_2, D_2.证明:四边形 $A_2 B_2 C_2 D_2$ 相似于四边形 $ABCD$.

(3) 如果 $A_1 B_1 C_1 D_1$ 是按照上述过程从四边形 $ABCD$ 所得的四边形,那么四个点 A_1, B_1, C_1, D_1 必须满足什么条件?假设四个点 A_1, B_1, C_1, D_1 满足这个条件,说明如何用圆规和直尺去得出原来的四边形 $ABCD$?(不必实际地实行这一构造)

证明 (1) 如果 A_1, B_1, C_1, D_1 中任意两点重合,比如 A_1 与 B_1 重合,那么四边形 $ABCD$ 内接于以 A_1 为圆心的圆内,因此所有的点 A_1, B_1, C_1, D_1 都将重合.

现在设不发生上述情况,那么不失一般性,可设 $\angle DAB + \angle DCB < 180°$.这时 A 位于 $\triangle BCD$ 的外接圆之外,因而 $A_1 A > A_1 C$,类似地,有 $C_1 C > C_1 A$.因此 AC 的垂直平分线 l_{AC} 分隔点 A_1 和 C_1.由于 B_1 和 D_1 位于 l_{AC} 上,这意味着 A_1 和 C_1 位于 $B_1 D_1$ 的两侧.类似地,可证 B_1 和 D_1 位于 $A_1 C_1$ 的两侧.

(2) 由于 $A_2 B_2 \perp C_1 D_1$ 以及 $C_1 D_1 \perp AB$,因而 $A_2 B_2 \parallel AB$.类似地,$A_2 C_2 \parallel AC, A_2 D_2 \parallel AD, B_2 C_2 \parallel BC, B_2 D_2 \parallel BD$,以及 $C_2 D_2 \parallel CD$,因此 $\triangle A_2 B_2 C_2 \backsim \triangle ABC$ 以及 $\triangle A_2 D_2 C_2 \backsim \triangle ADC$.由此即可得出结果.

❺ 在所有给定周长的三角形中,求出内接圆半径最大者.

❻ 在三条不同的直线 a, b, c 上,分别给定了三个点 A, B, C.分别在直线 a, b, c 上构造三个共线的点 X, Y, Z,使得 $\dfrac{BY}{AX}=2$,$\dfrac{CZ}{AX}=3$.

❼ 求出方程
$$x^3 - y^3 = 2xy + 8$$
的所有复整数解 $(x, y) \in \mathbf{Z}^2$.

❽ 一个盒子中有 p 个白球和 q 个黑球. 在盒子旁边有一堆黑球. 任意从盒子中取出两个球, 如果它们的颜色相同, 就从旁边的黑球中取出一个放进盒内; 如果它们的颜色不同, 那么就把其中的白球放回盒内. 继续这一过程, 直到从盒子中取出最后两个球并向盒子中放进最后一个球. 问最后放进的球是白球的概率是多少?

解 如果从盒子中拿出的都是白球, 那么白球的数目减少 2, 否则不变. 所以在取球的过程中白球的奇偶性不变. 因此如果 p 是偶数, 那么最后一球不可能是白的, 因而概率是 0; 如果 p 是奇数, 那么最后一球必须是白的, 概率为 1.

❾ 设 n 是一个自然数, $n \geqslant 2$, 并设 φ 是欧拉(Euler)函数, 即不超过 n 的与 n 互素的正整数的个数. 给出任意两个实数 $0 \leqslant \alpha < \beta \leqslant 1$, 证明: 存在自然数 m, 使得
$$\alpha < \frac{\varphi(m)}{m} < \beta$$

❿ 设 $r_1, r_2, \cdots, r_n$ 是 n 个球面的半径. 用 $S_1, S_2, \cdots, S_n$ 表示每个球面上不可见点集的面积, 即从其他任何一个球面上都看不见的点集的面积. 证明
$$\frac{S_1}{r_1^2} + \frac{S_2}{r_2^2} + \cdots + \frac{S_n}{r_n^2} = 4\pi$$

(注: 本题是第 22 届国际数学奥林匹克预选题第 18 题的推广).

⓫ 一个长方形台球桌有三个角处有洞, 从第四个角处沿这个角的角平分线方向打出一个台球使得台球落到某个洞中. 问台球桌两边的长度 a 和 b 应满足什么关系?

⓬ 在 6 798 个整数, 即 $1, 2, \cdots, 6\,798$ 中任意选出 3 399 个整数, 使得它们之中没有一个整数能够整除另一个整数. 证明: 在 $\{1, 2, \cdots, 6\,798\}$ 之中恰有 1 982 个数字必须被选择.

⓭ 一个正 n 边棱台外接于一个球面. 分别用 S_1, S_2 和 S 表示棱台的两个底面和侧面的面积. 用 σ 表示以球面和棱台侧面的切点为顶点的多边形的面积. 证明
$$\sigma S = 4 S_1 S_2 \cos^2 \frac{\pi}{n}$$

⓮ 确定所有使得方程
$$16x^4 - ax^3 + (2a+17)x^2 - ax + 16 = 0$$
恰有四个不同的构成几何级数的实根的实数 a.

解 设 a 满足问题的要求,而 x, qx, q^2x, q^3x 是所给方程的根. 那么 $x \neq 0$,并且我们可设 $|q| > 1$,因此 $|x| < |qx| < |q^2x| < |q^3x|$. 由于方程是对称的,因此 $\frac{1}{x}$ 也是方程的根,因而 $\frac{1}{x} = q^3x$,即 $q = x^{-\frac{2}{3}}$. 这就得出方程的根是 $x, x^{\frac{1}{3}}, x^{-\frac{1}{3}}, x^{-1}$. 现在由韦达定理有 $x + x^{\frac{1}{3}} + x^{-\frac{1}{3}} + x^{-1} = \frac{a}{16}$ 和 $x^{\frac{4}{3}} + x^{\frac{2}{3}} + 2 + x^{-\frac{2}{3}} + x^{-\frac{4}{3}} = \frac{2a+17}{16}$. 令 $z = x^{\frac{1}{3}} + x^{-\frac{1}{3}}$,这两个方程就成为
$$z^3 - 2z = \frac{a}{16}$$
$$(z^2-2)^2 + z^2 - 2 = \frac{2a+17}{16}$$
把 $a = 16(z^3-2z)$ 代入第二个方程就得出
$$z^4 - 2z^3 - 3z^2 + 4z + \frac{15}{16} = 0$$
利用有理根的试除法可看出两个有理根,因而可将上面方程的左边因式分解为
$$\left(z+\frac{3}{2}\right)\left(z-\frac{5}{2}\right)\left(z^2-z-\frac{1}{4}\right)$$
由于 $|z| = |x^{\frac{1}{3}} + x^{-\frac{1}{3}}| \geqslant 2$,因此上述方程的仅有的可能的根只有 $z = \frac{5}{2}$. 因此 $a = 170$,而原方程的根是 $\frac{1}{8}, \frac{1}{2}, 2, 8$.

⓯ 设 S 表示那种自然数 n 的集合,其中 $\frac{3}{n}$ 不能被表示成两个埃及分数之和,即 $S = \left\{n \mid \frac{3}{n} \neq \frac{1}{p} + \frac{1}{q}, p, q \in \mathbf{N}\right\}$. 证明: S 不可能是有限个算数级数的并.

⓰ 设 $p(x)$ 是一个首项系数为1的整系数三次多项式. 它的一个根等于另两个根之积. 证明: $2p(-1)$ 是 $p(1) + p(-1) - 2(1 + p(0))$ 的倍数.

证明 设 a, b, ab 表示三次方程 $p(x) = (x-a)(x-b)(x-$

ab)的根,那么我们看出
$$2p(-1) = -2(1+a)(1+b)(1+ab)$$
$$p(1) + p(-1) - 2(1 + p(0)) = -2(1+a)(1+b)$$

当上面的两个表达式都等于 0 时,问题中的命题是平凡的. 在其他的情况中,商

$$\frac{2p(-1)}{p(1) + p(-1) - 2(1 + p(0))} = 1 + ab$$

是一个有理数,因而 ab 也是有理数. 但是由于 $(ab)^2 = -p(0)$ 是一个整数,因此 ab 也是整数. 这就证明了问题中的命题.

❶⓻ (1) 求出使得 $a_1 a_2 + a_2 a_3 + \cdots + a_n a_1 = Q$ 最大的 $\{a_1, a_2, \cdots, a_n\}$,其中 $\{a_1, a_2, \cdots, a_n\}$ 是 $\{1, 2, \cdots, n\}$ 的一个重新排列.

(2) 求出使得 Q 最小的排列.

解 (1) 设 $\{a_1, a_2, \cdots, a_n\}$ 是使得 Q 达到最大值 $Q_{\max}$ 的排列. 注意排列 $\{a_1, \cdots, a_{i-1}, a_j, a_{i+1}, \cdots, a_{j-1}, a_i, a_{j+1}, \cdots, a_n\}$ 的 Q 值等于 $Q_{\max} - (a_i - a_j)(a_{i-1} - a_{j+1})$,其中 $1 < i < j \leqslant n$. 因此对 $1 < i < j \leqslant n$, $(a_i - a_j)(a_{i-1} - a_{j+1}) \geqslant 0$.

不失一般性,可设 $a_1 = 1$. 设 $a_i = 2$,如果 $2 < i < n$,那么 $(a_2 - a_i)(a_1 - a_{i+1}) < 0$,这不可能. 因此 i 等于 2 或 n. 不失一般性,可设 $a_n = 2$. 再设 $a_j = 3$,如果 $2 < j < n$,那么 $(a_1 - a_{j+1})(a_2 - a_j) < 0$,这不可能. 因此 $a_2 = 3$,继续这一讨论就得出

$$A = \left\{1, 3, 5, \cdots, 2\left[\frac{n-1}{2}\right] + 1, 2\left[\frac{n}{2}\right], \cdots, 4, 2\right\}$$

(2) 由类似于(1)的讨论得出使 Q 最小的排列是

$$\left\{1, n, 2, n-1, \cdots, \left[\frac{n}{2}\right] + 1\right\}$$

❶⓼ 给出一个带有加法和乘法的代数系统,其中除了乘法交换律之外,其他普通算术中关于加法和乘法的运算定律都成立. 证明:在此系统中成立以下公式

$$(a + ab^{-1}a)^{-1} + (a+b)^{-1} = a^{-1}$$

其中 x^{-1} 是使得 $x^{-1}x = xx^{-1} = e$ 的元素,而 e 是使得对此系统中所有的 a,使得 $ea = ae = a$ 成立的元素.

⑲ 证明:对每个$1 \neq s > 0$和满足$0 < a \leqslant 1$的有理数a,有
$$\frac{1-s^a}{1-s} \leqslant (1+s)^{a-1}$$
成立.

证明 设$a = \frac{k}{n}$,其中$n, k \in \mathbf{N}, n \geqslant k$. 令$t^n = s$,则所给的不等式成为$\frac{1-t^l}{1-t^n} \leqslant (1+t^n)^{\frac{k}{n}-1}$,或等价的,有
$$(1+t+\cdots+t^{k-1})^n (1+t^n)^{n-k} \leqslant (1+t+\cdots+t^{n-1})^n$$
上式显然对$k=n$成立,因此只需证明上述不等式的左边是k的递增函数即可. 这也就是要证明
$$(1+t+\cdots+t^{k-1})^n (1+t^n)^{n-k} \leqslant (1+t+\cdots+t^k)^n (1+t^n)^{n-k-1}$$
而上式等价于$1 + t^n \leqslant A^n$,其中$A = \frac{1+t+\cdots+t^k}{1+t+\cdots+t^{k-1}}$.

由于
$$A^n - t^n = (A-t)(A^{n-1} + A^{n-2}t + \cdots + t^{n-1}) \geqslant$$
$$(A-t)(1+t+\cdots+t^{n-1}) = \frac{1+t+\cdots+t^{n-1}}{1+t+\cdots+t^{k-1}} \geqslant 1$$
因此$1 + t^n \leqslant A^n$成立.

注 原题要求对实数a证明不等式.

⑳ 考虑正方体C和两个平面σ, τ,设σ, τ把欧几里得空间分成了若干区域. 证明:在这些区域之中至少有一个的内部将和立方体的三个面相交.

㉑ 把正六边形$A_1 A_2 \cdots A_6$的每条边和每条对角线都染成蓝色或红色,使得$\triangle A_j A_k A_m (1 \leqslant j < k < m \leqslant 6)$的三条边中至少有一条是红色的. 设$R_k$是红色线段$A_k A_j (j \neq k)$的数目,证明
$$\sum_{k=1}^{6} (2R_k - 7)^2 \leqslant 54$$

㉒ 设M是所有形如$\frac{m+n}{\sqrt{m^2+n^2}}$的实数的集合,其中$m$和$n$是正整数. 证明:对每一对$x \in M, y \in M, x < y$,都存在一个$z \in M$,使得
$$x < z < y$$

证明 设 $x = \dfrac{m}{n}$. 由于 $f(x) = \dfrac{m+n}{\sqrt{m^2+n^2}} = \dfrac{x+1}{\sqrt{1+x^2}}$ 是 x 的连续函数,因此 $f(x)$ 取到两个函数值之间的所有中间值. 此外,对应的 x 可以是有理的,这就完成了证明.

注 由于当 $x \geqslant 1$ 时,$f(x)$ 是递增的,因此 $1 \leqslant x < z < y$ 蕴涵 $f(x) < f(z) < f(y)$.

㉓ 确定所有那种正整数的和,它们在十进制记数法中的数字构成严格递增的数列或者严格递减的数列.

㉔ 设一个人 a 有无穷多个后代(他的孩子,孩子的孩子,等),且没有一个人有无穷多个孩子.

(1) 证明:如果 a 有无穷多个后代,那么 a 就有无限多个递降的后代(即 $a = a_0$,且对所有 $n \geqslant 1$,a_{n+1} 总是 a_n 的孩子).

(2) 证明:如果有人有无穷多个祖先,那么所有的人不可能都从亚当和夏娃递降的产生.

㉕ 在平面上给出了四个不同的圆 C, C_1, C_2, C_3 和一条直线 L,使得 C 和 L 不相交,而 C_1, C_2, C_3 两两相切,且这三个圆每个圆也都和 C 及 L 相切. 设 C 的半径为 1,试确定其圆心与 L 之间的距离.

解 设 y 是通过 C 的中心并垂直于 L 的直线. 可以用连续性来证明存在一点 $Y \in y$,使得中心在 Y 的反演 Ψ 把 C 和 L 映为两个同心圆 $\hat{C}$ 和 $\hat{L}$. 设 $\hat{X}$ 表示 X 在 Ψ 下的象,那么圆 $\hat{C}_i$ 外切于 $\hat{C}$ 而内切于 $\hat{L}$,并且都有相同的半径. 现在我们围绕 $\hat{C}$ 和 $\hat{L}$ 的共同的中心 Z 旋转图形,使得 $\hat{C}_3$ 通过 Y. 再次对所得的图形应用反演 Ψ,那么 $\hat{C}$ 和 $\hat{L}$ 又回到 C 和 L,但是 $\hat{C}_3$ 成为平行于 L 的直线 C'_3,而 $\hat{C}_1$ 和 $\hat{C}_2$ 的象成为两个相等的和 L, C'_3 以及 C 相切的圆. 通过这一步,我们已把圆 C_3 变成了一条直线.

如图 23.7,分别用 O_1, O_2, O 表示圆 C'_1, C'_2, C 的圆心,用 T 表示圆 C'_1 和 C'_2 的切点. 如果 x 是 C'_1 和 C'_2 的共同的半径,那么从 $\triangle O_1 TO$ 得出

$$(x-1)^2 + x^2 = (x+1)^2$$

因此 $x = 4$,那样,从 O 到 L 之间的距离就等于 $2x - 1 = 7$.

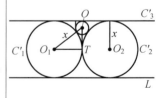

图 23.7

❷❻ 设 $a_n, b_n, n \geqslant 0$ 是两个自然数的序列. 试确定是否存在自然数对 (p,q), 使得
$$p < q, a_p \leqslant a_q, b_p \leqslant b_q$$

❷❼ 设 O 是三维空间中的一个点. l_1, l_2, l_3 是三条通过点 O 并互相垂直的直线. S 是中心在点 O, 半径为 R 的球面. 设 M 是 S 上任意一点, 用 S_M 表示以 M 为中心, 半径为 R 的球面. 设 P_1, P_2, P_3 分别表示 S_M 与直线 l_1, l_2, l_3 的交点, 其中, 如过 S_M 与 $l_i (i=1,2,3)$ 交于两个不同的点以及点 $P_i = O$, 则我们取 $P_i = O$, 否则取 $P_i \neq O$. 问当点 M 遍历 S 时, $\triangle P_1 P_2 P_3$ 重心的集合是什么?

解 建立坐标系使得 x 轴, y 轴, z 轴分别为直线 l_1, l_2, l_3. M 的坐标 (a,b,c) 满足方程 $a^2 + b^2 + c^2 = R^2$, 因而 S_M 有方程 $(x-a)^2 + (y-b)^2 + (z-c)^2 = R^2$. 因此 P_1 的坐标满足方程 $(x-a)^2 + b^2 + c^2 = R^2$. 这蕴涵 $x = 2a$ 或 $x = 0$. 由定义得出 $x = 2a$. 类似地, P_2 和 P_3 的坐标分别是 $(0, 2b, 0)$ 和 $(0, 0, 2c)$. 现在可以得出 $\triangle P_1 P_2 P_3$ 的质心 (也就是重心) 的坐标是 $\left(\dfrac{2a}{3}, \dfrac{2b}{3}, \dfrac{2c}{3}\right)$, 因而所求的点的轨迹是中心在点 O, 半径为 $\dfrac{2R}{3}$ 的球面.

❷❽ 设 $\{u_1, u_2, \cdots, u_n\}$ 是 n 元有序数组. 对任意的 $1 \leqslant k \leqslant n$, 令
$$v_k = \sqrt[k]{u_1 \cdot u_2 \cdot \cdots \cdot u_k}$$
证明
$$\sum_{k=1}^{n} v_k \leqslant \mathrm{e} \cdot \sum_{k=1}^{n} u_k$$
其中 e 表示自然对数的底.

❷❾ 设 $f: \mathbf{R} \to \mathbf{R}$ 是连续函数. 假设将 f 限制在无理数集上所得的映射是一个单射, 我们能对 f 做出怎样的判定? 类似地, 假设将 f 限制在有理数集上所得的映射是一个单射, 我们又能对 f 做出怎样的判定?

❸⓪ 设在 $\triangle ABC$ 中 P 是其中使得 $\angle PAC = \angle PBC$ 的点. 从 P 到 BC 和 CA 的垂线分别交这两条直线于点 L 和点 M,D 是 AB 的中点. 证明: $DL = DM$.

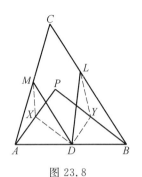

图 23.8

证明 如图 23.8,设 X 和 Y 分别是线段 AP 和 BP 的中点,那么 $DYPX$ 是一个平行四边形. 由于 X 和 Y 分别是 $\triangle APM$ 和 $\triangle BPL$ 的外接圆圆心,因此 $XM = XP = DY$,$YL = YP = DX$. 此外 $\angle DXM = \angle DXP + \angle PXM = \angle DXP + 2\angle PAM = \angle DYP + 2\angle PBL = \angle DYP + \angle PYL = \angle DYL$. 因此 $\triangle DXM$ 和 $\triangle LYD$ 是全等的,这就意味着 $DM = DL$.

❸① 证明: 如果 n 是一个使得方程
$$x^3 - 3xy^2 + y^3 = n$$
有整数解 (x,y) 的正整数,那么此方程至少有三组解. 又当 $n = 2\,891$ 时,此方程无解.

证明 易于验证如果 (x,y) 是方程 $x^3 - 3xy^2 + y^3 = n$ 的解,则 $(y-x, -x)$ 和 $(-y, x-y)$ 也是解,并且除非 $x = y = n = 0$,否则这三个解是两两不同的.

可以看出 $2\,981 \equiv 2 \pmod 9$,由于 $x^3, y^3 \equiv 0, \pm 1 \pmod 9$,因此 $x^3 - 3xy^2 + y^3$ 被 9 除时,不可能余 2,因而当 $n = 2\,981$ 时,上述方程没有整数解.

❸② 函数 $f(n)$ 对所有的正整数有定义并取非负整数值. 对所有的 m, n,满足
$$f(m+n) - f(m) - f(n) = 0 \text{ 或 } 1$$
$$f(2) = 0, f(3) > 0, f(9\,999) = 3\,333$$
试确定 $f(1\,982)$.

解 由 $0 \leqslant f(m) + f(n) = f(m+n) - \delta \leqslant f(m+n)$(其中 $\delta = 0$ 或 1),可知
$$0 \leqslant f(1) + f(1) = f(2) = 0$$
得出 $f(1) = 0$. 再由 $0 < f(3) \leqslant f(1) + f(2) + 1$,得出 $f(3) = 1$.

注意如果 $f(3n) \geqslant n$,那么 $f(3n+3) \geqslant f(3n) + f(3) \geqslant n+1$,因此由数学归纳法可以得出对所有的 $n \in \mathbf{N}$,有 $f(3n) \geqslant n$ 成立. 此外,如果此不等式对某个 n 严格成立,则此不等式也对大于 n 的所有自然数严格成立. 因此由 $f(9\,999) = 3\,333$,我们就得出对所有的 $n \leqslant 3\,333$,有 $f(3n) = n$ 成立.

由于 $3f(n) \leqslant f(3n) \leqslant 3f(n)+2$，因此对 $n \leqslant 3\,333$，有 $f(n) = \left[\dfrac{f(3n)}{3}\right] = \left[\dfrac{n}{3}\right]$ 成立，特别地，$f(1\,982) = \left[\dfrac{1\,982}{3}\right] = 660$.

33 对 $n \geqslant 0$，由 $u_0 = 0, u_1 = 1$ 和 $u_n - 2u_{n-1} + (1-c)u_{n-2} = 0 (n \geqslant 2)$ 定义了一个整数的序列 u_n，其中 c 是一个不依赖于 n 的固定的整数，求出使得下面两个命题都成立的最小的 c.

(1) 如果 p 是一个小于或等于 P 的素数，那么 $p \mid u_P$；

(2) 如果 p 是一个大于 P 的素数，那么 $p \nmid u_P$.

34 设 M 是所有具有以下性质的函数.

(1) f 对所有实数有定义，并且只取实数值；

(2) 对所有的 $x, y \in \mathbf{R}$，等式 $f(x)f(y) = f(x+y) + f(x-y)$ 成立；

(3) $f(0) \neq 0$.

试确定所有的函数 $f \in M$，使得：

(1) $f(1) = \dfrac{5}{2}$；

(2) $f(1) = \sqrt{3}$.

35 证明：如果一个三角形的内切圆半径等于它的外接圆半径的一半，则它必是等边三角形.

36 设 $\triangle A_1 A_2 A_3$ 是一个任意的三角形，其三条边为 a_1, a_2, a_3（规定 a_i 是 A_i 所对的边）. 又设 M_i 是 a_i 的中点，T_i 是内切圆和 a_i 的切点，S_i 是 T_i 关于 A_i 的内角平分线的对称点. 证明：$M_1 S_1, M_2 S_2$ 和 $M_3 S_3$ 共点.

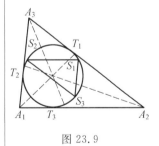

图 23.9

证法 1 如图 23.9，点 S_1, S_2, S_3 显然都位于内接圆上. 设 $\overparen{XY}$ 表示有向弧 $\overparen{XY}$. 由于 $\overparen{T_2 S_1}$ 和 $\overparen{T_1 T_3}$ 关于 $\angle A_1$ 的角平分线对称，因此它们是相等的. 类似地，$\overparen{T_3 T_2} = \overparen{S_2 T_1}$，因此 $\overparen{T_3 S_1} = \overparen{T_3 T_2} + \overparen{T_2 S_1} = \overparen{S_2 T_1} + \overparen{T_1 T_3} = \overparen{S_2 T_3}$. 由此得出 $S_1 S_2 \parallel A_1 A_2$，因而 $S_1 S_2 \parallel M_1 M_2$. 类似地，$S_2 S_3 \parallel M_2 M_3$.

由于 $\triangle M_1 M_2 M_3$ 的外接圆和 $\triangle S_1 S_2 S_3$ 的外接圆是不相等的，因此这两个三角形不是全等的，因而它们必定是位似的. 那样所有的直线 $M_i S_i$ 就都要通过它们的位似中心.

证法 2 设置复平面,使得 $\triangle A_1A_2A_3$ 的内接圆是一个圆心在原点的单位圆. 设 t_i, s_i 分别表示在模 1 下对应于 T_i, S_i 的复数. 显然 $\bar{t_1}t_1 = \bar{t_2}t_2 = \bar{t_3}t_3 = 1$. 由于 T_2T_3 和 T_1S_1 平行,我们就得出 $\overline{t_2t_3} = \overline{t_1s_1}$ 或者 $s_1 = t_2t_3\bar{t_1}$,类似地,有 $s_2 = t_1t_3\bar{t_2}, s_3 = t_1t_2\bar{t_3}$. 由此得出 $s_2 - s_3 = t_1(t_3\bar{t_2} - t_2\bar{t_3})$. 由于括号中的数是一个纯虚数,故由此式就得出 $OT_1 \perp S_2S_3$,因而 $S_2S_3 \parallel A_2A_3$. 以下可像证法 1 中那样继续证明.

㊲ 设 $A_1A_2A_3A_4A_5A_6$ 是正六边形,其每条对角线 $A_{i-1}A_{i+1}$ 都被一个使得 A_i, B_i, B_{i+2} ($i = 1, \cdots, 6 \pmod 6$) 共线的点 B_i 分成相同的比 $\dfrac{\lambda}{1-\lambda}$,其中 $0 < \lambda < 1$. 计算 λ.

解 如图 23.10,我们首先看出 $\triangle A_5B_4A_4 \cong \triangle A_3B_2A_2$. 由于 $\angle A_5A_3A_2 = 90°$,我们有
$\angle A_2B_4A_4 = \angle A_2B_4A_3 + \angle A_3B_4A_4 =$
$\qquad (90° - \angle B_2A_2A_3) + (\angle B_4A_5A_4 + \angle A_5A_4B_4) =$
$\qquad 90° + \angle B_4A_5A_4 = 120°$.
因此 B_4 在以 A_3 为中心, A_3A_4 为半径的圆周上,因而 $A_3A_4 = A_3B_4$,那样 $\lambda = \dfrac{A_3B_4}{A_3A_5} = \dfrac{A_3A_4}{A_3A_5} = \dfrac{1}{\sqrt 3}$.

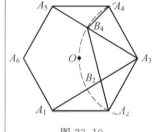

图 23.10

㊳ 数 $u_{n,k}$ ($1 \leqslant k \leqslant n$) 定义如下
$$u_{1,1} = 1, u_{n,k} = \binom{n}{k} - \sum_{d \mid n, d \mid k, d > 1} u_{\frac{n}{d}, \frac{k}{d}}$$
(如果和式中不存在符合要求的项,则定义其和数为 0).
证明:对所有的自然数 n 和所有的 $1 \leqslant k \leqslant n$,都有 $n \mid u_{n,k}$.

㊴ 设 S 是中心为 O 的单位圆, $P_1, P_2, \cdots, P_n$ 是 S 上使得向量 $v_i = \overrightarrow{OP_i}$ 之和为零向量的点. 证明:对平面上任意一点 X,有不等式 $\sum\limits_{i=1}^n XP_i \geqslant n$ 成立.

㊵ 考虑一种有无限个棋盘格子的类似于单人跳棋的游戏. 如果两个相邻的格子都被棋子占据,而下一个格子是空的(这三个格子都位于水平直线上或竖直直线上),那么我们就可以拿走这两个棋子,并把其中之一放到第三个格子中. 证明:如果棋子的初始位置填满了一个 $3k \times n$ 的矩形,那么不可能使得棋盘上只剩一个棋子.

㊶ 一个凸闭图形位于一个给定的圆内. 从圆周上任意一点看此图形的视角都是直角(即从圆周上任意一点所作的两条将整个图形恰包住的直线都是垂直的). 证明:圆心是此图形的对称中心.

证明 设 F 是所给的图形. 考虑 F 的外接圆 γ 上的任意一条弦 AB,从 A 和 B 发出的 F 的支持直线(即使得 F 只在此直线一侧的直线)又分别交圆 γ 于 D 和 C. 因此 $\angle DAB = \angle ABC = 90°$,因而 $ABCD$ 是一个矩形,所以 CD 也必须支持 F. 由此得出 F 内接于矩形 $ABCD$,与它的四条边都接触. 我们容易推出 F 是所有那种矩形的交. 由于 γ 的中心 O 是所有这些矩形的对称中心,因此它也必须是它们的交 F 的对称中心.

㊷ 设 F 是集合 $\{1,2,\cdots,2k+1\}$ 的所有 k 元子集构成的族. 证明:存在 $1-1$ 映射 $f:F \to F$ 使得对任意 $A \in F$,集合 A 与 $f(A)$ 不相交.

㊸ (1) 在一个凸多边形中,锐角的最大数是多少?

(2) 考虑凸 n 边形中的 m 个点. 把凸多边形划分成一些三角形,其顶点是给定的 $n+m$ 个点(凸 n 边形的顶点和其内部的 m 个点),所给的 m 个点中的任意一点都至少是一个三角形的顶点. 求出所得的三角形的个数.

㊹ 设 A 和 B 分别是两艘轮船 M 和 N 的位置. N 看见 M 正以常速 v 沿直线 Ax 航行. 为寻求帮助,N 以速度 $kv(k<1)$ 沿直线 By 航行以便尽快与 M 相遇. 用 C 表示两艘轮船的相遇点,并设

$$AB = d, \angle BAC = \alpha, 0 \leqslant \alpha < \frac{\pi}{2}$$

试确定使 N 能与 M 相遇的角度 $\angle ABC = \beta$ 和 M 与 N 相遇的时间 t.

㊺ 设 $ABCD$ 是一个凸四边形,并作正 $\triangle ABM, \triangle CDP, \triangle BCN, \triangle ADQ$,其中前两个向外作,而后两个向内作. 证明:$MN = AC$. 对四边形 $MNPQ$ 能做出怎样的判定?

证明 由于 MN 是 AC 绕点 B 旋转 $60°$ 的象,因此我们有 $MN = AC$. 类似地,PQ 是 AC 绕点 D 旋转 $60°$ 的象,由此得出 $PQ \parallel MN$. 因此 M,N,P,Q 共线或 $MNPQ$ 是一个平行四边形.

46 证明:无论在一个圆内接四边形中作哪条对角线,所得的两个三角形的内接圆半径之和都是相同的.

47 计算 $\sec'' \frac{\pi}{4} + \sec'' \frac{3\pi}{4} + \sec'' \frac{5\pi}{4} + \sec'' \frac{7\pi}{4}$(其中 $\sec''$ 表示 $\sec$ 的二阶导数).

48 给出有限个复数 $c_1, c_2, \cdots, c_n$,证明:存在一个整数 $k(1 \leqslant k \leqslant n)$,使得对任意的有限个实数 $1 \geqslant a_1 \geqslant a_2 \geqslant \cdots \geqslant a_n \geqslant 0$,有不等式

$$\left| \sum_{m=1}^{n} a_m c_m \right| \leqslant \left| \sum_{m=1}^{k} c_m \right|$$

成立.

49 化简

$$\sum_{k=0}^{n} \frac{(2n)!}{(k!)^2 ((n-k)!)^2}$$

50 设 O 是直圆柱的轴的中点,A 和 B 是直圆柱的一个底的对径点,C 是另一个底面上的不属于 OAB 平面上的一点.证明:三面角 $OABC$ 的二面角之和等于 2π.

51 设 $1 \geqslant x_1 \geqslant x_2 \geqslant \cdots \geqslant x_n \geqslant 0$,证明
$$(1 + x_1 + x_2 + \cdots + x_n)^\alpha \leqslant 1 + x_1^\alpha + 2^{\alpha-1} x_2^\alpha + \cdots + n^{\alpha-1} x_n^\alpha$$
其中 $0 \leqslant \alpha \leqslant 1$.

52 求出所有的数 n,使得可把 $2n$ 个自然数 $1,1,2,2,3,3,\cdots,n-1,n-1,n,n$ 排成一行,使得对每个 $k \leqslant n$,在两个 k 之间,都恰有 k 个数.

53 设有无限个具有性质 $x_0 = 1, x_{i+1} \leqslant x_i$,对所有的 $i \geqslant 0$ 的正实数.

(1)证明:存在一个 $n \geqslant 1$,使得 $\frac{x_0^2}{x_1} + \frac{x_1^2}{x_2} + \cdots + \frac{x_{n-1}^2}{x_n} \geqslant 3.999$;

(2)求出一个使得对于所有的 n 都成立 $\frac{x_0^2}{x_1} + \frac{x_1^2}{x_2} + \cdots + \frac{x_{n-1}^2}{x_n} < 4$ 的序列.

证法 1 (1)由柯西-施瓦兹不等式,我们有
$$\left(\frac{x_0^2}{x_1} + \cdots + \frac{x_{n-1}^2}{x_n} \right)(x_1 + \cdots + x_n) \geqslant (x_0 + \cdots + x_{n-1})^2$$

在上式中令 $X_{n-1}=x_1+x_2+\cdots+x_{n-1}$，并利用 $x_0=1$ 就得出

$$\frac{x_0^2}{x_1}+\cdots+\frac{x_{n-1}^2}{x_n}\geqslant\frac{(1+X_{n-1})^2}{X_{n-1}+x_n}\geqslant\frac{4X_{n-1}}{X_{n-1}+x_n}=\frac{4}{1+\frac{x_n}{X_{n-1}}}\quad ①$$

由于 $x_n\leqslant x_{n-1}\leqslant\cdots\leqslant x_1$，因此就得出 $X_{n-1}\geqslant(n-1)x_n$，因而由式 ① 就得出

$$\frac{x_0^2}{x_1}+\cdots+\frac{x_{n-1}^2}{x_n}\geqslant\frac{4(n-1)}{n}$$

当 $n>4\ 000$ 时，由上式就得出 $\frac{x_0^2}{x_1}+\cdots+\frac{x_{n-1}^2}{x_n}>3.999$.

(2) 序列 $x_n=\frac{1}{2^n}$ 显然满足所需条件.

证法 2 (1) 对每个 $n\in\mathbf{N}$，我们求一个常数 c_n，使得对任意的 $x_0\geqslant x_1\geqslant\cdots\geqslant x_n>0$，有不等式

$$\frac{x_0^2}{x_1}+\cdots+\frac{x_{n-1}^2}{x_n}>c_nx_0$$

成立.

对 $n=1$，可取 $c_1=1$，假设 c_n 已求出，则我们有

$$\frac{x_0^2}{x_1}+\left(\frac{x_1^2}{x_2}+\cdots+\frac{x_{n-1}^2}{x_n}\right)\geqslant\frac{x_0^2}{x_1}+c_nx_1\geqslant2\sqrt{x_0^2c_n}=2x_0\sqrt{c_n}$$

因而我们可取 $c_{n+1}=2x_0\sqrt{c_n}$. 因此由归纳法就可得出 $c_n=2^{2-\frac{1}{2^{n-2}}}$. 由于当 $n\to\infty$ 时，$c_n\to4$，由此即可得出所需结果.

证法 3 由于 x_n 是下方有界的递减序列，因此存在极限 $x=\lim\limits_{n\to\infty}x_n\geqslant0$.

如果 $x>0$，那么对所有的 n，有 $\frac{x_{n-1}^2}{x_n}\geqslant x_n\geqslant x$ 成立，因此结果是平凡的.

如果 $x=0$，那么我们注意对所有的 n，有 $\frac{x_{n-1}^2}{x_n}\geqslant4(x_{n-1}-x_n)$ 成立，等号当且仅当 $x_{n-1}=2x_n$ 时成立. 因此

$$\lim_{n\to\infty}\sum_{k=1}^{n}\frac{x_{k-1}^2}{x_k}\geqslant\lim_{n\to\infty}\sum_{k=1}^{n}4(x_{k-1}-x_k)=4x_0=4$$

等号当且仅当对所有的 n，有 $x_{n-1}=2x_n$ 时，即 $x_n=\frac{1}{2^n}$ 时成立.

(54) Rt$\triangle ABC$ 和 Rt$\triangle AB_1C_1$ 相似，并具有相反的定向. C 和 C_1 是直角，$\angle CAB=\angle C_1AB_1$. 证明：如果 BC_1 和 B_1C 交于点 M，则 AM 和 CC_1 互相垂直.

证明 设 A 是坐标平面的原点. 又设 $BC:AC=k$,(a,b) 和 (a_1,b_1) 分别是 C 和 C_1 的坐标,那么点 B 的坐标是 $(a,b)+k(-b,a)=(a-kb,b+ka)$,而 B_1 的坐标是 $(a_1,b_1)+k(b_1,-a_1)=(a_1+kb_1,b_1-ka_1)$. 那样,$BC_1$ 和 CB_1 的方程分别是

$$\frac{x-a_1}{y-b_1}=\frac{x-(a-kb)}{y-(b+ka)} \text{ 和 } \frac{x-a}{y-b}=\frac{x-(a_1+kb_1)}{y-(b_1-ka_1)}$$

去分母后,这些方程变为

$$BC_1: kax+kby=kaa_1+kbb_1+ba_1-ab_1-(b-b_1)x+(a-a_1)y$$

$$CB_1: ka_1x+kb_1y=kaa_1+kbb_1+ba_1-ab_1-(b-b_1)x+(a-a_1)y$$

点 M 的坐标 (x_0,y_0) 满足以上方程,由此推出

$$kax_0+kby_0=ka_1x_0+kb_1y_0$$

因而

$$\frac{x_0}{y_0}=-\frac{b-b_1}{a_1-a}$$

这就蕴涵直线 CC_1 和 AM 是垂直的.

(55) 设 S 是一个边长为 100 的正方形,而 L 是 S 内一条由线段 $A_0A_1,A_1A_2,\cdots,A_{n-1}A_n$ 组成的不自相交的使得 $A_0\neq A_n$ 的路径. 设对 S 边界上的任意一点 P 都存在 L 上的一个点,使得它到点 P 的距离不大于 $\frac{1}{2}$. 证明:在 L 上必存在两个点 X 和 Y,使得 X 和 Y 之间的距离不大于 1 且 L 的位于 X 和 Y 之间的部分的长度不小于 198.

证明 用 $d(U,V)$ 表示点或集合 U 与 V 之间的距离. 设 $P,Q\in L$,用 L_{PQ} 表示 L 的位于 P,Q 之间的部分,并用 l_{PQ} 表示它的长度. 用 $S_i(i=1,2,3,4)$ 表示 S 的顶点,并用 T_i 表示 L 上的点,它们使得 $S_iT_i\leqslant\frac{1}{2}$,$l_{A_0T_1}$ 是 $l_{A_0T_i}$ 中的最小者,S_2 和 S_4 是 S_1 的相邻点以及 $l_{A_0T_2}<l_{A_0T_4}$.

现在考虑线段 S_1S_4 上的点. 定义 D 和 E 如下

$$D=\{X\in S_1S_4 \mid d(X,L_{A_0T_2})\leqslant\frac{1}{2}\}$$

$$E=\{X\in S_1S_4 \mid d(X,L_{T_2A_n})\leqslant\frac{1}{2}\}$$

显然 D,E 都是 S_1S_4 的非空的闭子集.(实际上,$S_1\in D,S_4\in E$)由于它们的并在 S_1S_4 中是连通的,因此它们必有非空的交. 因此可设 $P\in D\cap E$. 那样,存在点 $X\in L_{A_0T_2}$ 以及 $Y\in L_{T_2A_n}$,使得

$$d(P,X) \leqslant \frac{1}{2}, d(P,Y) \leqslant \frac{1}{2}, 因而 d(X,Y) \leqslant 1.$$

另一方面，T_2 在 L 上位于 X 和 Y 之间，因而
$$L_{XY} = L_{XT_2} + L_{T_2Y} \geqslant XT_2 + T_2Y \geqslant$$
$$(PS_2 - XP - S_2T_2) + (PS_2 - YP - S_2T_2) \geqslant$$
$$99 + 99 = 198$$

56 设 $f(x) = ax^2 + bx + c, g(x) = cx^2 + bx + a$. 如果
$$|f(-1)| \leqslant 1, |f(0)| \leqslant 1, |f(1)| \leqslant 1$$
证明：对 $|x| \leqslant 1$，有
$$|f(x)| \leqslant \frac{5}{4}$$
$$|g(x)| \leqslant 2$$
成立.

57 设在坐标平面上给出了一个凸多边形，使得
$$S_{K \cap Q_i} = \frac{1}{4} S_K, i = 1, 2, 3, 4$$
这里 Q_i 表示坐标平面上的象限. 证明：如果 K 不包含非零格点，则 K 的面积小于 4.

证明 由于 K 除了可能包含 $O(0,0)$ 之外，不包含其他格点，因此 K 界于分别通过 $U(1,0), V(0,1), W(-1,0)$ 和 $X(0,-1)$ 四条直线 u, v, w 和 x 之间. 设 $PQRS$ 是由这些直线构成的四边形，其中 $U \in SP, V \in PQ, W \in QR, X \in RS$.

如果某一象限，比如 Q_1 不含 $PQRS$ 的顶点，那么 $K \cap Q_1$ 被包含在 $\triangle OUV$ 中，因而其面积小于 $\frac{1}{2}$. 因此 K 的面积小于 2.

现在设 P, Q, R, S 分别位于四个象限之中，那么 $PQRS$ 的角中有一个至少是 $90°$，不妨设这个角是 $\angle P$. 那么 $S_{\triangle UPV} \leqslant \frac{1}{2} PU \cdot PV \leqslant \frac{PU^2 + PV^2}{4} \leqslant \frac{UV^2}{4} = \frac{1}{2}$，这表示 $S_{K \cap Q_1} < S_{OUPV} \leqslant 1$. 因此 K 的面积小于 4.

第四编
第 24 届国际数学奥林匹克

第 24 届国际数学奥林匹克题解

法国,1983

❶ 求所有的函数 f,该函数的定义域为一切正实数,函数值也为正实数,并满足下述关系:

(1) $f(xf(y))=yf(x)$(对于所有的 $x>0,y>0$);

(2) $f(x)\to 0$(当 $x\to\infty$ 时).

英国命题

解法 1 我们首先证明 1 在 f 的值域之内. 对于任何 $x_0>0$, 设
$$y_0=\frac{1}{f(x_0)}$$
那么由已知的(1),得出
$$f(x_0 f(y_0))=y_0 f(x_0)=1$$
所以 1 在 f 的值域之内(同样可证明任何正实数都在 f 的值域之内). 故存在一值 y,使 $f(y)=1$. 用这个 y 与(1)中的 $x=1$ 可得出
$$f(1\times 1)=f(1)=yf(1)$$
因为假定 $f(1)>0$,得出 $y=1$,即
$$f(1)=1$$
在(1)中设 $y=x$ 时,得到
$$f(xf(x))=xf(x),x>0 \qquad ①$$
因此 $xf(x)$ 为 f 上的不动点. 现设 a,b 为 f 上的不动点,也就是若 $f(a)=a,f(b)=b$,那么由(1)及 $x=a,y=b$,可得
$$f(ab)=ba$$
则 ab 也是 f 的一不动点. f 的不动点的集合中各元素的乘积也在该集合中. 特别地,若 a 为一不动点,a 的所有非负整数幂都为不动点,那么由(2),因 $x\to\infty$ 时,$f(x)\to 0$,则不可能存在大于 1 的不动点. 因 $xf(x)$ 为不动点,对所有的 x,推出
$$xf(x)\leqslant 1 \text{ 或 } f(x)\leqslant\frac{1}{x} \qquad ②$$

令 $a=zf(z)$,故 $f(a)=a$.

现在设 $x=\frac{1}{a},y=a$,代入(1)中方程得
$$f(\frac{1}{a}f(a))=f(1)=1=af(\frac{1}{a})$$

或
$$f(\frac{1}{a}) = \frac{1}{a}$$

或
$$f(\frac{1}{zf(z)}) = \frac{1}{zf(z)}$$

这就证明了 $\frac{1}{xf(x)}(x>0)$ 也是 f 的不动点. 因此
$$f(x) \geq \frac{1}{x}$$

并且根据式 ② 可得
$$f(x) = \frac{1}{x} \qquad ③$$

函数 ③ 为满足假设的唯一解.

解法 2 根据题设条件(1),有
$$f(xf(y)) = yf(x) \qquad ④$$

在式 ④ 中令 $x=y=1$,得到
$$f(f(1)) = f(1) \qquad ⑤$$

在式 ④ 中再令 $x=1, y=f(1)$,得到
$$f(f(f(1))) = f(1)f(1) \qquad ⑥$$

由式 ⑤ 知
$$f(f(f(1))) = f(f(1)) = f(1)$$

从而
$$f(1) = f(1)f(1)$$

由 $f(1) > 0$,即得
$$f(1) = 1 \qquad ⑦$$

下面证明,对一切正实数 x,都有
$$xf(x) = 1 \qquad ⑧$$

用反证法. 若 $xf(x) > 1$,在式 ④ 中令 $y=x$,得
$$f(xf(x)) = xf(x)$$
$$xf(x)f(xf(x)) = (xf(x))^2 \qquad ⑨$$

将 f 作用于式 ⑨ 的两端,得
$$f((xf(x))^2) = f(xf(x)f(xf(x))) =$$
$$xf(x)f(xf(x)) =$$
$$(xf(x))^2$$

反复进行上述过程,可得
$$f((xf(x))^{2n}) = (xf(x))^{2n} \qquad ⑩$$

令 $n \to \infty$,由条件(2) 得式 ⑩ 左边趋向 0,右边趋向 $+\infty$,矛盾.

再设 $xf(x) < 1$,在式 ④ 中令 $x=1$,得
$$f(f(y)) = y \qquad ⑪$$

在式 ④ 中再令 $x = \dfrac{1}{f(y)}$，得
$$1 = f(1) = f\left(\dfrac{1}{f(y)} \cdot f(y)\right) = yf\left(\dfrac{1}{f(y)}\right)$$
即
$$f\left(\dfrac{1}{f(y)}\right) = \dfrac{1}{y} \qquad ⑫$$
再用 f 作用于上式的两端，得
$$f\left(\dfrac{1}{y}\right) = f\left(f\left(\dfrac{1}{f(y)}\right)\right) = \dfrac{1}{f(y)} \cdot f(1) = \dfrac{1}{f(y)} \qquad ⑬$$
由式 ⑩ 与式 ⑬，令 $y = (xf(x))^{2n}$，有
$$f\left(\dfrac{1}{(xf(x))^{2n}}\right) = \dfrac{1}{f((xf(x))^{2n})} = \dfrac{1}{(xf(x))^{2n}} \qquad ⑭$$
令 $n \to \infty$，则左边趋向 0，右边趋向 $+\infty$，矛盾.

因此，对一切正实数 x，都有 $xf(x) = 1$，即得
$$f(x) = \dfrac{1}{x} \qquad ⑮$$

经检验知 $f(x) = \dfrac{1}{x}$ 为满足问题条件的唯一解.

❷ 设共面的两个圆 C_1, C_2，圆心分别为 O_1, O_2，两圆交于两点，A 为其中的一个交点. 两圆的一条公切线与 C_1 相切于 P_1，与 C_2 相切于 P_2，另一条公切线与 C_1 相切于 Q_1，与 C_2 相切于 Q_2. 设 M_1, M_2 分别为 P_1Q_1 与 P_2Q_2 的中点，求证：$\angle O_1AO_2 = \angle M_1AM_2$.

苏联命题

证明 如图 24.1 所示，设 O 为 P_2P_1, Q_2Q_1, O_2O_1 的交点，两圆位似，点 O 为位似中心. 设点 B 为两圆的另一交点，T 为 AB 与 P_2P_1 的交点，C 为 OA 与 C_2 的另一交点. 因为
$$TA \cdot TB = TP_2^2 = TP_1^2$$
TA 为 M_2M_1 的垂直平分线，因此
$$\alpha = \angle AM_1O_1 = \angle AM_2O_1 = \angle BM_2O_1$$
由位似性，$\alpha = \angle CM_2O_2$，故 M_2, C, B 共线. 现由对称性 $\beta = \angle O_2AM_2 = \angle O_2BM_2$. 从等腰 $\triangle CO_2B$ 得到 $\angle O_2CM_2 = \beta$，并由位似性，$\angle O_1AM_1 = \beta$. 这样，原问题中的两个角都等于 $\beta + \angle M_2AO_1$.

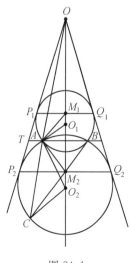

图 24.1

> **❸** 设 a,b,c 为正整数，这三个数两两互素. 证明：$2abc - ab - bc - ca$ 不能表示为 $xbc + yca + zab$ 形式的整数中最大的一个，其中 x,y,z 为非负整数.

联邦德国命题

证法 1 假设 $2abc - ab - bc - ca$ 可表示为 $xbc + yca + zab$ 的形式. 因为 $(a,b) = (a,c) = 1$，a 需可整除 $x+1$，因此 $x+1 \geqslant a$，类似地，$y+1 \geqslant b, z+1 \geqslant c$. 这样将导致矛盾，即
$$2abc = (x+1)bc + (y+1)ca + (z+1)ab \geqslant$$
$$abc + bca + cab = 3abc$$

为证明对任何的 $n > 2abc - bc - ca - ab$ 可以用
$$xbc + yca + zab, x,y,z \geqslant 0$$
的形式来表示，我们首先解一个简单些的问题，即只有两个互素的自然数 b,c，找出最大的整数 n，使其不能表示为
$$n = u'b + v'c, u' \geqslant 0, v' \geqslant 0$$

为解决这一问题，我们来求所有的不能这样表达的数 m，因为 $(b,c) = 1$，每个整数 m 可被表达为 $m = ub + vc$（u,v 为整数），这个表达式并不是唯一的，但其他所有的表达式都具有
$$m = (u - kc)b + (v + kb)c, k \in \mathbf{Z}$$
的形式，在 m 的这些表达式中，存不存在一个表达式，使得
$$u - kc \geqslant 0, v + kb \geqslant 0$$
要确定这一点，取 k 尽可能大，并使 $u - kc \geqslant 0$. 如果对于这样的选择 k，$v + kb \geqslant 0$，那么 m 可以被表示为 b,c 的非负系数线性组合. 很清楚，对于最大的选择 k，有
$$0 \leqslant u - kc < c$$
令
$$u' = u - kc, v' = v + kb, m = u'b + v'c \qquad ①$$
若 $0 \leqslant u' < c$，则称式 ① 为既约表达式.

我们已证明了：

① 每一整数 m 都有一既约表达式；

② 当且仅当其既约表达式 ① 的 $v' \geqslant 0$ 时，整数 m 可以用非负系数表示.

这就是说，不能表示为所要求的形式的数 m 需具有式 ① 的形式，且
$$0 \leqslant u' < c, v' < 0$$
m 最大时
$$u' = c - 1, v' = -1$$
故最大值为
$$m = (c-1)b - c = bc - b - c \qquad ②$$

现在回到原先的问题并两次运用上述结论.因为$(b,c)=1$,我们有$b>1,c>1$且
$$b(c-1)>c-1$$
或
$$bc-b-c>-1$$
将两数各乘以$a>0$,两边都加上$abc-bc$,得
$$2abc-ab-ac-bc>abc-a-bc$$
若n为一整数且
$$n>2abc-bc-ca-ab \qquad ③$$
那么
$$n>abc-a-bc \qquad ④$$
该不等式以及$(a,bc)=1$的事实使得我们可以运用以前的结论(bc起式①中b的作用,a起c的作用),也就是说,n大到可以表示为
$$n=xbc+pa,\ 0\leqslant x\leqslant a-1,\ p>0 \qquad ⑤$$
从式⑤可得
$$pa=n-xbc\geqslant n-(a-1)bc=n-abc+bc$$
从式③可得
$$n-abc+bc>abc-ab-ac$$
这样
$$pa>abc-ab-ac$$
或
$$p>bc-b-c$$
将我们的解应用于较简单的问题的另一种方式,给出表达式
$$p=yc+zb$$
且整数$y\geqslant 0,z\geqslant 0$,将这代入式⑤,有
$$n=(yc+zb)a+xbc=xbc+yca+zab,\ x,y,z\geqslant 0$$

此题是 H. L. Keng 所著的《数论导引》(Springer-Verlag, Heidelberg(1982),第 $11\sim 12$ 页)中的一道习题.其中还有一个稍加变化但未解决的问题:若a,b,c为正整数,且$(a,b,c)=1$,求不能以形式$ax+by+cz$表达的最大整数,其中,$x>0,y>0,z>0$.

证法 2 如果有非负整数x,y,z,使得
$$2abc-bc-ca-ab=xbc+yca+zab$$
则
$$2abc=(x+1)bc+(y+1)ca+(z+1)ab \qquad ⑥$$
便得$a\mid(x+1)bc$.因为$(a,b)=(a,c)=1$,所以
$$a\mid(x+1) \qquad ⑦$$
因为$x+1,y+1,z+1,b,c,a$均为正整数,由式⑥得
$$2abc>(x+1)bc$$
或
$$2a>x+1$$

因由式 ⑦，$a \mid x+1$，只能 $x+1=a$.

同理可证：$y+1=b, z+1=c$. 这时式 ⑥ 变为 $2abc=3abc$ 或 $2=3$，这个矛盾证明了 $2abc-ab-ac-bc$ 不能表示成 $xbc+yca+zab$（x,y,z 为非负整数）的形式.

其次，因为 $(ab,bc,ca)=1$，不定方程
$$xbc+yca+zab=w \qquad ⑧$$
对任意的整数 w 有整数解 (x,y,z). 对于任意的整数 m,n，总有等式
$$xbc+yca+zab=(x+na)bc+(y+mb)ca+(z-nc-mc)ab$$
故总可假定 $a>x\geqslant 0, b>y\geqslant 0$. 若 $z<0$，则
$$w=xbc+yca+zab\leqslant (a-1)bc+(b-1)ca-ab=$$
$$2abc-bc-ca-ab \qquad ⑨$$
式 ⑨ 表明当 $w>2abc-bc-ca-ab$ 时，必有 $z\geqslant 0$，故任何一个大于 $2abc-bc-ac-ab$ 的正整数 w 都可表示成式 ⑧ 的形式，其中 x,y,z 为非负整数.

综上所述，$2abc-bc-ca-ab$ 不能表示成 $xbc+yca+zab$（x,y,z 为非负整数）的最大整数.

❹ 设 $\triangle ABC$ 为一个等边三角形，ε 为边 AB, BC, CA 上的所有点构成的集合（包括点 A, B 和 C）. 若把集合 ε 任意分成两个互不相交的子集，证明：至少在其中的一个子集内包含有一个直角三角形的三个顶点.

比利时命题

证法 1 如图 24.2 所示，首先在 BC, CA, AB 上各取点 D, E, F，使得
$$\frac{BD}{DC}=\frac{CE}{EA}=\frac{AF}{FB}=2$$
很容易推导出 $\triangle AFE, \triangle BDF, \triangle CED$ 的内角各为 $60°, 30°, 90°$. 现在假定对 ε 中的点有一种二染色的方法，比如蓝色与红色，而不存在顶点为同色的直角三角形. 点 D, E, F 中的两个必定具有相同的颜色，不妨设 E, F 为红色. 那么 $AC-\{E\}$ 中的任何点必须都为蓝色，即 $AB\cup BC-\{A,C\}$ 中的任何点 P 都为红色，否则 $\triangle APQ$ 将为同种颜色，其中点 Q 为点 P 在边 AC 上的射影. 但这样假设的结果，$\triangle BFD$ 就是同种颜色的，这是矛盾的. 所以对 ε 上的点用两种颜色涂色都能有一个顶点为同色的直角三角形.

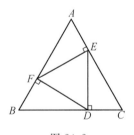

图 24.2

证法 2 在 AB, BC, CA 上分别取三等分点 R, P, Q，即 $AR=2RB, BP=2PC, CQ=2QA$. 因为 $\angle A=60°, AR=2QA$，所以

$\angle AQR = 90°$. 同理, $\angle BRP = \angle CPQ = 90°$.

把 E 分为两个不相交的子集 E_1, E_2, 即
$$E_1 \bigcup E_2 = E, E_1 \bigcap E_2 = \varnothing$$
则 P, Q, R 三点中至少有两点属于同一子集. 不妨设 $P, Q \in E_1$.

如果 BC 上还有 P 以外的点 $D \in E_1$, 则 P, Q, D 三点就是一个直角三角形的顶点.

若 BC 上除 P 外, 其余的点都属于 E_2, 那么只要 AB 上有任一点 F 属于 E_2, 则 F 在 BC 上的射影 F' 也属于 E_2, 这时 F, F', B 或 F, F', C 都是直角三角形的顶点. 若 AB 上的点都属于 E_1, 则 Q 在 AB 上的射影 Q' 也属于 E_1, E_1 中的 A, Q, Q' 是一个直角三角形的三个顶点.

综上所述, 把集合 E 任意分成两个不相交的子集时, 总至少有一个子集中有三点是一个直角三角形的三个顶点.

❺ 证明: 是否能找到每一个都不大于 10^5 的 1 983 个互不相同的正整数, 并且其中的任何三个数都不会成为某个算术级数的连续的三项?

波兰命题

证法 1 我们构造一个由多于 1 983 个整数组成的集合 T, 每个元素都小于 10^5 且任意三个元素都不能构成一个算术级数, 也就是没有三个元素满足 $x + z = 2y$.

集合 T 中包括所有这样的数: 它在三进制的表示中, 最多可有 11 位且每一位或为 0, 或为 1 (即没有 2). 它们共有 $2^{11} - 1 > 1\,983$ 个, 其最大值为
$$1 + 3^2 + 3^3 + \cdots + 3^{10} = 88\,573 < 10^5$$

现假定对某 $x, y, z \in T$, 有 $x + z = 2y$, 对任何的 $y \in T$, $2y$ 的各位只可能是 0 或 2. 因此 x 的各位必须与 z 的各位完全相配, 即 $x = z = y$. 因此集合 T 不包含任何长度为 3 的算术级数, 所要求的选择是可能的.

证法 2 易于证明: 若 $1, 2, \cdots, n$ 中有 k 个自然数
$$a_1 < a_3 < \cdots < a_k$$
其中任何三项不成等差级数, 那么在 $1, 2, \cdots, 3n$ 中就有 $2k$ 个数, 即
$$a_1 < a_2 < \cdots < a_k < 2n + a_1 < 2n + a_2 < \cdots < 2n + a_k$$
其中每三项都不成等差级数.

显然在 $1, 2, 3, 4, 5$ 五个数中, 有四个数 $1, 2, 4, 5$, 其中任何三个都不成等差级数. 所以, 在前 5×3^k 个自然数中, 可选出 4×2^k 个

数来,使其中任何三个数不成等差级数. 取 $k=9$,则因
$$5\times 3^9 = 98\,415 < 10^5, 4\times 2^9 = 2\,408 > 1\,983$$
故本题所要求的条件总是可以办到的.

> **❻** 设 a,b,c 分别为一个三角形三边的边长,证明
> $$a^2b(a-b)+b^2c(b-c)+c^2a(c-a)\geqslant 0$$
> 并指出等号成立的条件.

美国命题

证法 1 在建立三角不等式时,使用转换式 $a=y+z, b=z+x, c=x+y$ 常会对解题有所帮助,这里 x,y,z 为任意非负整数. 反过来便有
$$x=\frac{1}{2}(b+c-a)=s-a, y=s-b, z=s-c$$
其中 $s=\frac{1}{2}(a+b+c)$,那么对任何三角不等式 $I(a,b,c)\geqslant 0$,有
$$I(a,b,c)\geqslant 0 \Leftrightarrow I(y+z,z+x,x+y)\geqslant 0$$
同样,对任何 x,y,z,不等式 $J(x,y,z)\geqslant 0$,有
$$J(x,y,z)\geqslant 0 \Leftrightarrow J(s-a,s-b,s-c)\geqslant 0$$
用 x,y,z 来表示的优点是关于三角形各边长度的限制条件
$$b+c>a, c+a>b, a+b>c$$
可以转换为简单的表述:周长的一半减去任何一边都为正值. 用 x,y,z 表达时,给定不等式化为
$$xy^3+yz^3+zx^3\geqslant xyz(x+y+z) \quad ①$$
为证明式 ①,应用柯西不等式
$$(xy^3+yz^3+zx^3)(z+x+y)\geqslant$$
$$(y\sqrt{xyz}+z\sqrt{xyz}+x\sqrt{xyz})^2=$$
$$xyz(x+y+z)^2$$
当且仅当 $(xy^3, yz^3, zx^3)=k(z,x,y)$ 时,上述等式才能成立. 这时 $x=y=z$,即三角形为等边三角形.

证法 2 通过一些代数运算,给出的不等式可写成
$$a(b-c)^2(b+c-a)+b(a-b)(a-c)(a+b-c)\geqslant 0 \quad ②$$
因为 (a,b,c) 的循环置换对于给定的不等式没有影响,不失一般性,我们可以假设 $a\geqslant b, a\geqslant c$. 因此 $b+c-a$(或 x) 和 $a+b-c$(或 z) 都大于 0,故式 ② 成立. 当且仅当 $a=b=c$ 时,式 ② 中等号成立.

在这两种解法中,当三角形退化为直线(其中一内角趋近 180°) 时,式 ① 和式 ② 中等号都成立,而这种情况已在给定条件中排除了.

第 24 届国际数学奥林匹克英文原题

The twenty-fourth International Mathematical Olympiad was held from July 1st to July 12th 1983 in the cities of Sevres and Paris.

1 Find all functions f defined on the set of positive real numbers, taking values in the same set and which satisfy the conditions:
　a) $f(xf(y))=yf(x)$ for all x, y.
　b) $f(x) \to 0$ as $x \to \infty$.

(United Kingdom)

2 Let A be one of the two distinct points of intersection of two unequal coplanar circles C_1 and C_2 with centres O_1 and O_2, respectively. One of the common tangents to the circles touches C_1 at P_1 and C_2 at P_2, while the other touches C_1 at Q_1 and C_2 at Q_2. Let M_1 be the midpoint of P_1Q_1 and M_2 be the midpoint of P_2Q_2. Prove that
$$\angle O_1AO_2 = \angle M_1AM_2$$

(USSR)

3 Let a, b and c be positive integers, each two of them being relatively prime. Show that $2abc-ab-bc-ca$ is the largest integer which cannot be expressed in the form $xbc+yca+zab$ where x, y and z are non-negative integers.

(F. R. Germany)

4 Let ABC be an equilateral triangle and ε be the set of all points contained in the three segments AB, BC and CA (including A, B and C). Determine whether, for every partition of ε into two disjoint subsets, at least one of the two subsets contains the vertices of a right-angled triangle. Justify your answer.

(Belgium)

5 Is it possible to choose 1 983 distinct positive integers, all less than or equal to 10^5, no three of which are consecutive terms of an arithmetic progression? Justify your answer.

(Poland)

6 Let a, b and c be the lengths of the sides of a triangle. Prove the inequality
$$a^2 b(a-b) + b^2 c(b-c) + c^2 a(c-a) \geqslant 0$$
Determine when equality occurs.

(USA)

第24届国际数学奥林匹克各国成绩表

法国,1983

名次	国家或地区	分数（满分252）	奖牌			参赛队人数
			金牌	银牌	铜牌	
1.	德意志联邦共和国	212	4	1	—	6
2.	美国	171	1	3	2	6
3.	匈牙利	170	—	4	2	6
4.	苏联	169	1	3	2	6
5.	罗马尼亚	161	1	2	3	6
6.	越南	148	—	3	3	6
7.	荷兰	143	1	3	—	6
8.	捷克斯洛伐克	142	1	1	3	6
9.	保加利亚	137	—	1	4	6
10.	法国	123	—	2	3	6
11.	英国	121	—	3	1	6
12.	德意志民主共和国	117	—	—	5	6
13.	芬兰	103	—	—	3	6
14.	加拿大	102	—	—	4	6
15.	波兰	101	—	—	3	6
16.	以色列	97	—	—	5	6
17.	希腊	96	—	—	3	6
18.	南斯拉夫	89	—	—	5	6
19.	澳大利亚	86	—	1	2	6
20.	巴西	77	—	—	3	6
21.	瑞典	47	—	—	—	6
22.	奥地利	45	—	—	—	6
23.	西班牙	37	—	—	—	4
24.	古巴	36	—	—	1	6
25.	摩洛哥	32	—	—	—	6
26.	比利时	31	—	—	—	6
27.	突尼斯	26	—	—	—	6
28.	哥伦比亚	21	—	—	—	6
29.	卢森堡	13	—	—	—	2
30.	阿尔及利亚	6	—	—	—	6
31.	科威特	4	—	—	—	6
32.	意大利	2	—	—	—	6

第 24 届国际数学奥林匹克预选题

法国,1983

> **❶** 10 条国际航线 $A_1, A_2, \cdots, A_{10}$ 在着陆点 $P_1, P_2, \cdots, P_{1983}$ 开设了航空服务. 已知其中任意两个着陆点之间都有直达航线(不需在中间停落), 而且每条航线都设立了环线服务. 证明:至少有一条航线可以提供只有奇数个着陆点的环线服务.

证明 假设有 n 家航空公司 $A_1, \cdots, A_n$ 和 $m (m > 2^n)$ 个城市 $P_1, \cdots, P_m$. 我们将证明至少有一条由 A_i 提供的环形航线, 它只含奇数个站点.

对 $n = 1$, 此命题是平凡的, 由于一条航线至少要对 3 个城市提供服务, 因此 $P_1 P_2 P_3 P_1$ 就是一条有 3 个站点的环线. 我们对 n 使用归纳法, 并设 $n > 1$. 假设对小于或等于 $n - 1$ 的自然数命题成立. 考虑对于自然数 n 的命题. 分两种情况讨论:

如果由 A_n 提供服务的所有环线中已有一条只含奇数个站点, 那么命题已经成立.

以下设由 A_n 提供服务的所有环线都只有偶数个站点, 那么可把所有由 A_n 提供服务的城市分成非空的两类: $Q = \{Q_{i_1}, \cdots, Q_{i_r}\}$ 和 $R = \{R_{j_1}, \cdots, R_{j_s}\} (\{i_1, \cdots, i_r\} \in \{1, 2, \cdots, m\}, \{j_1, \cdots, j_s\} \in \{1, 2, \cdots, m\}, \{i_1, \cdots, i_r\} \cap \{j_1, \cdots, j_s\} = \varnothing, r + s = m)$. 令 $P_1 \in R$, 然后将从 P_1 出发, 沿 A_n 的航线可以直达的所有城市都分到 Q 类, 再把由 Q 类中的城市出发, 沿 A_n 的航线可以直达的所有城市都分到 R 类. 这样继续进行下去, 直到不能进行时为止. 如果没有分类的城市之间还有由 A_n 提供服务的航线, 则把其中任意一个有 A_n 航线的城市分到 R 类, 并重复上述分类过程, 直到所有由 A_n 提供服务的城市都被分成两类. 最后把剩下的城市都分到 R 类, 于是所有的城市都已被分成两类.

由于由 A_n 提供服务的所有环线都只有偶数个站点, 因此同类的任意两个城市之间都没有由 A_n 提供服务的航线.

又由于 $r + s = m > 2^n$, 故在这两类城市中, 至少有一类中的城市数目 m' 要大于 2^{n-1}, 且在这些城市之间只有由 $n - 1$ 家航空公司提供的航线. 因而由归纳法假设可知在这一类城市中必有至少一家航空公司提供一条只有奇数个站点的环线.

因而综合以上两种情况可知对自然数 n,命题也成立,因此由数学归纳法就证明了所要的结果.

特别地,对 $n=10$ 和 $m=1\,983$,由于 $m=1\,983>2^{10}=1\,024$,故命题对这种情况也成立.

注 如果 $m=2^n$,那么存在一种 n 家航空公司的航线安排,使得任一家航空公司的环线都只含偶数个站点. 设这些城市为 P_k,$k=0,\cdots,2^{n-1}$,并把 k 写成一个 n 位的二进制数字 $a_1\cdots a_n$(例如 $1=(0\cdots001)_2$). 如果数字 k 和数字 l 的末位数不同,则由 A_1 提供城市 P_k 和 P_l 之间的直达航线. 对 $i>1$,如果第 i 位数不同,但前 $i-1$ 位相同,则由 A_i 提供城市 P_k 和 P_l 之间的直达航线.

显然,每两个城市之间都有某公司提供的直达航线. 同时,设 Γ 是公司 A_i 的任意一条环线,由于沿此航线航行时,每到一个站点,此站点的编号的二进制表示中的前 $i-1$ 位不变,而第 i 位数字变了,而由于沿环线回到起点时,显然第 i 位数字不变,因此,此环线上必只有偶数个站点.

❷ 4 条国际航线在 17 个城市开设了航空服务. 已知其中任意两个城市之间都有直达航线(不需在中间停落),而且每条航线都设立了环线服务. 证明:至少有一条航线可以提供只有奇数个着陆点的环线服务.

❸ (1) 给出四面体 $ABCD$ 和它的四条高(即从每个顶点向其所对的面所作的垂线). 假设从点 D 所引的高通过 $\triangle ABC$ 的垂心 H_4. 证明:DH_4 和其他三条高线都相交.

(2) 如果除了(1)中的假设之外,还知道第二条高,比如说从顶点 A 向面 BCD 所作的垂线也通过 $\triangle BCD$ 的垂心,那么证明:所有四条高线都相交于一点并且都通过相应的三角形的垂心.

❹ 设 n 是一个正整数,$\sigma(n)$ 表示所有 n 的因子之和(包括 1 和 n). 我们说一个整数 m 是 superabundant 的(过多的,P·厄多斯(P. Erdös),1944),如果对任意的 $k\in\{1,2,\cdots,m-1\}$,$\dfrac{\sigma(m)}{m}>\dfrac{\sigma(k)}{k}$. 证明:存在无穷多个 superabundant 数.

证明 由定义可得 $\sigma(n)=\sum\limits_{d|n}d=\sum\limits_{d|n}\dfrac{n}{d}=n\sum\limits_{d|n}\dfrac{1}{d}$,因此 $\dfrac{\sigma(n)}{n}=\sum\limits_{d|n}\dfrac{1}{d}$. 特别地,由于显然有 $1\,|\,n!,2\,|\,n!,\cdots,n\,|\,n!$,故当 $n\to\infty$ 时

$$\frac{\sigma(n!)}{n!} = \sum_{d \mid n!} \frac{1}{d} \geqslant \sum_{k=1}^{n} \frac{1}{k} = H_n \to \infty$$

因此 $\frac{\sigma(n)}{n}$ 是无界的,因而存在无穷多个正整数 n,使得对 $k < n$ 都成立严格的不等式

$$\frac{\sigma(k)}{k} < \frac{\sigma(n)}{n}$$

❺ 考虑 R^2 上的有理点(即两个坐标都是有理数的点)集合 Q^2.

(1) 证明:所有端点是 Q^2 中点的线段的并是整个集合 R^2;

(2) Q^2 的凸包(即 R^2 中包含 Q^2 的最小凸集)是否等于 R^2?

❻ 我们说欧几里得平面上的一个集合 E 是 "Pythagorean 式的"(毕达哥拉斯式的),如果对任意把 E 分成两个集合 A 与 B 的分划,至少有一个集合包含一个直角三角形的顶点. 试确定以下集合是否是 "Pythagorean 式的".

(1) 一个圆周;

(2) 一个等边三角形的周边(即它的三个顶点和三条边上的点组成的集合).

解 (1) 圆不是 "Pythagorean 式的". 考虑把圆分成两个半圆的分解,其中每个半圆都是一端开、一端闭的.

(2) 一个等边三角形,记为 $\triangle PQR$ 是 "Pythagorean 式的". 设 P',Q' 和 R' 分别是 QR,RP 和 PQ 上使得 $PR' : R'Q = QP' : P'R = RQ' : Q'P = 1 : 2$ 的点,那么易证 $Q'R' \perp PQ$,$R'P' \perp QR$,$P'Q' \perp RP$. 假如 $\triangle PQR$ 不是 "Pythagorean 式的",那么它有一种分解 $A \cup B$,使得 A,B 中都不含直角三角形的顶点. 因此 P',Q',R' 之中至少有两个点要属于一类,不妨设 P',$Q' \in A$,那么 $PR \setminus Q' \subset B$(否则如果 $Q'R \subset A$,那么 P',Q',R 将是 A 中一个直角三角形的顶点,而如果 $Q'P \subset A$,那么任意从点 P' 向 $Q'P$ 作一条直线,并设此直线交 $Q'P$ 于点 K,则 Q',P,K 将是 A 中的一个直角三角形的顶点),而 $R' \in A$(否则,如果设 R'' 是从 R' 向 PR 所作垂线的垂足,那么 R,R',R'' 将是 B 中的一个直角三角形的顶点). 但是与前面同理,这又蕴涵 $PQ \setminus R' \subset B$,因而与前面一样易证 B 将包含一个直角三角形的顶点. 矛盾.

❼ 求出所有使得
$$x^4 + x^3 + x^2 + x + 1$$
是一个完全平方数的整数 $x(x \in \mathbf{Z})$.

❽ 在 $\triangle ABC$ 的边上分别作三个相似的等腰 $\triangle ABP(AP = PB)$, $\triangle AQC(AQ = QC)$ 和 $\triangle BRC(BR = RC)$. 前两个是向外作, 但是第三个是放在由直线 BC 所确定的 $\triangle ABC$ 所在的半平面内. 证明: $APQR$ 是平行四边形.

证明 以 C 为中心的旋转位似变换把 B 映为 R, A 映为 Q, 因此 $\triangle ABC \backsim \triangle QRC$, 同理 $\triangle ABC \backsim \triangle PBR$. 此外 $BR = CR$, 因此 $\triangle CRQ \cong \triangle RBP$. 那样就有
$$PR = QC = AQ \text{ 及 } QR = PB = PA$$
因此 $APQR$ 是一个平行四边形.

❾ 考虑所有由 n 个递减的自然数数列组成的集合, 在这些数列中任意一项都不能整除数列中其他的项. 设 $A = \{a_i\}$ 和 $B = \{b_i\}$ 是任意的两个那种数列. 称 A 在 B 之前, 如果对某个 k, $a_k < b_k$, 而对 $i < k$, $a_i = b_i$. 求出在此次序下的第一个数列.

解 每个自然数 m 可以用唯一的方式写成 $m = 2^q(2r-1)$, 我们称 $2r-1$ 是 m 的奇数部分. 设 $A_n = \{a_1, a_2, \cdots, a_n\}$ 是第一个数列, 显然 A_n 中的项必须有不同的奇数部分, 因此其奇数部分至少有 $1, 3, \cdots, 2n-1$. 作为第一个数列, A_n 也必须包括 $2n-1, 2n-3, \cdots, 2k+1$ 这些数, 其中 $k = \left[n + \frac{1}{3}\right]$ (因而 $3(2k-1) < 2n - 1 < 3(2k+1)$). 更小的奇数 $2s+1$, $s < k$ 显然不可能是 A_n 的项. 这样, 我们已经获得了 $n-k$ 个 A_n 的奇数项, 其余的 k 项必须是偶数. 根据与上面相同的理由, 它们必须恰是 $2A_k$ (由 A_k 的项的两倍组成). 因而 A_n 可递归地定义为
$$A_0 = \varnothing, A_1 = \{1\}, A_2 = \{3, 2\}$$
$$A_n = \{2n-1, 2n-3, \cdots, 2k+1\} \bigcup 2A_k$$

❿ 在数 $1,2,\cdots,1\,983$ 之中,哪个数的因子最多?

⓫ 一个位于点 A 的男孩想到一个圆形的湖中去取水,然后把水带到点 B 处.在湖岸上求一点 C,使得男孩所走的路程尽可能地短.点 A 和 B 所确定的直线 AB 和湖是互相分离的.

⓬ 对正 n 边形的每个顶点都用 0 或 1 加以标记,一共有多少种标记方法?(我们把通过多边形所在的平面上的旋转可以互相变换的两种标记方法看成是相同的)

⓭ 设 p 是一个素数,而 $a_1,a_2,\cdots,a_{\frac{p+1}{2}}$ 是小于或等于 p 的不同的自然数.证明:对每个小于或等于 p 的自然数 r,都存在两个数 a_i 和 a_j(可能相等)使得
$$p \equiv a_i a_j \pmod{r}$$

⓮ 设直线 l 和圆 k 相切于点 B, A 是圆 k 上的一点,P 是从 A 向直线 l 所作的垂线的垂足.设 M 是点 P 关于直线 AB 的对称点,求出所有点 M 组成的集合.

⓯ 求出所有可能的整数的有限序列 $\{n_0,n_1,n_2,\cdots,n_k\}$,使得每个 i 都恰好在 n_i 的十进制数字表示中出现 $i(0 \leqslant i \leqslant k)$ 次.

⓰ 设 $\{x_1,x_2,\cdots,x_n\}$ 是使得 $x_1+x_2+\cdots+x_n=2(n+1)$ 的正整数.说明存在一个整数 $r, 0 \leqslant r \leqslant n-1$,使得以下 $n-1$ 个不等式成立
$$x_{r+1}+\cdots+x_{r+i} \leqslant 2i+1, 1 \leqslant i \leqslant n-r$$
$$\vdots$$
$$x_{r+1}+\cdots+x_n+x_1+\cdots+x_i \leqslant$$
$$2(n-r+i)+1, 1 \leqslant i \leqslant r-1$$
证明:如果所有的不等式都是严格的,那么 r 是唯一的,否则恰有两个.

证明 首先证明 r 的存在性.设 $S=\{x_1+x_2+\cdots+x_i-2i \mid i=1,2,\cdots,n\}$.又设 $\max S$ 第一次在 r' 处达到.

如果 $r'=n$,那么对 $1 \leqslant i \leqslant n-1, x_1+x_2+\cdots+x_i-2i < 2$,因此我们可取 $r=r'$.

假设 $r'<n$,那么对 $l<n-r'$,我们有
$$x_{r'+1}+x_{r'+2}+\cdots+x_{r'+l}=(x_1+\cdots+x_{r'+l}-2(r'+l))-$$
$$(x_1+\cdots+x_{r'}-2r')+2l \leqslant 2l$$
同时对 $i<r'$,我们有

$$(x_{r'+1}+\cdots+x_n)+(x_1+\cdots+x_i-2i)<$$
$$(x_{r'+1}+\cdots+x_n)+(x_1+\cdots+x_{r'}-2r')=$$
$$(x_1+\cdots+x_n)-2r'=2(n-r')+2$$

这蕴涵
$$x_{r'+1}+\cdots+x_n+x_1+\cdots+x_i\leqslant 2(n+i-r')+1$$
因而我们仍可取 $r=r'$.

下面我们证明问题的第二部分,为此对序列的项重新编号,使其对 $r=0$ 也有意义.

现在设不等式是严格的,那么对 $k=1,\cdots,n-1$,我们有 $x_1+x_2+\cdots+x_k\leqslant 2k$. 现在
$$2n+2=(x_1+\cdots+x_k)+(x_{k+1}+\cdots+x_n)\leqslant$$
$$2k+x_{k+1}+\cdots+x_n$$

这蕴涵
$$x_{k+1}+\cdots+x_n\geqslant 2(n-k)+2>2(n-k)+1$$
因此对任何的 $k>0$,我们不可能再从 x_{k+1} 开始.

现在设对某个 k 等式成立,分以下两种情况:

(1) 设 $x_1+x_2+\cdots+x_i\leqslant 2i(i=1,2,\cdots,k)$ 及 $x_1+\cdots+x_k=2k+1$,又
$$x_1+\cdots+x_{k+l}\leqslant 2(k+l)+1, 1\leqslant l\leqslant n-1-k$$
对 $i\leqslant k-1$,我们有
$$x_{i+1}+\cdots+x_n=2(n+1)-(x_1+\cdots+x_i)>2(n-i)+1$$
因此我们不可能取 $r=i$. 如果有一个 $j\geqslant 1$ 使得 $x_1+x_2+\cdots+x_{k+j}\leqslant 2(k+j)$,那么也有 $x_{k+j+1}+\cdots+x_n\leqslant 2(n-k-j)+1$. 如果对任意的 $j\geqslant 1$,有 $x_1+\cdots+x_{k+j}=2(k+j)+1$,那么 $x_n=3$ 且 $x_{k+1}=\cdots=x_{n-1}=2$. 在这种情况下,可以直接验证不能取 $r=k+j$. 然而我们也不能取 $r=k$,由于对 $k+l\leqslant n-1, x_{k+1}+\cdots+x_{k+l}\leqslant 2(k+l)+1-(2k+1)=2l, x_{k+1}+\cdots+x_n=2(n-k)+1$ 以及 $x_1\leqslant 2, x_1+x_2\leqslant 4,\cdots$

(2) 设 $x_1+\cdots+x_i\leqslant 2i(1\leqslant i\leqslant n-2)$ 以及 $x_{n-1}=2n-1$,那么,我们显然可取 $r=n-1$. 另一方面,对任意的 $1\leqslant i\leqslant n-2$,有
$$x_{i+1}+\cdots+x_{n-1}+x_n=$$
$$(x_1+\cdots+x_{n-1})-(x_1+\cdots+x_i)+3>$$
$$2(n-i)+1$$
因此我们不能取其他的 $r\neq 0$.

❶⓻ 有多少种方法可把 $1,2,\cdots,2n$ 排成一个 $2\times n$ 的表
$$\begin{bmatrix} a_1 & a_2 & \cdots & a_n \\ b_1 & b_2 & \cdots & b_n \end{bmatrix}$$
使得:(1) $a_1 < a_2 < \cdots < a_n$;

(2) $b_1 < b_2 < \cdots < b_n$;

(3) $a_1 < b_1, a_2 < b_2, \cdots, a_n < b_n$.

❶⓼ 设 $b \geqslant 2$ 是一个正整数.

(1) 说明如果以 b 为基把一个整数 N 写出来后,使得它就等于它的数字的平方之和的必要条件是 $N=1$ 或 N 只有两位数字;

(2) 对某个基,列出所有不超过 50 的具有上述性质的数字;

(3) 说明对任意一个基,具有上述性质的两位数是偶数;

(4) 说明对任意奇数基,都存在一个大于1的具有上述性质的整数.

❶⓽ 设 a 是一个正整数,并设 $\{a_n\}$ 是由 $a_0=0$ 和 $a_{n+1}=(a_n+1)a+(a+1)a_n+2\sqrt{a(a+1)a_n(a_n+1)}$ $(n=1,2,\cdots)$ 所定义的. 证明:对每个正整数 n, a_n 都是正整数.

证明 显然,每个 a_n 都是正的且
$$\sqrt{a_{n+1}} = \sqrt{a_n} \cdot \sqrt{a+1} + \sqrt{a_n+1} \cdot \sqrt{a}$$

注意
$$\sqrt{a_{n+1}+1} = \sqrt{a+1} \cdot \sqrt{a_n+1} + \sqrt{a} \cdot \sqrt{a_n}$$

因此
$$(\sqrt{a+1} - \sqrt{a})(\sqrt{a_{n+1}} - \sqrt{a_n}) =$$
$$(\sqrt{a+1} \cdot \sqrt{a_n+1} + \sqrt{a} \cdot \sqrt{a_n}) -$$
$$(\sqrt{a_n} \cdot \sqrt{a+1} + \sqrt{a_n+1} \cdot \sqrt{a}) =$$
$$\sqrt{a_{n+1}+1} - \sqrt{a_{n+1}}$$

由归纳法可证
$$\sqrt{a_{n+1}} - \sqrt{a_n} = (\sqrt{a+1} - \sqrt{a})^n$$

类似地
$$\sqrt{a_{n+1}} + \sqrt{a_n} = (\sqrt{a+1} + \sqrt{a})^n$$

因此
$$\sqrt{a_n} = \frac{1}{2}\left[(\sqrt{a+1} + \sqrt{a})^n - (\sqrt{a+1} - \sqrt{a})^n\right]$$

由此即可得出所需的结果.

⑳ 设 f 和 g 都是从集合 A 到自身的函数,我们定义 f 是 g 的 n(n 是一个正整数)次函数根,如果 $f^n(x) = g(x)$,其中 $f^n(x) = f^{n-1}(f(x))$.

(1) 证明:函数 $g: \mathbf{R} \to \mathbf{R}, g(x) = \dfrac{1}{x}$ 对每个整数 n,都有无穷多个 n 次函数根;

(2) 证明:存在一个从 $\mathbf{R}$ 至 $\mathbf{R}$ 的 $1-1$ 映射,使得它对每个正整数 n 都没有 n 次函数根.

㉑ 证明:存在无限多个正整数 n,使得一个国际象棋的马可以把一个 $n \times n$ 的国际象棋盘的每一个格子恰走一次.

㉒ 是否存在无限多个由 1 983 个相继的自然数组成的集合 C,使得其中每个数都可被形如 $a^{1\,983}, a \in \mathbf{N}, a \neq 1$ 的数整除.

㉓ 设 p 和 q 是整数.证明:存在一个长度为 $\dfrac{1}{q}$ 的区间 I 和一个整系数多项式 $P(x)$,使得对所有的 $x \in I$,有
$$\left| P(x) - \frac{p}{q} \right| < \frac{1}{q^2}$$
成立.

证明 选 $P(x) = \dfrac{p}{q}\left[(qx-1)^{2n+1} + 1 \right], I = \left[\dfrac{1}{2q}, \dfrac{3}{2q} \right]$,那么 $P(x)$ 的所有系数都是整数,并且对 $x \in I$,有
$$\left| P(x) - \frac{p}{q} \right| = \left| \frac{p}{q}(qx-1)^{2n+1} \right| \leqslant \left| \frac{p}{q} \right| \cdot \frac{1}{2^{2n+1}}$$
当 n 充分大时,就得到所需的不等式.

㉔ 对每个 $x, 0 \leqslant x \leqslant 1$ 都可唯一地表示成 $x = \sum\limits_{j=0}^{\infty} a_j 2^{-j}$ 的形式,其中 a_j 是 0 或 1,并且其中可以有无限个是 0. 如果
$$b(0) = \frac{1+c}{2+c}, b(1) = \frac{1}{2+c}, c > 0$$
且
$$f(x) = a_0 + \sum_{j=0}^{\infty} b(a_0) \cdot \cdots \cdot b(a_j) \cdot a_{j+1}$$
证明:对每个 $x, 0 < x < 1$ 都有 $0 < f(x) - x < c$.

㉕ 可以把 $\{1,2,\cdots,n\}$ 排成多少种排列 $a_1,a_2,\cdots,a_n$ 使得经过至多三次操作它就是递减的：从左到右，当 i 从 1 跑过 $n-1$ 时，如果 $a_i > a_{i+1}$，则交换它们的位置。

㉖ 设 a,b,c 是正整数，$(a,b)=(b,c)=(c,a)=1$. 证明：$2abc-ab-bc-ca$ 不可能被表示成 $bcx+cay+abz$ 的形式，其中 x,y,z 是非负整数.

㉗ 设 a,b,c 是正整数，$(a,b)=(b,c)=(c,a)=1$. 证明：$2abc-ab-bc-ca$ 是最大的不可能被表示成 $bcx+cay+abz$ 的形式的整数，其中 x,y,z 是非负整数.

证明 （1）首先证明：设 $(a,b)=1, a>0, b>0$，则所有大于 $ab-a-b$ 的整数一定可以表示成 $ax+by(x\geqslant 0, y\geqslant 0)$ 的形式，但是 $ab-a-b$ 不能表示成这种形式.

证明如下：设 $c > ab-a-b$.

由于 $(a,b)=1$，因此不定方程 $ax+by=c$ 一定存在特解 x_0, y_0. 而它的通解可表示为
$$x = x_0 + bt, y = y_0 - at$$
由带余数除法可知，对整数 y_0 和正数 a 存在整数 q 和 r，使得 $y_0 = qa+r, 0\leqslant r < a$. 令 $t=q$，就得到不定方程 $ax+by=c$ 的一组解 $x'=x_0+bq, y'=y_0-aq$. 由 q 的定义即得
$$0 \leqslant y' < a$$
因此
$$0 \leqslant y' \leqslant a-1$$
$$ax' = c - by' > ab-a-b-b(a-1) = -a$$
由于 $a>0$，因此我们就得出 $x' > -1$，因而 $x' \geqslant 0$.

这就证明了当 $c > ab-a-b$ 时，方程组 $ax+by=c$ 必有非负解 $x'\geqslant 0, y'\geqslant 0$，或者 c 一定可表示成 $ax+by$ 的形式，其中 $x\geqslant 0, y\geqslant 0$.

注 实际上，我们得到了更强的结果：c 不但一定可表示成 $ax+by$ 的形式，其中 $x\geqslant 0, y\geqslant 0$，而且可使得 $0\leqslant x, 0\leqslant y < a$，或 $0\leqslant x, 0\leqslant y \leqslant a-1$.

现在我们证明 $ab-a-b$ 不可能表示成 $ax+by$ ($x\geqslant 0, y\geqslant 0$) 的形式.

假设不然，则存在 $x\geqslant 0, y\geqslant 0$，使得 $ab-a-b=ax+by$，

因而
$$(x+1)a + (y+1)b = ab$$
由上式就得出 $a \mid (y+1)b, b \mid (x+1)a$,但是 $(a,b)=1$,因此就有
$$a \mid y+1, b \mid x+1$$
所以
$$x+1 \geqslant b, y+1 \geqslant a$$
而这就得出
$$ab = (x+1)a + (y+1)b \geqslant ba + ab \geqslant 2ab$$
这显然是一个矛盾,所得的矛盾就说明 $ab-a-b$ 不可能表示成 $ax+by$ ($x \geqslant 0, y \geqslant 0$) 的形式.

(2) 现在我们证明:设 a,b,c 是两两互素的正整数,则所有大于 $2abc-ab-bc-ac$ 的整数一定可以表示成 $xbc+yca+zab$ ($x \geqslant 0, y \geqslant 0, z \geqslant 0$) 的形式,但是 $2abc-ab-bc-ac$ 不能表示成这种形式.

证明如下:设 $n > 2abc-ab-bc-ac$,则
$$n > 2abc - ab - bc - ac \geqslant$$
$$(abc - ab - ca + a) + (abc - a - bc) \geqslant$$
$$a(b-1)(c-1) + (abc - a - bc) \geqslant$$
$$abc - a - bc$$

又由 $(a,b)=1, (a,c)=1$,得出 $(a,bc)=1$,因此由(1)中的注,可知可把 n 表示成
$$n = wa + xbc, 0 \leqslant w, 0 \leqslant x \leqslant a-1$$
的形式.

由此得出
$$wa = n - xbc \geqslant$$
$$n - (a-1)bc >$$
$$2abc - ab - bc - ca - (a-1)bc \geqslant$$
$$abc - ab - ac$$
故
$$w > bc - b - c$$

再次由(1)已证的结果可知,存在 $y \geqslant 0, z \geqslant 0$,使得 $w = yc + zb$,把此式代入 n 的表达式就得出 $n = wa + xbc = a(yc+zb) + xbc = xbc + yca + zab$,其中 $x \geqslant 0, y \geqslant 0, z \geqslant 0$.

现在我们证明 $2abc - ab - bc - ac$ 不可能表示成 $xbc + yca + zab$ ($x \geqslant 0, y \geqslant 0, z \geqslant 0$) 的形式.

假设不然,则存在 $x \geqslant 0, y \geqslant 0, z \geqslant 0$,使得
$$2abc - ab - bc - ac = xbc + yca + zab$$
或
$$2abc = (z+1)ab + (x+1)bc + (y+1)ac$$
由上式就得出
$$c \mid ab(z+1), b \mid ac(y+1), a \mid bc(x+1)$$
但是由 $(a,b)=1, (b,c)=1, (a,c)=1$,得出 $(c,ab)=1, (b,ac)=1$,

$(a,bc)=1$,因而由上式又得出 $c \mid z+1, b \mid y+1, a \mid x+1$. 因此 $z+1 \geqslant c, y+1 \geqslant b, x+1 \geqslant a$. 由此就得出
$$2abc = (z+1)ab + (x+1)bc + (y+1)ac \geqslant$$
$$cab + abc + bac \geqslant 3abc$$
这显然是一个矛盾,所得的矛盾就说明 $2abc-ab-bc-ac$ 不可能表示成 $xbc+yca+zab(x \geqslant 0, y \geqslant 0, z \geqslant 0)$ 的形式.

❷❽ 证明:如果三角形的边 a,b,c 满足方程
$$2(ab^2+bc^2+ca^2) = a^2b+b^2c+c^2a+3abc$$
那么这个三角形是等边的. 说明这个方程也可被不是三角形边长的正实数所满足.

❷❾ 设 O 是一个给定的圆之外的点,直线 OAB, OCD 和圆相交于 A,B,C,D 四点,其中 A,C 分别是 OB,OD 的中点. 此外,上述两直线所夹的锐角 θ 与每条直线割圆所得的锐角都相等. 求出 $\cos\theta$,并证明圆在 A,D 两点处的切线在直线 BC 上相交.

❸⓿ 证明:存在唯一的正整数组成的数列 $\{u_n\}(n=0,1,2,\cdots)$,使得对所有的 $n \geqslant 0$,有
$$u_n^2 = \sum_{r=0}^{n} \binom{n+r}{r} u_{n-r}$$
其中 $\binom{m}{r}$ 表示二项式系数.

❸❶ 求出所有定义在正实数并且函数值为正实数的满足以下函数方程的函数 f:
(1) 对所有的正实数,$f(xf(y))=yf(x)$;
(2) 当 $x \to +\infty$ 时,$f(x) \to 0$.

解 在(1)中设 $y=x$,我们看出存在一个正实数 z,使得 $f(z)=z$(此式对任意的 $z=xf(x)$ 成立). 设 a 是任意一个这种数,那么 $f(a^2) = f(af(a)) = af(a) = a^2$,由数学归纳法可证 $f(a^n)=a^n$. 如果 $a>1$,则当 $n \to \infty$ 时,$a^n \to +\infty$ 与(2)矛盾. 又 $a = f(a) = f(1 \cdot a) = af(1)$,因此 $f(1)=1$. 那样 $af(a^{-1}) = f(a^{-1}f(a)) = f(1)=1$,仍由归纳法可证 $f(a^{-n})=a^{-n}$. 这说明 a 不小于 1,因此 $a=1$. 这就得出 $xf(x)=1$,即对任意的 x,都有 $f(x)=\dfrac{1}{x}$,这个函数满足(1)与(2),因此 $f(x)=\dfrac{1}{x}$ 是唯一解.

㉜ 设 a,b,c 是正实数,$[x]$ 表示不超过实数 x 的最大整数. 设 f 是一个定义在非负整数 n 的集合上并取实数值的函数, 使得 $f(0)=0$ 且对所有 $n \geqslant 1$, 满足
$$f(n) \leqslant an + f([bn]) + f([cn])$$
证明: 如果 $b+c<1$, 则存在一个实数 k, 使得对所有的 n, 有
$$f(n) \leqslant kn \qquad ①$$
成立. 而如果 $b+c=1$, 则存在一个实数 K, 使得对所有的 $n \geqslant 2$, 有
$$f(n) \leqslant Kn \log_2 n$$
成立. 再证明: 如果 $b+c=1$, 则可能不存在满足式①的实数 k.

㉝ 设 $F(n)$ 表示多项式 $P(x)=a_0+a_1x+\cdots+a_nx^n$, 其中 $a_0,a_1,\cdots,a_n \in \mathbf{R}$ 且 $0 \leqslant a_0 = a_n \leqslant a_1 = a_{n-1} \leqslant \cdots \leqslant a_{[\frac{n}{2}]} = a_{[\frac{n+1}{2}]}$. 证明: 如果 $f \in F(m)$ 而 $g \in F(n)$, 则 $fg \in F(m+n)$.

证明 设 $h_{n,i}(x)=x^i+\cdots+x^{n-i}, 2i \leqslant n$, 那么集合 $F(n)$ 是带有非负系数的 $h_{n,i}(x)$ 的线性组合. 这是一个凸锥. 因此只需证明 $h_{n,i}h_{m,i} \in F(m+n)$ 即可. 设 $p=n-2i$ 和 $q=m-2j$ 以及 $p \leqslant q$, 我们得到
$$h_{n,i}(x)h_{m,j}(x)=(x^i+\cdots+x^{i+p})(x^j+\cdots+x^{j+q})=\sum_{k=i+j}^{n-(i+j)} h_{m+n,k}$$
这就证明了断言.

㉞ 在平面上给出了 n 个点 $P_i(i=1,2,\cdots,n)$ 和两个角 α,β. 对每条线段 $P_iP_{i+1}(P_{n+1}=P_1)$ 构造一个点 Q_i, 使得对所有的 i:

(1) 当把 P_i 移动到 P_{i+1} 时, Q_i 始终在 P_iP_{i+1} 的同一侧;
(2) $\angle P_{i+1}P_iQ_i = \alpha$;
(3) $\angle P_iP_{i+1}Q_i = \beta$.

此外, 设 g 是同一平面上使得所有的点 P_i,Q_i 都位于其同一侧的直线, 证明
$$\sum_{i=1}^n d(P_i,g) = \sum_{i=1}^n d(Q_i,g)$$
其中 $d(M,g)$ 表示从点 M 到直线 g 的距离.

> **35** 设 $P_1, P_2, \cdots, P_n$ 是平面上不同的点，$n \geq 2$. 证明
> $$\max_{1 \leq i < j \leq n} P_i P_j > \frac{\sqrt{3}}{2}(\sqrt{n}-1) \min_{1 \leq i < j \leq n} P_i P_j$$

证明 设 $a = \min P_i P_j$，$b = \max P_i P_j$，我们将证明下面的定理.

荣格定理 设在平面上给出了 n 个点，其中任意两个点之间的距离都不大于 R，则存在一个半径小于或等于 $\frac{\sqrt{3}}{3} R$ 的圆，它包含所有这些点.

假设定理成立，则圆心在 P_i，半径为 a 的圆是互不相交的，并被包含在一个半径为 $\frac{b}{\sqrt{3}} + \frac{a}{2}$ 的圆内，因此由比较面积可得

$$n\pi < \pi \left(\frac{b}{\sqrt{3}} + \frac{a}{2} \right)^2$$

以及
$$b > \frac{\sqrt{3}}{2}(\sqrt{n}-1)a$$

为证明荣格定理，我们依次证明下面的结果，这些结果本身也有独立的意义.

海莱定理 设平面上的 n 个凸图形中任意三个都有公共点，则这 n 个图形也有公共点.（所谓凸图形是指具有以下性质的图形：如果在此图形中任取两点，则以这两点为端点的线段完全包含在此图形中）

海莱定理的证明 （1）首先对 $n=4$ 证明定理.

设 $\Phi_1, \Phi_2, \Phi_3, \Phi_4$ 是平面上的四个凸图形. 根据假设，对任意的 i，不算 Φ_i，其余的三个图形有公共点，因此可设 A_i 是它们的公共点. 以下分两种情况讨论.

① A_i 中某个点，比如 A_4，位于 $\triangle A_1 A_2 A_3$ 之中. 由于点 A_1, A_2, A_3 都属于 Φ_4，而 Φ_4 是凸的，因此 $A_4 \in \triangle A_1 A_2 A_3 \subset \Phi_4$，而按照定义又有 $A_4 \in \Phi_1, A_4 \in \Phi_2, A_4 \in \Phi_3$，因此 $A_4 \in \Phi_1 \cap \Phi_2 \cap \Phi_3 \cap \Phi_4$ 就是 $\Phi_1, \Phi_2, \Phi_3, \Phi_4$ 的公共点.

② A_4 在 $\triangle A_1 A_2 A_3$ 之外，这时，由 A_1, A_2, A_3 和 A_4 构成的四边形是一个（可能是退化的）凸四边形. 将其顶点重新编号后，不妨设其为 $A_1 A_2 A_3 A_4$. 设 C 是其对角线 $A_1 A_3$ 和 $A_2 A_4$ 的交点（在退化的情形，C 可能与某一个顶点重合）.

由于 A_1, A_3 属于 Φ_2, Φ_4，故 $A_1 A_3 \in \Phi_2, \Phi_4$，同理 $A_2 A_4 \in \Phi_1, \Phi_3$，因而 $A_1 A_3$ 和 $A_2 A_4$ 的交点 $C \in \Phi_1 \cap \Phi_2 \cap \Phi_3 \cap \Phi_4$ 就是 $\Phi_1, \Phi_2, \Phi_3, \Phi_4$ 的公共点.

(2) 假设当 $n \geqslant 4$ 时,定理对 n 个凸图形成立. 现在考虑 $n+1$ 个凸图形 $\Phi_1,\cdots,\Phi_n,\Phi_{n+1}$. 设 $\Phi'_n = \Phi_n \cap \Phi_{n+1}$,则 Φ'_n 也是凸的. 现在看 $\Phi_1,\cdots,\Phi_{n-1},\Phi'_n$ 这 n 个凸图形,在其中任取三个图形,如果这三个图形中不包括 Φ'_n,则由条件可知它们有公共点. 现在设它们之中有 Φ'_n,那么不妨设这三个图形为 Φ_i,Φ_j,Φ'_n ($i \neq j, i \neq n$, $j \neq n$). 由于根据条件可知 $\Phi_i,\Phi_j,\Phi_n,\Phi_{n+1}$ 中任意三个图形都有公共点,因此由(1)已证的结果可知,这四个图形也有公共点,而这就是 Φ_i,Φ_j,Φ'_n 有公共点. 因此在 $\Phi_1,\cdots,\Phi_{n-1},\Phi'_n$ 这 n 个凸图形中,任意三个图形都有公共点. 那样,根据归纳法假设可知这 n 个图形有公共点,而这就是说,$n+1$ 个凸图形 $\Phi_1,\cdots,\Phi_n,\Phi_{n+1}$ 有公共点,因而定理对自然数 $n+1$ 也成立. 因此根据数学归纳法,定理对一切 $n \geqslant 3$ 的自然数成立.

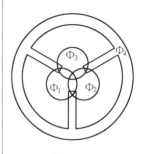

图 24.3

注 如果去掉图形都是凸的条件,则定理不再成立. 例如,如图 24.3 中的四个图形,其中任意三个都有公共点,但是这四个图形就没有公共点.

引理 在平面上给出 n 个点,并且它们之中每三个点都能被半径为 r 的圆所覆盖,则这 n 个点可用一个半径为 r 的圆所覆盖.

引理的证明 用以 O 为圆心,半径为 r 的圆覆盖点 P_1, $P_2,\cdots,P_n$ 可以反过来看成是以 $P_1,P_2,\cdots,P_n$ 为圆心,半径为 r 的圆都包含点 O,也即有公共点. 因此引理的条件可改述为,在平面上给出 n 个点,并且以这些点为圆心,半径为 r 的圆中,任意三个都有公共点. 由于圆是凸图形,因此由海莱定理可知,所有这些圆都有公共点 O,因此以 O 为圆心,r 为半径的圆就覆盖了这些点.

荣格定理的证明 (1) 首先证明,这些点中任意三个点 A,B,C 都可被一个半径为 $\frac{\sqrt{3}}{3}R$ 的圆所覆盖.

不妨设 BC 是 $\triangle ABC$ 的最长边,BC 是水平的,点 A 位于 BC 之上. 则如图 24.4,分别以 B,C 为原点,BC 为半径作圆,并设这两个圆在 BC 上方交于点 A'. 那么 A 显然位于这两个圆之中,因而位于它们的交曲边 $\triangle A'BC$ 之中,而这个曲边三角形显然又位于 $\triangle A'BC$ 的外接圆之中,此外接圆的半径为
$$R' = \frac{\sqrt{3}}{3}BC \leqslant \frac{\sqrt{3}}{3}R$$
这就证明了所要的结论.

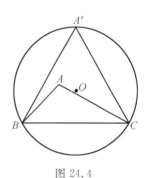

图 24.4

(2) 由(1)已证的结论可知,所给的点中,任意三点都可用一个半径为 $\frac{\sqrt{3}}{3}R$ 的圆所覆盖. 于是由引理可知,这些点都可被一个半径为 $\frac{\sqrt{3}}{3}R$ 的圆所覆盖. 这就证明了定理.

㊱ 集合 X 有 1 983 个元素,它有一族子集 $\{S_1, S_2, \cdots, S_k\}$ 使得:

(1) 这些子集中任意三个的并是整个集合 X;

(2) 它们之中任意两个的并至多包含 1 979 个元素.

问 k 最大可能是多少?

㊲ 点 $A_1, A_2, \cdots, A_{1983}$ 是圆周上的一些点,并且每个点的值为 1 或 -1. 证明:如果值为 1 的点多于 1 789,那么至少有 1 207 个点具有性质:无论从哪个方向,从任意其他的点到这种点所形成的部分和都是正的.

㊳ 设 $\{u_n\}$ 由它的前两项 u_0, u_1 和以下递推公式定义
$$u_{n+2} = u_n - u_{n+1}$$

(1) 证明:u_n 可被写成形式 $u_n = \alpha a^n + \beta b^n$,其中 a, b, α, β 都是待定的不依赖于 n 的常数;

(2) 如果 $S_n = u_0 + u_1 + \cdots + u_n$,那么 $S_n + u_{n-1}$ 是一个不依赖于 n 的常数,确定此常数.

㊴ 如果 α 是方程
$$E(x) = x^3 - 5x - 50 = 0$$
的根,$x_{n+1} = (5x_n + 50)^{\frac{1}{3}}, x_1 = 5$,其中 n 是正整数. 证明:

(1) $x_{n+1}^3 - \alpha^3 = 5(x_n - \alpha)$;

(2) $\alpha < x_{n+1} < x_n$.

㊵ 四面体 $ABCD$ 的四个面是全等的三角形,这些三角形的角构成等差级数. 如果这些三角形的边是 $a < b < c$,确定四面体的外接球的半径 R,它是 a, b, c 的函数. 当 $R = a$ 时,$\dfrac{c}{a}$ 是多少?

㊶ 设 E 是空间 $\mathbf{R}^3$ 中 1983^2 个点的集合,其坐标都是 0 到 1 982 的整数(包括 0 和 1 982). E 的一种染色是从 E 到集合 $\{红, 蓝\}$ 的一个映射. 问有多少种 E 的染色具有以下性质:在任意长方体的 8 个顶点中,红色的顶点的数目都是 4 的倍数?

解 给出坐标轴上任意 $3 \times 1983 - 2$ 个点的一种染色,我们证明存在 E 的一种唯一的染色具有所给的性质,并且扩展这个染色.

首先注意给了任何一个平行于坐标平面且其边也平行于坐

标轴的矩形 R_1 都存在 r_1（偶数）个红色的顶点. 设 R_2 和 R_3 是以对 R_1 正交的平移方式从 R_1 所得的另外两个矩形，且设 r_2 和 r_3 分别是 R_2 和 R_3 的红色顶点的数目，那么 r_1+r_2, r_2+r_3 和 r_3+r_1 都是 4 的倍数，因此 $r_1 = \dfrac{r_1+r_2+r_1+r_3-r_2-r_3}{2}$ 是偶数.

由于坐标平面中的任意一个点都是一个其其余三个顶点都位于相应的坐标轴上的矩形的顶点，这就唯一地确定了坐标平面的染色. 类似地，平行六面体内部的点的染色也唯一地确定了. 因此问题的答案就是 $2^{3 \times 1983 - 2} = 2^{5947}$.

㊷ 考虑正方形 $ABCD$，并在它的每一个顶点和其所对的两条边的中点之间都连一条线段. 求由这些线段所确定的八边形的面积和正方形 $ABCD$ 的面积之比.

㊸ 给出正方形 $ABCD$，设 P, Q, R 和 S 分别是 AB, BC, CD 和 DA 各边上可变的点. 确定点 P, Q, R 和 S 的位置，使得四边形 $PQRS$ 是一个平行四边形、矩形、正方形或者梯形.

㊹ 给出 12 枚硬币，其中一枚是与其他 11 枚不同的假币. 用天平称三次确定其中哪个是假币，并确定它比真币重还是轻.

㊺ 1 号杯子中装有牛奶，2 号杯子中装有咖啡，两个杯子中的液体体积相同. 从 1 号杯子中盛一勺牛奶并将其混合到 2 号杯中，再从 2 号杯中盛体积相同的混合液体倒入 1 号杯，这样操作 n 次后，会变成什么情况？当 n 趋于无穷时又会怎样？

㊻ 设 f 是定义在 $I=(0,+\infty)$ 上的实值函数且在 I 上没有零点. 假设
$$\lim_{x \to +\infty} \frac{f'(x)}{f(x)} = +\infty$$
又设 $u_n = \ln \left| \dfrac{f(n+1)}{f(n)} \right|$，证明：当 $n \to \infty$ 时，$u_n \to +\infty$.

㊼ 在平面上给出了三个圆心分别为 M_1, M_2, M_3 的两两相交的圆 C_1, C_2, C_3. 设 A_i 是 C_j 和 C_k（$\{i,j,k\}=\{1,2,3\}$）的交点之一. 证明：如果
$$\angle M_3 A_1 M_2 = \angle M_1 A_2 M_3 = \angle M_2 A_3 M_1 = \frac{\pi}{3} (方向角)$$
则 $M_1 A_1, M_2 A_2$ 和 $M_3 A_3$ 交于一点.

㊽ 证明：在任意的平行六面体中，各边之和要小于或等于四种对角线之和的两倍.

49 给出正整数 $k,m,n,km\leqslant n$ 和非负实数 $x_1,\cdots,x_k$，证明

$$n\left(\prod_{i=1}^{k}x_i^m-1\right)\leqslant m\sum_{i=1}^{k}(x_i^n-1).$$

50 证明或者否定，从区间[1,…,30 000]中可选出一个由 1 000 个整数组成的集合，在此集合中没有三元的等差级数对（即一个等差数列中的三个相继的数）.

证明 设 T_n 是所有其三进制表示中至多有 n 个数字且不含数字 2 的非负整数的集合. T_n 中共有 2^n 个数，且其中最大的整数是 $11\cdots1=3^0+3^1+\cdots+3^{n-1}=\frac{3^n-1}{2}$. 我们断言在 T_n 中不存在三元的等差级数对. 假设不然，设 $x,y,z\in T_n$ 是这种三元对，则 $2y=x+z$. 那么 $2y$ 的三进制表示中只有 0 和 2. 而一个这种形式的数只能以唯一的一种方式表示为 T_n 中两个数 $x,z\in T_n$ 的和，即 $x=z=y$. 但是 $|T_{10}|=2^{10}=1\ 024$ 且 $\max T_{10}=\frac{3^{10}-1}{2}=29\ 524<30\ 000$. 那样，答案就是可以.

(51) 确定是否存在满足以下条件的自然数集合 M：

(1) 对任意自然数 $m>1$，存在 $a,b\in M$ 使得 $a+b=m$；

(2) 如果 $a,b,c,d\in M,a,b,c,d>10$ 且 $a+b=c+d$，那么 $a=c$ 或 $a=d$.

解 不存在那种集合. 设 M 满足(1)，(2)且设 $q_n=|\{a\in M: a\leqslant n\}|$. 考虑差 $b-a$，其中 $a,b\in M$ 且 $10<a<b\leqslant k$. 它们都是正的并且都小于 k. (2) 蕴涵它们是 $\binom{q_k-q_{10}}{2}$ 个不同的整数，因此 $\binom{q_k-q_{10}}{2}<k$，因而 $q_k\leqslant\sqrt{2k}+10$. 从(1)得出，在形如 $a+b$ 的数中，其中 $a,b\in M,a\leqslant b\leqslant n$ 或 $a\leqslant n<b\leqslant 2n$，包括所有区间 $[2,2n+1]$ 中的整数. 所以对任意的 $n\in\mathbf{N}$，有 $\binom{q_n+1}{2}+q_n(q_{2n}-q_n)\geqslant 2n$ 成立. 另一方面，设 $Q_k=\sqrt{2k}+10$，我们有

$$\binom{q_n+1}{2} + q_n(q_{2n} - q_n) = \frac{1}{2}q_n + \frac{1}{2}q_n(2q_{2n} - q_n) \leqslant$$
$$\frac{1}{2}q_n + \frac{1}{2}q_n(2Q_{2n} - q_n) \leqslant$$
$$\frac{1}{2}Q_n + \frac{1}{2}Q_n(2Q_{2n} - Q_n) \leqslant$$
$$2(\sqrt{2}-1)n + \left(20 + \frac{\sqrt{2}}{2}\right)\sqrt{n} + 55$$

当 n 充分大时,这与 $\binom{q_n+1}{2} + q_n(q_{2n} - q_n) \geqslant 2n$ 矛盾.

❷ 52 设 $\{F_n\}(n \geqslant 1)$ 是斐波那契数列,$F_1 = F_2 = 1$,$F_{n+2} = F_{n+1} + F_n (n \geqslant 1)$,而 $P(x)$ 是一个满足以下条件的 990 次多项式
$$P(k) = F_k, k = 992, \cdots, 1\,982$$
证明:$P(1\,983) = F_{1\,983} - 1$.

证法 1 对所有的 n,存在一个唯一的阶为 n 的多项式 P_n,使得对 $n+2 \leqslant k \leqslant 2n+2$,$P_n(k) = F_k$ 以及 $P_n(2n+3) = F_{2n+3} - 1$.

我们首先用数学归纳法证明以下的更一般的结果.

定理 设 $P(x)$ 是次数不超过 n 的多项式,当 $k = n+2, n+3, \cdots, 2n+2$ 时,$P(k) = F_k$,那么 $P(2n+3) = F_{2n+3} - 1$.

定理的证明 当 $n = 1$ 时,$k = 3, 4$,这时有
$$P(3) = F_3 = 2, P(4) = F_4 = 3$$
于是由 $P(x)$ 的次数不超过 1 可知存在唯一的,即 $P(x) = x - 1$ 满足以上条件.因而
$$P(2n+3) = P(5) = 4 = F_5 - 1 = F_{2n+3} - 1$$
这说明对 $n = 1$ 定理成立.

现在假设,定理对于正整数 $n-1$ 成立.

考虑次数不超过 n 的多项式 $P(x)$,且设当 $k = n+2, n+3, \cdots, 2n+2$ 时,$P(k) = F_k$.

令 $Q(x) = P(x+2) - P(x+1)$,则 $Q(x)$ 的次数不超过 $n-1$. 又
$$Q(n+1) = P(n+3) - P(n+2) = F_{n+3} - F_{n+2} = F_{n+1}$$
$$Q(n+2) = P(n+4) - P(n+3) = F_{n+4} - F_{n+3} = F_{n+2}$$
$$\vdots$$
$$Q(2n) = P(2n+2) - P(2n+1) = F_{2n+2} - F_{2n+1} = F_{2n}$$

因此,对 $k = n+1, n+2, \cdots, 2n$,$Q(k) = F_k$ 成立,因而根据归纳法假设有

即
$$Q(2n+1) = F_{2n+1} - 1$$
$$Q(2n+1) = P(2n+3) - P(2n+2) = F_{2n+1} - 1$$
因而
$$P(2n+3) = P(2n+2) + F_{2n+1} - 1 =$$
$$F_{2n+2} + F_{2n+1} - 1 =$$
$$F_{2n+3} - 1$$

即定理对于正整数 $n+1$ 也成立. 因此由数学归纳法即得定理对一切正整数 n 都成立.

令 $n=992$ 即可知,符合本题要求的多项式 $P(x)$ 是存在的,由关于 $P(x)$ 的次数的条件和代数基本定理可知符合本题要求的多项式 $P(x)$ 是唯一的.

证法 2 (这一证法是本书副主编冯贝叶所做)由插值公式可知,由条件 $P_n(k)=F_k$, $n+2 \leqslant k \leqslant 2n+2$(共 $n+1$ 个条件)可以唯一地确定一个 n 次多项式 $P_n(x)$. 由于两个相继的斐波那契数之差仍是一个斐波那契数,因此可立即写出由此条件所确定的各级差商,并利用差商形式的拉格朗日插值公式写出 $P_n(x)$ 的明显的表达式. 为此,列出以下的差商表(表 1).

表 1

x	y	一阶差商	二阶差商	$\cdots$	n 阶差商
$n+2$	F_{n+2}	F_{n+1}			
$n+3$	F_{n+3}	$\cdots$	$\frac{1}{2!}F_n$	$\cdots$	
$\cdots$	$\cdots$	$\cdots$	$\cdots$	$\cdots$	
$2n+1$	F_{2n+1}	$\cdots$	$\cdots$	$\cdots$	$\frac{1}{n!}F_2$
$2n+2$	F_{2n+2}				

根据以上差商,可立即写出 $P_n(x)$ 的差商形式的拉格朗日插值表达式如下
$$P_n(x) = F_{n+2} + F_{n+1}(x-(n+2)) +$$
$$\frac{1}{2!}(x-(n+2))(x-(n+3)) + \cdots +$$
$$\frac{1}{n!}F_2(x-(n+2))(x-(n+3))\cdots(x-(2n+1))$$

现在,我们根据上面的公式来计算 $P_n(2n+3)$,即
$$P_n(2n+3) = F_{n+2} + (n+1)F_{n+1} + \frac{(n+1)n}{2!}F_n + \cdots +$$

$$\frac{(n+1)!}{n!}F_2 =$$
$$F_{n+2} + C_{n+1}^1 F_{n+1} + C_{n+1}^2 F_n + \cdots + C_{n+1}^n F_2 \quad ①$$

上式的右边是一个带有组合数和斐波那契数的表达式. 下面, 我们将证明一个有关这种表达式的一个引理:

引理 对任意使得引理有意义的正整数 m 和 k, 有
$$F_m = F_{m-k} + C_k^1 F_{m-k-1} + C_k^2 F_{m-k-2} + \cdots + C_k^{k-1} F_{m-2k+1} + F_{m-2k}$$
成立.

引理的证明 我们对 k 进行数学归纳法.

由直接计算可以验证
$$F_m = F_{m-1} + F_{m-2} =$$
$$F_{m-2} + 2F_{m-3} + F_{m-4} =$$
$$F_{m-3} + 3F_{m-4} + 3F_{m-5} + F_{m-6}$$

因此, 对 $k=0,1,2,3$, 引理成立.

现在假设引理对小于或等于 k 的所有正整数都成立, 那么利用二项式系数的公式
$$C_k^{r-1} + C_k^r = C_{k+1}^r$$

就有
$$F_m = F_{m-k} + C_k^1 F_{m-k-1} + C_k^2 F_{m-k-2} + \cdots + C_k^{k-1} F_{m-2k+1} + F_{m-2k} =$$
$$F_{m-k-1} + F_{m-k-2} + C_k^1 F_{m-k-2} + C_k^1 F_{m-k-3} + \cdots +$$
$$C_k^{r-1} F_{m-k-r} + C_k^r F_{m-k-r} + \cdots + C_k^{k-1} F_{m-2k-1} + F_{m-2k-1} +$$
$$F_{m-2k-2} = F_{m-(k+1)} + C_{k+1}^1 F_{m-(k+1)-1} + C_{k+1}^2 F_{m-(k+1)-2} + \cdots +$$
$$C_{k+1}^k F_{m-2k-1} + F_{m-2(k+1)}$$

这说明引理对正整数 $k+1$ 也成立, 因而由数学归纳法就证明了引理.

在引理中令 $m=2n+3, k=n+1$ 就得出
$$F_{2n+3} = F_{n+2} + C_{n+1}^1 F_{n+1} + C_{n+1}^2 F_n + \cdots + C_{n+1}^n F_2 + F_1 \quad ②$$

由公式 ① 和 ② 立即得出
$$P_n(2n+3) = F_{2n+3} - F_1 = F_{2n+3} - 1$$

根据代数基本定理可证插值多项式是唯一的, 因此问题中的条件确定了相同的多项式 $P(x) = P_{990}(x)$, 因此就有
$$P(1\,983) = P_{990}(1\,983) =$$
$$P_{990}(2 \times 990 + 3) =$$
$$F_{2 \times 990+3} - 1 = F_{1\,983} - 1$$

---

❺❸ 设 $a \in \mathbf{R}$, 而 $z_1, z_2, \cdots, z_n$ 是满足以下关系的模为 1 的复数
$$\sum_{k=1}^n z_k^3 = 4(a + (a-n)i) - 3\sum_{k=1}^n \bar{z}_k$$
证明: 对所有的 k 都有 $a \in \{0, 1, \cdots, n\}$ 和 $z_k \in \{1, i\}$.

54 设 $a > 0$,在实数集中解方程组
$$x_1 \mid x_1 \mid = x_2 \mid x_2 \mid + (x_1 - a) \mid x_1 - a \mid$$
$$x_2 \mid x_2 \mid = x_3 \mid x_3 \mid + (x_2 - a) \mid x_2 - a \mid$$
$$\vdots$$
$$x_n \mid x_n \mid = x_1 \mid x_1 \mid + (x_n - a) \mid x_n - a \mid$$

解 如果$(x_1, x_2, \cdots, x_n)$是一个关于参数 a 的解,那么$(-x_1, -x_2, \cdots, -x_n)$满足关于参数 $-a$ 的方程组. 因此只需考虑 $a \geqslant 0$ 的情况即可.

设$(x_1, x_2, \cdots, x_n)$是一个解,考虑两种情况:

(1) 首先假设 $x_1 \leqslant a, x_2 \leqslant a, \cdots, x_n \leqslant a$. 把方程组中的方程相加,我们得出
$$(x_1 - a)^2 + \cdots + (x_n - a)^2 = 0$$
因此我们看出$(a, a, \cdots, a)$是唯一的解.

(2) 现在假设对某个 $k, x_k \geqslant a$. 从第 k 个方程
$$x_{k+1} \mid x_{k+1} \mid = x_k^2 - (x_k - a)^2 = a(2x_k - a) \geqslant a^2$$
得出也有 $x_{k+1} \geqslant a$(规定 $x_{n+1} = x_1$). 因此所有的 $x_1, x_2, \cdots, x_n$ 都将大于或等于 a,并且上述的$(a, a, \cdots, a)$仍是唯一的解.

55 对每一个 $a \in \mathbf{N}$,用 $M(a)$ 表示集合
$$\{b \in \mathbf{N} \mid a + b \text{ 是 } ab \text{ 的因子}\}$$
的元素的数目. 求 $\max_{a \leqslant 1\,983} M(a)$.

56 考虑展开式
$$(1 + x + x^2 + x^3 + x^4)^{496} = a_0 + a_1 x + \cdots + a_{1\,984} x^{1\,984}$$
(1) 确定系数 $a_3, a_8, a_{13}, \cdots, a_{1\,983}$ 的最大公因数 a;

(2) 证明:$10^{340} < a^{992} < 10^{347}$.

57 在基为 $n^2 + 1$ 的记数系统中,求出一个由 n 个不同的数字组成的数字 N,使得:

(1) N 是 n 的倍数,因此可设 $N = nN'$;

(2) 在基为 $n^2 + 1$ 的记数系统中,N 和 N' 由相同的数字组成,它们都不是零;

(3) 如果 $s(C)$ 表示在基为 $n^2 + 1$ 的记数系统中通过排列 C 的 n 个数字所得的数字,那么对每个排列 s,有 $s(N) = ns(N')$.

❺❽ 有 $3n$ 个学生参加一场考试,他们被分成 3 行,每行有 n 个学生.学生们一个一个地离开考场.如果用 $N_1(t), N_2(t), N_3(t)$ 分别表示在时刻 t 时,在第一行、第二行和第三行中的学生数,对每个考试时的 t 求出使得
$$|N_i(t) - N_j(t)| < 2, i \neq j, i, j = 1, 2, 3$$
的概率.

解 命题的条件成立的情形如下
$$S_1: N_1(t) = N_2(t) = N_3(t)$$
$$S_2: N_i(t) = N_j(t) = h, N_k(t) = h + 1$$
其中 (i, j, k) 是 $(1, 2, 3)$ 的一个排列.在这种情况中第一个离开教室的学生必是第 k 行的,这导致情况 S_1.又
$$S_3: N_i(t) = h, N_j(t) = N_k(t) = h + 1$$
其中 (i, j, k) 是 $(1, 2, 3)$ 的一个排列.在这种情况中第一个离开教室的学生必是第 j(或 k)行的,而第二个是第 k(或 j)行的.在他们离开后,我们又回到情况 S_1.

因此,初始情况是 S_1,且每三个学生离开教室后,又将重现情况 S_1.我们将计算从有 $3h$ 个学生在教室中($h \leq n$)的 S_1 到有 $3(h-1)$ 个学生在教室中的 S_1 的概率 P_h
$$P_h = \frac{3h \cdot 2h \cdot h}{3h(3h-1)(3h-2)} = \frac{3! \cdot h^3}{3h(3h-1)(3h-2)}$$

由于教室经过 n 次那种过程后就空了,而每次那种过程都是独立的,我们就得出所求的概率为
$$P = \prod_{h=1}^{n} P_h = \frac{(3!)^n (n!)^3}{(3n)!}$$

❺❾ 解方程
$$\tan^2(2x) + 2\tan(2x) \cdot \tan(3x) - 1 = 0$$

❻⓿ 求出小于或等于 $\sum_{k=1}^{2^{1983}} k^{\frac{1}{1983}-1}$ 的最大整数.

解 利用恒等式
$$a^n - b^n = (a - b) \sum_{m=0}^{n-1} a^{n-m-1} b^m$$
并在其中令 $a = k^{\frac{1}{n}}$ 和 $b = (k-1)^{\frac{1}{n}}$,我们得出对所有的整数 $n > 1$ 和 $k \geq 1$,有

$$1 < (k^{\frac{1}{n}} - (k-1)^{\frac{1}{n}})nk^{1-\frac{1}{n}}$$

由此得出如果 $n > 1$ 和 $k \geqslant 1$，则

$$k^{\frac{1}{n}-1} < n(k^{\frac{1}{n}} - (k-1)^{\frac{1}{n}})$$

类似地，可证如果 $n > 1$ 和 $k \geqslant 1$，则

$$n((k+1)^{\frac{1}{n}} - k^{\frac{1}{n}}) < k^{\frac{1}{n}-1}$$

因此对 $n > 1$ 和 $m > 1$，有

$$n\sum_{k=1}^{m}((k+1)^{\frac{1}{n}} - k^{\frac{1}{n}}) < \sum_{k=1}^{m} k^{\frac{1}{n}-1} < n\sum_{k=2}^{m}(k^{\frac{1}{n}} - (k-1)^{\frac{1}{n}}) + 1$$

成立. 或等价地，有

$$n((m+1)^{\frac{1}{n}} - 1) < \sum_{k=1}^{m} k^{\frac{1}{n}-1} < n(m^{\frac{1}{n}} - 1) + 1$$

令 $n = 1983$ 和 $m = 2^{1983}$，就得出

$$1983 < \sum_{k=1}^{2^{1983}} k^{\frac{1}{1983}-1} < 1984$$

❻❶ 设 a 和 b 是整数. 是否可能求出整数 p 和 q，使得对任意的 n，整数 $p+na$ 和 $q+nb$ 都没有公共的素因数？

❻❷ 设给出了以 O 为圆心，直径为 AB 的圆 γ. 圆周上一点 C 是线段 BD 的中点，AC 与 DO 相交于点 P. 证明：在 AB 上存在一点 E，使得 P 位于以 AE 为直径的圆上.（注：此题原题如此，可能有误）

❻❸ 设 n 是一个至少有两个素因子的正整数，证明：存在一个由整数 $1, 2, \cdots, n$ 组成的排列 $a_1, a_2, \cdots, a_n$，使得

$$\sum_{k=1}^{n} k \cdot \cos\frac{2\pi a_k}{n} = 0$$

证明 把 n 分解成 $n = st$，其中，$(s,t) = 1, s > 1, t > 1$. 对 $1 \leqslant k \leqslant n$，令 $k = vs + u$，其中，$0 \leqslant v \leqslant t-1, 1 \leqslant u \leqslant s$，并设 $a_k = a_{vs+u}$ 是集合 $\{1, 2, \cdots, n\}$ 中唯一使得 $vs + ut - a_{vs+u}$ 是 n 的倍数的整数.

我们证明这一构造给出了一个排列，假设有 $a_{k_1} = a_{k_2}$，其中 $k_i = v_i s + u_i, i = 1, 2$，那么 $(v_1 - v_2)s + (u_1 - u_2)t$ 就是 $n = st$ 的倍数. 由此得出

$$t \mid v_1 - v_2$$

而又有

$$|v_1 - v_2| \leqslant t - 1$$

以及
$$s \mid u_1 - u_2$$
而又有
$$\mid u_1 - u_2 \mid \leqslant s - 1$$
因此 $v_1 = v_2, u_1 = u_2$，因而 $k_1 = k_2$. 这就证明了 $a_1, \cdots, a_n$ 是 $\{1, 2, \cdots, n\}$ 的一个排列，因而
$$\sum_{k=1}^{n} k \cos \frac{2\pi a_k}{n} = \sum_{v=0}^{t-1} \left(\sum_{u=1}^{s} (vs + u) \cos \left(\frac{2\pi v}{t} + \frac{2\pi u}{s} \right) \right)$$
利用 $\sum_{u=1}^{s} \cos \frac{2\pi u}{s} = \sum_{u=1}^{s} \sin \frac{2\pi u}{s} = 0$ 以及加法公式就得出
$$\sum_{k=1}^{n} k \cos \frac{2\pi a_k}{n} = \sum_{v=0}^{t-1} \left(\cos \frac{2\pi v}{t} \sum_{u=1}^{s} u \cos \frac{2\pi u}{s} - \sin \frac{2\pi v}{t} \sum_{u=1}^{s} u \sin \frac{2\pi u}{s} \right) =$$
$$\left(\sum_{u=1}^{s} u \cos \frac{2\pi u}{s} \right) \left(\sum_{v=0}^{t-1} \cos \frac{2\pi v}{t} \right) - \left(\sum_{u=1}^{s} u \sin \frac{2\pi u}{s} \right) \left(\sum_{v=0}^{t-1} \sin \frac{2\pi v}{t} \right) = 0$$

❻❹ 除了一个顶点之外，一个多面体的所有顶点处的面角之和为 $5\,160°$，求这个多面体的所有面角之和.

❻❺ 设 $ABCD$ 是一个凸四边形，其对角线 AC 与 BD 交于点 P. 证明
$$\frac{AP}{PC} = \frac{\cot \angle BAC + \cot \angle DAC}{\cot \angle BCA + \cot \angle DCA}$$

❻❻ 内切于 $\triangle A_1 A_2 A_3$ 的圆分别和它的边 $A_1 A_2, A_2 A_3, A_3 A_1$ 切于点 T_1, T_2, T_3. 分别用 M_1, M_2, M_3 表示线段 $A_2 A_3, A_3 A_1, A_1 A_2$ 的中点. 证明：从点 M_1, M_2, M_3 到直线 $T_2 T_3, T_3 T_1, T_1 T_2$ 所作的垂线相交于一点.

证明 对任意边长为 a, b, c 的三角形，都存在三个非负的数 x, y, z，使得
$$a = y + z, b = z + x, c = x + y$$
（这些数对应于三角形的边被内切圆的切点所分成的线段的长度）. 现在要证的不等式成为
$$(y+z)^2(z+x)(y-x) + (z+x)^2(x+y)(z-y) +$$
$$(x+y)^2(y+z)(x-z) \geqslant 0$$
展开后，我们得到
$$xy^3 + yz^3 + zx^3 \geqslant xyz(x + y + z)$$
上面的不等式可以从柯西不等式
$$(xy^3 + yz^3 + zx^3)(z + x + y) \geqslant (\sqrt{xyz}(x + y + z))^2$$

得出，等号当且仅当 $\dfrac{xy^3}{z} = \dfrac{yz^3}{x} = \dfrac{zx^3}{y}$ 时，或等价地，$x = y = z$，即 $a = b = c$ 时成立.

> **❻❼** 已知从一个四面体的顶点向其所对的面所作的垂足位于这个面的垂心处，证明：四面体的四条高线相交于一点.
> **❻❽** 方程 $x^4 - px^3 + qx^2 - rx + s = 0$ 的根是 $\tan A, \tan B$ 和 $\tan C$，其中 A, B 和 C 是三角形的三个角. 求出第四个根作为 p, q, r 和 s 的函数的表达式.

> **❻❾** 设 K 是圆 W_1 和 W_2 的交点之一. O_1 和 O_2 是 W_1 和 W_2 的圆心. 两圆的第一条公切线分别与 W_1 和 W_2 相切于 P_1 和 P_2，而第二条公切线分别与 W_1 和 W_2 相切于 Q_1 和 Q_2. 设 M_1 和 M_2 分别是 P_1Q_1 和 P_2Q_2 的中点. 证明
> $$\angle O_1 L O_2 = \angle M_1 L M_2$$

证明 如图 24.5，注意 $\angle O_1 K O_2 = \angle M_1 K M_2$ 等价于 $\angle O_1 K M_1 = \angle O_2 K M_2$. 设 S 是公切线的交点，而 L 是 SK 和 W_1 的第二个交点，那么由于 $\triangle SO_1 P_1 \backsim \triangle SP_1 M_1$，因此我们有
$$SK \cdot SL = SP_1^2 = SO_1 \cdot SM_1$$

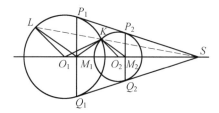

图 24.5

这蕴涵 O_1, L, K, M_1 四点共圆，由此就得出
$$\angle O_1 K M_1 = \angle O_1 L M_1 = \angle O_2 K M_2$$

> **❼⓿** 设 a_n 是 $n!$ 的十进制数字表示式中最后一个非零的数字. 证明：a_n 不是周期的，即不存在 T 和 n_0 使得对所有的 $n \geqslant n_0$，都有 $a_{n+T} = a_n$.

证明 假设 a_n 有周期 T，那么由欧拉定理，我们可求出任意大的整数 $k > m > 0$，使得 $10^k \equiv 10^m \pmod{T}$. 显然 $a_{10^k - 1} = a_{10^k}$，因此取 k 充分大，并利用周期性就可得出
$$a_{2 \times 10^k - 10^m - 1} = a_{10^k - 1} = a_{10^k} = a_{2 \times 10^k - 10^m}$$

由于
$$(2\times 10^k - 10^m)! = (2\times 10^k - 10^m)(2\times 10^k - 10^m - 1)!$$
以及 $2\times 10^k - 10^m$ 的最后的非零数字是 9,我们必须有 $a_{2\times 10^k - 10^m - 1} = 5$(如果 s 是一个数字,那么仅当 $s = 5$ 时,$9s$ 的最后一个数字才是 s).但是这说明在 $n!$ 中,5 的幂指数将大于 2 的幂指数,这是不可能的.由于根据勒让德(Legendre)定理有
$$\alpha_5 = \left[\frac{n}{5}\right] + \left[\frac{n}{5^2}\right] + \cdots \leqslant \left[\frac{n}{2}\right] + \left[\frac{n}{2^2}\right] + \cdots = \alpha_2$$
其中 α_2 和 α_5 分别表示在 $n!$ 中 2 和 5 的幂指数.

❼① 证明:每种把三维空间划分成三个不相交子集的分划都有以下性质:其中一个子集包含所有可能的距离,即对每个 $a \in \mathbf{R}^*$,在那个子集中都存在两个点 M 和 N,使得 M 和 N 之间的距离恰等于 a.

证明 假设不然,那么 $\mathbf{R}^3 = P_1 \cup P_2 \cup P_3$ 是 $\mathbf{R}^3$ 的一个分划,它使得 $a_1 \in \mathbf{R}^*$ 不能在 P_1 中实现(即 P_1 中不存在两个距离为 a_1 的点),$a_2 \in \mathbf{R}^*$ 不能在 P_2 中实现,$a_3 \in \mathbf{R}^*$ 不能在 P_3 中实现.不失一般性,可设 $a_1 \geqslant a_2 \geqslant a_3$.

如果 $P_1 = P_2 = \varnothing$,那么 $P_3 = \mathbf{R}^3$,这不可能.

如果 $P_1 = \varnothing$,$X \in P_2$,那么以 X 为球心,a_2 为半径的球就被包含在 P_3 中,因而 $a_3 \leqslant a_2$ 可实现,这不可能.

如果 $P_1 \neq \varnothing$,$X \in P_1$,那么以 X 为球心,a_1 为半径的球 S 就被包含在 $P_2 \cap P_3$ 中.由于 $a_1 \geqslant a_3$,$S \nsubseteq P_3$,因此可设 $X_2 \in P_2 \cap S$,那么圆 $\{Y \in S \mid d(X_2, Y) = a_2\}$ 就被包含在 P_3 中.但是由于 $a_2 \leqslant a_1$,因此其半径 $r = a_2 \sqrt{1 - \frac{a_2^2}{4a_1^2}} \geqslant \frac{\sqrt{3}}{2} a_2$,因而 $a_3 \leqslant a_2 \leqslant \sqrt{3} a_2 < 2r$,这说明 a_3 可在 P_3 中实现,矛盾.

❼② 证明:对所有的 $x_1, x_2, \cdots, x_n \in \mathbf{R}$ 有以下不等式
$$\sum_{n \geqslant i \geqslant j \geqslant 1} \cos^2(x_i - x_j) \geqslant \frac{n(n-2)}{4}$$
成立.

❼③ 设 $\triangle ABC$ 是一个不等边的三角形,证明:在三角形所在的平面中存在两个点 P 和 Q,其中一个在 $\triangle ABC$ 的外接圆的内部,而另一个在其外部,使得这两个点中任意一个在三角形各边上的投影正好是一个等边三角形的顶点.

74 在平面上给出两个不同的点 A, B 和两条分别通过 B 和 A 的直线 $a, b (B \in a, A \in b)$，使得直线 AB 关于 a 和 b 是等斜的。在平面上求出使得从 M 到 A 和 a 的距离乘积等于从 M 到 B 和 b 的距离乘积相等（即 $MA \cdot MA' = MB \cdot MB'$，其中 A' 和 B' 分别是 M 到 a 和 b 的垂线的垂足）的点 M 的轨迹。

75 求出内接于圆（半径为 R）的正 100 边形的所有边和对角线的 15 次方之和。

第五编
第 25 届国际数学奥林匹克

第 25 届国际数学奥林匹克题解

捷克斯洛伐克,1984

1 证明:$0 \leqslant xy + yz + zx - 2xyz \leqslant \dfrac{7}{27}$,式中 x,y,z 为非负实数,且 $x+y+z=1$.

联邦德国命题

证法 1 因为 x,y,z 为非负数,$x+y+z=1$,至少有一个数,比如 $z \leqslant \dfrac{1}{2}$. 这样,给定的表达式

$$G = yz + zx + xy - 2xyz = z(x+y) + xy(1-2z)$$

的各项为非负,其和必也非负. 对 G 的最小值,x,y 中的某一个需为 1,另一个需为 0,这样 $G \geqslant 0$.

根据算术平均及几何平均不等式有

$$x + y \geqslant 2\sqrt{xy}$$

故

$$(1-z)^2 = (x+y)^2 \geqslant 4xy$$

所以

$$G - \dfrac{7}{27} = z(x+y) + xy(1-2z) - \dfrac{7}{27} \leqslant$$
$$z(1-z) + \dfrac{1}{4}(1-z)^2(1-2z) - \dfrac{7}{27}$$

证法 2 不妨假定 $x \geqslant y \geqslant z$,则

$$x \geqslant \dfrac{1}{3} \geqslant z, x + y \geqslant \dfrac{2}{3}$$

$$yz + zx + xy - 2xyz \geqslant yz + zx + xy(1-2z) \geqslant$$
$$xy\left(1 - \dfrac{2}{3}\right) = \dfrac{1}{3}xy \geqslant 0$$

不等式的左边得证,下证不等式的右边.

令 $x + y = \dfrac{2}{3} + \theta, z = \dfrac{1}{3} - \theta, 0 \leqslant \theta \leqslant \dfrac{1}{3}$,则有

$$xy + yz + zx - 2xyz = z(x+y) + xy(1-2z) \leqslant z(x+y) +$$
$$\left(\dfrac{x+y}{2}\right)^2 (1-2z) = \left(\dfrac{1}{3} - \theta\right)\left(\dfrac{2}{3} + \theta\right) +$$
$$\left(\dfrac{1}{3} + \dfrac{\theta}{2}\right)^2 \left(\dfrac{1}{3} + 2\theta\right) = \dfrac{7}{27} - \dfrac{\theta^2}{4} + \dfrac{\theta^3}{2} =$$

$$\frac{7}{27} - \frac{\theta^2}{2}\left(\frac{1}{2} - \theta\right) \leqslant \frac{7}{27} =$$
$$-\frac{(3z-1)^2(6z+1)}{108} \leqslant 0$$

故 $0 \leqslant G \leqslant \frac{7}{27}$. 当且仅当 $x = y = z = \frac{1}{3}$ 时, G 取最大值.

证法 3 因为 $x + y + z = 1$, 由齐次多项式的性质可知, 给定的左边不等式等价于
$$(x + y + z)(yz + zx + xy) \geqslant 2xyz$$
其中, $x \geqslant 0, y \geqslant 0, z \geqslant 0$.

这个不等式可以直接从已知的更精确的不等式
$$(x + y + z)\left(\frac{1}{x} + \frac{1}{y} + \frac{1}{z}\right) \geqslant 9 \qquad ①$$
中推出. 式 ① 可以通过对左边的式子应用算术平均及几何平均不等式而推出, 且等价于
$$(x + y + z)(yz + zx + xy) \geqslant 9xyz \qquad ②$$

根据基本对称函数
$$T_1 \equiv x + y + z, T_2 \equiv yz + zx + xy, T_3 \equiv xyz$$
式 ② 可化成
$$T_1 T_2 \geqslant 9 T_3$$

给出的右边不等式 $G \leqslant \frac{7}{27}$ 等价于
$$(x + y + z)(yz + zx + xy) - 2xyz \leqslant \frac{7}{27}(x + y + z)^3$$
或
$$7 T_1^3 \geqslant 27 T_1 T_2 - 54 T_3$$
已知"最佳"的由 $T_1^3, T_1 T_2, T_3$ 构成的线性不等式为
$$T_1^3 \geqslant 4 T_1 T_2 - 9 T_3 \qquad ③$$
"最佳"指如果有任何具有下列形式的固定不等式
$$T_1^3 \geqslant a T_1 T_2 - b T_3$$
那么 $\qquad 4 T_1 T_2 - 9 T_3 \geqslant a T_1 T_2 - b T_3$
特别地 $\qquad 4 T_1 T_2 - 9 T_3 \geqslant \frac{27}{7} T_1 T_2 - \frac{54}{7} T_3$

这就导致 $T_1 T_2 \geqslant 9 T_3$, 得到不等式 ①.

为全面起见, 我们建立式 ③. 经过一些代数运算, 式 ③ 变成舒尔不等式在 $n = 1$ 时的情况
$$x^n(x-y)(x-z) + y^n(y-z)(y-x) + z^n(z-x)(z-y) \geqslant 0$$
$$\qquad\qquad\qquad\qquad\qquad\qquad\qquad\qquad ④$$

式 ④ 中 $n \geqslant 0, x, y, z$ 为任意实数. 在不失一般性的情况下, 我们可以假设 $x \geqslant y \geqslant z$, 那么式 ④ 的不等性可以从两个明显的不等

式中导出,即
$$x^n(x-y)(x-z) \geqslant y^n(x-y)(y-z)$$
及
$$z^n(z-x)(z-y) \geqslant 0$$

注 很多选手在这个问题中运用多变量偏微分方法,这使不少评委感到不安.应该指出,微积分方法并不在奥林匹克竞赛的书面大纲之内.尽管偶然的一个竞赛题可以通过微积分求解,但这些问题都可以通过更基本的方法,以更简单的方式求解.当然,因为许多选手都了解微积分且最优化方法又是一标准方法,学生们可以运用它,尤其当他们在那时还看不出其他的基本方法时.但为得满分,选手必须建立各种充分和必要条件.

证法 4 不妨设 $x \geqslant y \geqslant z$. 由于 $x+y+z=1$,所以
$$3z \leqslant x+y+z=1, z \leqslant \frac{1}{3}$$
从而(因为 x,y,z 均非负)
$$2xyz \leqslant \frac{2}{3}xy \leqslant xy$$
于是
$$0 \leqslant yz+zx+xy-2xyz$$

现在来证明题中右边的不等式.我们有
$$2y \leqslant x+y \leqslant x+y+z=1$$
所以 $y \leqslant \frac{1}{2}$. 又有
$$3x \geqslant x+y+z=1$$
所以 $x \geqslant \frac{1}{3}$,故
$$yz+zx+xy-2xyz = y(z+x)+zx(1-2y) \leqslant$$
$$y(z+x)+zx(1-2y)+$$
$$\left(x-\frac{1}{3}\right)\left(\frac{1}{3}-z\right)(1-2y) =$$
$$y(z+x)+\frac{1}{3}\left(x+z-\frac{1}{3}\right)(1-2y) =$$
$$y\left(w+\frac{1}{3}\right)+\frac{1}{3}w(1-2y) =$$
$$\frac{1}{3}yw+\frac{1}{3}(y+w)$$
令
$$w = x+z-\frac{1}{3}$$
显然
$$y+w = y+x+z-\frac{1}{3} = \frac{2}{3}$$
所以
$$yw \leqslant \frac{1}{4}(y+w)^2 = \frac{1}{9}$$

从而 $yz + zx + xy - 2xyz \leqslant \frac{1}{3} \times \frac{1}{9} + \frac{1}{3} \times \frac{2}{3} = \frac{7}{27}$

注 在证右边不等式时,我们采用的是"调整法". 先将 x, z 调整为 $\frac{1}{3}$, $w = x + z - \frac{1}{3}$, 这时和 $x+z$ 不变, 而 $yz + zx + xy - 2xyz$ 的值增大. 然后再将 y, w 均调整为 $\frac{1}{3}$. 显然这一不等式在(且仅在) $x = y = z = \frac{1}{3}$ 时, 变为等式.

如果用柯西-施瓦兹不等式, 易得
$$\frac{1}{x} + \frac{1}{y} + \frac{1}{z} = \left(\frac{1}{x} + \frac{1}{y} + \frac{1}{z}\right)(x+y+z) \geqslant 9$$
去分母, 得
$$yz + zx + xy \geqslant 9xyz$$
即
$$yz + zx + xy - 9xyz \geqslant 0$$
这比题中左边的不等式强.

证法 5 不妨设
$$x \geqslant y \geqslant z \geqslant 0, x + y + z = 1$$

令
$$f(x, y, z) = yz + zx + xy - 2xyz = (x+z)y + (1-2y)xz$$

由于
$$1 - 2y = (x - y) + z \geqslant 0$$

易知
$$f(x, y, z) \geqslant 0$$

今证若 $x > z$, 则
$$f(x, y, z) < \max_{x+y+z=1} f(x, y, z) \qquad ⑤$$

由于
$$f(x-\varepsilon, y, x+\varepsilon) =$$
$$(x+z)y + (1-2y)(x-\varepsilon)(z+\varepsilon) =$$
$$(x+z)y + (1-2y)xz + (1-2y)(x-z-\varepsilon)\varepsilon =$$
$$f(x, y, z) + (1-2y)(x-z-\varepsilon)\varepsilon$$

当 $x > y$ 或 $z > 0$ 时, 有
$$1 - 2y = (x-y) + z > 0$$

对足够小的正数 ε(如取 $\varepsilon = \frac{x-z}{2}$), 有
$$f(x-\varepsilon, y, z+\varepsilon) > f(x, y, z)$$

当 $x = y$, 且 $z = 0$ 时, $1 - 2y = 0$, 此时有
$$f(x, y, z) = f\left(\frac{1}{2}, \frac{1}{2}, 0\right) = f\left(\frac{1}{2} - \varepsilon, \frac{1}{2}, \varepsilon\right) =$$
$$f\left(\frac{1}{2}, \frac{1}{2} - \varepsilon, \varepsilon\right) <$$

此证法属于赵小云.

$$f(\frac{1}{2}-\varepsilon, \frac{1}{2}-\varepsilon, 2\varepsilon)$$

所以总有
$$f(x,y,z) < \max_{x+y+z=1} f(x,y,z)$$

由已证的结果 ⑤ 可知
$$\max_{x+y+z=1} f(x,y,z) = f(\frac{1}{3}, \frac{1}{3}, \frac{1}{3})$$

所以
$$0 \leqslant yz + zx + xy - 2xyz \leqslant \frac{7}{27}$$

上述证明方法称为小摄动法. 如果所讨论的极值函数及表达约束条件的函数都是变量的对称函数,则极值往往在各变量相等时达到. 对这类问题,上述小摄动法常能奏效.

为了将其从 3 推广到 n,再讨论一下 $n=4$ 的情况.

若 x_1, x_2, x_3, x_4 是满足 $x_1 + x_2 + x_3 + x_4 = 1$ 的非负数,则
$$0 \leqslant x_1 x_2 + x_1 x_3 + x_1 x_4 + x_2 x_3 + x_2 x_4 + x_3 x_4 - $$
$$\frac{3}{2}(x_1 x_2 x_3 + x_1 x_2 x_4 + x_1 x_3 x_4 + x_2 x_3 x_4) \leqslant \frac{9}{32}$$

证明:不妨设 $x_1 \geqslant x_2 \geqslant x_3 \geqslant x_4 \geqslant 0$,并令
$$f(x_1, x_2, x_3, x_4) = x_1 x_2 + x_1 x_3 + x_1 x_4 + x_2 x_3 + $$
$$x_2 x_4 + x_3 x_4 - \frac{3}{2}(x_1 x_2 x_3 + $$
$$x_1 x_2 x_4 + x_1 x_3 x_4 + x_2 x_3 x_4)$$

则
$$f(x_1, x_2, x_3, x_4) = x_1 x_2 (1 - \frac{3}{2}(x_3 + x_4)) + $$
$$x_1 x_3 (1 - \frac{3}{2} x_4) + x_1 x_4 + $$
$$x_2 x_3 (1 - \frac{3}{2} x_4) + x_2 x_4 + x_3 x_4$$

由
$$1 - \frac{3}{2}(x_3 + x_4)(x_1 - \frac{1}{2}(x_3 + x_2)) + x_2 \geqslant 0$$

易知
$$f(x_1 x_2, x_3, x_4) \geqslant 0$$

又因
$$f(x_1, x_2, x_3, x_4) = (x_1 + x_4)(x_2 + x_3) + x_1 x_4 + x_2 x_3 - $$
$$\frac{3}{2}((x_1 + x_4) x_2 x_3 + x_1 x_4 (x_2 + x_3)) = $$
$$(x_1 + x_4)(x_2 + x_3 - \frac{3}{2} x_2 x_3) + x_2 x_3 + $$
$$x_1 x_4 (1 - \frac{3}{2}(x_2 + x_3))$$

若 $x_1 > x_4$,用小摄动法,有

$$f(x_1-\varepsilon,x_2,x_3,x_4+\varepsilon)-f(x_1,x_2,x_3,x_4)=$$
$$((x_1-x_4-\varepsilon)\varepsilon)\cdot 1-\frac{3}{2}(x_2+x_3)$$

由
$$1-\frac{3}{2}(x_2+x_3)=(x_1-\frac{1}{2}(x_2+x_3))+x_4$$

知,当 $x_1 > \frac{1}{2}(x_2+x_3)$ 或 $x_4 > 0$ 时,对小正数 ε,有
$$f(x_1-\varepsilon,x_2,x_3,x_4+\varepsilon) > f(x_1,x_2,x_3,x_4)$$

而当 $x_1 = \frac{1}{2}x_2+x_3$,且 $x_4=0$ 时,有
$$1-\frac{3}{2}(x_2+x_3)=0$$

此时有
$$f(x_1,x_2,x_3,x_4)=f(\frac{1}{3},\frac{1}{3},\frac{1}{3},0)=$$
$$f(\frac{1}{3}-\varepsilon,\frac{1}{3},\frac{1}{3},\varepsilon)=$$
$$f(\frac{1}{3},\frac{1}{3},\frac{1}{3}-\varepsilon,\varepsilon) <$$
$$f(\frac{1}{3}-\varepsilon,\frac{1}{3},\frac{1}{3}-\varepsilon,2\varepsilon)$$

综上有 $f(x_1,x_2,x_3,x_4) \leqslant f(\frac{1}{4},\frac{1}{4},\frac{1}{4},\frac{1}{4})$

所以 $0 \leqslant f(x_1,x_2,x_3,x_4) \leqslant \frac{9}{32}$

推广到 n 变量情形,若 $x_i(i=1,2,\cdots,n)$ 为满足 $x_1+x_2+\cdots+x_n=1$ 的非负数,且设
$$f(x_1,x_2,\cdots,x_n)=x_1x_2+x_1x_3+\cdots+x_1x_n+$$
$$x_2x_3+\cdots+x_2x_n+\cdots+x_{n-1}x_n-$$
$$\frac{n-1}{n-2}((x_1x_2x_3+x_1x_2x_4+\cdots+x_1x_2x_n+$$
$$x_1x_3x_4+\cdots+x_1x_3x_n+\cdots+x_1x_{n-1}x_n)+$$
$$(x_2x_3x_4+x_2x_3x_5+\cdots+x_2x_3x_n+$$
$$x_2x_4x_5+\cdots+x_2x_4x_n+\cdots+$$
$$x_2x_{n-1}x_n)+\cdots+x_{n-2}x_{n-1}x_n)$$

则有 $0 \leqslant f(x_1,x_2,\cdots,x_n) \leqslant \frac{1}{6}(1-\frac{1}{n})(2+\frac{1}{n})$

证明:不妨设 $x_1 \geqslant x_2 \geqslant \cdots \geqslant x_n \geqslant 0$,由于
$$f(x_1,x_2,\cdots,x_n)=$$
$$x_1x_2(1-\frac{n-1}{n-2}\sum_{j=3}^{n}x_j)+x_1x_3(1-\frac{n-1}{n-2}\sum_{j=4}^{n}x_j)+\cdots+$$

$$x_1 x_{n-1}(1 - \frac{n-1}{n-2} \cdot x_n) + x_1 x_n +$$

$$x_2 x_3 (1 - \frac{n-1}{n-2} \sum_{j=4}^{n} x_j) + x_2 x_4 (1 - \frac{n-1}{n-2} \sum_{j=5}^{n} x_j) + \cdots +$$

$$x_2 x_{n-1}(1 - \frac{n-1}{n-2} \cdot x_n) + x_2 x_n + \cdots +$$

$$x_{n-2} x_{n-1}(1 - \frac{n-1}{n-2} \cdot x_n) + x_n x_{n-1}$$

由 $\quad 1 - \frac{n-1}{n-2}\sum_{j=3}^{n} x_j = \left(x_1 - \frac{1}{n-2}\sum_{j=3}^{n} x_j\right) + x_2 \geqslant 0$

等易知 $\quad\quad f(x_1, x_2, \cdots, x_n) \geqslant 0$

若 $x_1 > x_n$,由于

$$f(x_1, x_2, \cdots, x_n) = (x_1 + x_n)\sum_{j=2}^{n-1} x_j + x_1 x_n + \frac{1}{2}\sum_{\substack{i,j=2 \\ i \neq j}}^{n-1} x_i x_j -$$

$$\frac{n-1}{n-2}\Big(x_1 x_2 \sum_{j=2}^{n-1} x_j +$$

$$\frac{(x_1 + x_n)}{2}\sum_{\substack{i,j=2 \\ i \neq j}}^{n-1} x_i x_j + \frac{1}{3}\sum_{\substack{i,j,k=2 \\ i \neq j, j \neq k, k \neq i}}^{n-1} x_i x_j x_k\Big)$$

用小摄动法,有

$$f(x_1 - \varepsilon, x_2, \cdots, x_{n-1}, x_n + \varepsilon) - f(x_1, x_2, \cdots, x_n) =$$

$$\varepsilon(x_1 - x_n - \varepsilon)\left(1 - \frac{n-1}{n-2}\sum_{j=2}^{n-1} x_j\right)$$

$$1 - \frac{n-1}{n-2}\sum_{j=2}^{n-1} x_j = \left(x_1 - \frac{1}{n-2}\sum_{j=2}^{n-1} x_j\right) + x_n$$

当 $x_1 > \frac{1}{n-2}\sum_{j=2}^{n-1} x_j$ 或 $x_n > 0$ 时,有

$$1 - \frac{n-1}{n-2}(1 - \sum_{j=2}^{n-1} x_j) > 0$$

对小正数 ε,有

$$f(x_1 - \varepsilon, x_2, \cdots, x_{n-1}, x_n + \varepsilon) > f(x_1, \cdots, x_n)$$

当 $x_1 = \frac{1}{n-2}\sum_{j=2}^{n-1} x_j$,且 $x_n = 0$ 时,有

$$f(x_1, x_2, \cdots, x_n) = f\Big(\frac{1}{n-1}, \frac{1}{n-1}, \cdots, \frac{1}{n-1}, 0\Big) =$$

$$f\Big(\frac{1}{n-1} - \varepsilon, \frac{1}{n-1}, \cdots, \frac{1}{n-1}, \varepsilon\Big) =$$

$$f\Big(\frac{1}{n-1}, \frac{1}{n-1}, \cdots, \frac{1}{n-1} - \varepsilon, \varepsilon\Big) <$$

$$f\Big(\frac{1}{n-1} - \varepsilon, \frac{1}{n-1}, \cdots, \frac{1}{n-1} - \varepsilon, 2\varepsilon\Big)$$

所以

$$f(x_1, x_2, \cdots, x_n) \leqslant f\left(\frac{1}{n}, \frac{1}{n}, \cdots, \frac{1}{n}\right) =$$

$$C_n^2 \cdot \frac{1}{n^2} - \frac{n-1}{n-2} \cdot C_n^3 \cdot \frac{1}{n^3} =$$

$$\frac{1}{2}\left(1 - \frac{1}{n}\right) - \frac{1}{6}\left(1 - \frac{1}{n}\right)^2 =$$

$$\frac{1}{6}\left(1 - \frac{1}{n}\right)\left(2 + \frac{1}{n}\right)$$

证法 6 因为
$$\sin^2\alpha + \cos^2\alpha = 1, \sin^2\beta + \cos^2\beta = 1$$
所以
$$\sin^2\alpha \cdot \cos^2\beta + \cos^2\alpha \cdot \cos^2\beta + \sin^2\beta = 1$$

又据题意,不妨设 $z < \frac{1}{2}$,令

$$x = \sin^2\alpha \cdot \cos^2\beta, y = \cos^2\alpha \cdot \cos^2\beta, z = \sin^2\beta, 0° \leqslant \beta < 45°$$

则
$$xy + yz + zx - 2xyz =$$
$$xy(1-z) + z(x+y-xy) =$$
$$\sin^2\alpha \cdot \cos^2\alpha \cdot \cos^6\beta +$$
$$\sin^2\beta \cdot \cos^2\beta(1 - \sin^2\alpha \cdot \cos^2\alpha \cdot \cos^2\beta) \geqslant 0$$

又
$$xy + yz + zx - 2xyz =$$
$$xy(1-2z) + z(y+x) =$$
$$\sin^2\alpha \cdot \cos^2\alpha \cdot \cos^4\beta \cdot \cos 2\beta + \frac{1}{4}\sin^2 2\beta =$$
$$\frac{1}{4}\sin^2 2\alpha \cdot \frac{1}{4}(1 + \cos 2\beta)^2 \cos 2\beta + \frac{1}{4}(1 - \cos^2 2\beta) \leqslant$$
$$\frac{1}{16}(1 + \cos 2\beta)^2 \cos 2\beta + \frac{1}{4}(1 - \cos^2 2\beta) =$$
$$\frac{1}{4} + \frac{1}{32}(2\cos 2\beta(1 - \cos 2\beta)(1 - \cos 2\beta)) \leqslant$$
$$\frac{1}{4} + \frac{1}{32} \times \left(\frac{2}{3}\right)^3 = \frac{7}{27}$$

当且仅当 $\beta = 30°, \alpha = k \cdot 180° + 45°(k \in \mathbf{Z})$ 时,等号成立.

---

❷ 找出一对正整数 a, b,使:

(1) $ab(a+b)$ 不能被 7 整除;

(2) $(a+b)^7 - a^7 - b^7$ 能被 7^7 整除.

荷兰命题

解法 1 我们有熟知的等式
$$(a+b)^7 - a^7 - b^7 = 7ab(a+b)(a^2 + ab + b^2)^2 \qquad ①$$

因 7 不能整除 $(a+b)ab$,我们必须选择 a, b,使得 7^3 除整

即
$$a^2+ab+b^2$$
$$a^2+ab+b^2\equiv 0(\bmod 7^3) \quad ②$$
因为
$$a^3-b^3=(a-b)(a^2+ab+b^2) \quad ③$$
式 ③ 等价于
$$a^3\equiv b^3(\bmod 7^3) \quad ④$$
根据费马定理的欧拉推广,对任何与 n 互素的数 c,有
$$c^{\phi(n)}\equiv 1(\bmod n)$$
这里 $\phi(7^3)=(7-1)\times 7^2=3\times 98$

所以 $c^{3\times 98}\equiv 1(\bmod 7^3)$(对任何 $c\not\equiv 0(\bmod 7)$)

例如,对于 $c=2$. 设 $b=1, a=2^{98}$,那么
$$(2^{98})^3\equiv 1(\bmod 7^3)$$
而且,因为
$$2^{98}\equiv 4(\bmod 7)$$
$a+b=2^{98}+1\equiv 5(\bmod 7), a-b=2^{98}-1\equiv 3(\bmod 7)$
7 不能整除 $ab(a+b)$ 和 $a-b$.

现在 2^{98} 非常大,当然可以化为较小的数 $(\bmod 7^3=343)$,例如
$2^{10}=1\ 024=3\times 7^3-5, 2^{10}\equiv -5(\bmod 7^3), 2^{20}\equiv 25(\bmod 7^3)$
$2^{40}\equiv 61, 2^{80}\equiv -52, 2^{90}\equiv -83, 2^8\equiv -87, 2^{98}\equiv 18(\bmod 7^3)$
故 $a=18, b=1$ 为解.

注 许多选手试图用探索法来求解,其错解如下:首先像如上要求式 ② 成立,并从 $(a+b)^2>a^2+ab+b^2\geqslant 7^3=343$,得出 $a+b>18$,并非常幸运地从第一种情况 $a+b=19$,求出 a 或 b 等于 18. 若这个问题求的是一组解,这个解法倒是非常好的.

解法 2 由题意,有
$(a+b)^7-a^7-b^7=$
$7a^6b+21a^5b^2+35a^4b^3+35a^3b^4+21a^2b^5+7ab^6=$
$7ab(a^5+3a^4b+5a^3b^2+5a^2b^3+3ab^4+b^5)=$
$7ab(a+b)(a^4+2a^3b+3a^2b^2+2ab^3+b^4)=$
$7ab(a+b)(a^2+ab+b^2)^2$

因为 $7\nmid ab(a+b), 7^7\mid 7ab(a+b)(a^2+ab+b^2)^2$

所以 $7^3\mid a^2+ab+b^2$

即 $343\mid a^2+ab+b^2$

因为 $18^2=324<343<361=19^2$

试取 $a=18$,则令 $343=18^2+18b+b^2$,得 $b=1$. 于是

显然有
$$ab = 18, a+b = 19$$
$$7 \nmid ab(a+b)$$
而
$$7^7 \mid (a+b)^7 - a^7 - b^7$$

用上面的方法不难得出：正整数
$$a = 7^3 t + 18b, b, t \in \mathbf{Z}, t > 0$$
和
$$a = 7^3 t + 324b, 7+b, t \in \mathbf{Z}, t \geqslant 0$$
是满足题设条件(1)与(2)的全部整数. 在第一对数中令 $t=0$, $b=1$ 即得我们所举的特例.

注 关于 $a=18, b=1$ 的具体求法如下：
设 $a = 7k + a_1, k \in \mathbf{Z}, a_1 \in \{1, \pm 2, \pm 3\}$，容易知道在 $a_1 = -3$ 时, $7 \mid a^2 + a + 1$, 并且
$$a^2 + a + 1 = (7k-3)^2 + (7k-3) + 1 =$$
$$7^2 \cdot k^2 - 5 \cdot 7k + 7 = 7(7k^2 - 5k + 1)$$
于是式 ① 成为
$$7^2 \mid 7k^2 - 5k + 1 \quad \text{⑤}$$
设 $k = 7h + a_2, h$ 为整数, $a_2 \in \{0, \pm 1, \pm 2, \pm 3\}$, 容易知道在 $a_2 = 3$ 时
$$7 \mid 7k^2 - 5k + 1$$
并且
$$7k^2 - 5k + 1 = 7(7h+3)^2 - 5(7h+3) + 1 =$$
$$7(7h+3)^2 - 7 \cdot 5h - 14 =$$
$$7((7h+3)^2 - 5h - 2)$$
于是式 ⑤ 成为
$$7 \mid (7h+3)^2 - 5h - 2 = 7^2 \cdot h^2 + 6 \cdot 7h - 5h + 7$$
于是 $7 \mid h$. 令 $h = 7l (l$ 为非负整数), 则
$$k = 7^2 \cdot l + 3, a = 7^3 \cdot l + 7 \cdot 3 - 3 = 7^3 \cdot l + 18$$
特别地, 取 $l = 0$, 得 $a = 18$.

> ❸ 平面上有两定点 O 和 A, 对平面上除 O 以外的任何点 X, 用 $a(X)$ 表示射线 OA 和 OX 之间的角度, 该角是 OA 按逆时针方向旋转到 $OX(0 \leqslant a(X) < 2\pi)$ 所得到的. 设 $C(X)$ 是以 O 为圆心, 以 $OX + \dfrac{a(X)}{OX}$ 为半径的圆. 如果该平面上的每一点都被涂上几种颜色中的一种, 证明: 平面上存在一点 Y, $a(Y) > 0$, 其上的颜色与圆 $C(Y)$ 上的某一点颜色相同.

罗马尼亚命题

证法 1 设平面的每一点都被涂上 n 种不同颜色中的一种, 那么对于任何点集, 可能有 $k \leqslant n$ 种颜色, 总共有
$$\sum_{k=1}^{n} \binom{n}{k} = 2^n - 1$$

个不同的颜色组合可能出现在点集中.

考虑所有以 O 为圆心,半径小于 1 的同心圆的各点组成的集合.在这些圆中的任何 2^n 个圆中,至少有两个圆,设为 R 和 S,且有同样的颜色集合.我们将其半径分别设为 r 与 s,且
$$0 < r < s < 1$$

我们称在 R 上有一点 Y,使得圆 $C(Y)$ 的半径为
$$r + \frac{a(Y)}{r}$$
与圆 S 相重叠,也就是
$$r + \frac{a(Y)}{r} = s$$
或
$$a(Y) = r(s-r)$$

很清楚,$0 < r(s-r) < 1$,当点 X 沿 R 按逆时针方向运动时(从 OA 开始),$\angle AOX$ 的角度在 $(0,1)$ 之间变化.当这个角度达到 $r(s-r)$ 时,X 为所求的 R 上的点 Y,所以 $C(Y) = S$,而且 Y 的颜色在圆 S 上某部位出现.

证法 2　先证明一个结论:

令 $a_0 = \sqrt{8\pi}$,将平面区域 $0 \leqslant x \leqslant a_0$,$0 \leqslant y \leqslant 2\pi$ 内的点都涂上颜色,如果颜色的种数有限,则一定存在 $a \in (0, \sqrt{8\pi})$,在直线 $x = a$ 上与抛物线 $y = x(a-x)$ 上分别有一点 (a,b) 与 $(a, c(a-c))$ 有相同的颜色,$0 < b < 2\pi$,$0 < c < \sqrt{2\pi}$.

事实上,抛物线
$$y = x(\sqrt{8\pi} - x) = -(x - \sqrt{2\pi})^2 + 2\pi$$
上有无限多个点,而只有有限种颜色,必有无限多个点为同色,设为第 1 种颜色,并设这些点的横坐标为 $a_1 > a_2 > \cdots$

如图 25.1 所示,在抛物线 $y = x(a_1 - x)$ 上,考虑横坐标为 a_2,a_3,$\cdots$ 的点,如果有一点的颜色为第 1 种,那么因直线 $x = a_1$ 有点 $(a_1, a_1(a_0 - a_1))$(即直线 $x = a_1$ 与抛物线 $y = x(a_0 - x)$ 的交点),它的颜色为第 1 种.结论已经成立.如果这无限多个点都不是第 1 种颜色,那么必有无限多个点是同一种颜色.为了不使记号复杂起见,不妨设 $y = x(a_1 - x)$ 上横坐标为 $a_2 > a_3 > \cdots$ 的点都是第 2 种颜色,如此继续,如果颜色只有 n 种,那么进行到第 n 步时,在直线 $y = a_n$ 上将有 n 个点,颜色分别为第 1 种,第 2 种,……,第 n 种(这些点就是直线 $x = a_n$ 与抛物线 $y = x(a_i - x)$ 的交点,$i = 0$,$1, 2, \cdots, n-1$).这样,在抛物线 $y = x(a_n - x)$ 上任何一点必与上述 n 个点中的某一点同色.

现在回到原问题的证明:我们另取一个坐标平面,考虑其上

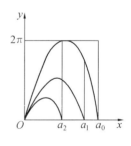

图 25.1

面满足 $0 \leqslant x, 0 \leqslant y < 2\pi$ 的点所构成的区域 G. 令原点与原平面上的点 O 同色, G 中的点 (x_0, y_0) 与原平面上使 $OX = x_0, a(X) = y_0$ 的点 X 同色. 这样就将原平面上的点与 G 的点建立了对应 φ, 圆 $C(X)$ 变成了区域 G 内的直线 $x = x_0 + \dfrac{y_0}{x_0}$ 的一段. 要证明的结论转化为: 在 G 内一定有点 (x_0, y_0), 它与直线 $x = x_0 + \dfrac{y_0}{x_0}$ 上某一点的颜色相同 $(0 < y_0 < 2\pi)$. 或者换一种说法: 存在一个数 $a > 0$, 在直线 $x = a$ 与抛物线 $y = x(a-x)$ (也就是 $a = x + \dfrac{y}{x}$) 上各有一点 (a, b) 与 $(x_0, x_0(a - x_0))$ 同色, 其中 $0 < b < 2\pi, 0 < x_0 < a$. 而这是已证明了的结论.

注 完全类似地(而且更简单), 如果平面上的点都涂上颜色, 而且颜色的种类有限, 那么一定能找到一对点 (a, b) 与 (c, a), 它们的颜色相同, 并且 $c < a$.

❹ $ABCD$ 为一凸四边形, 其边 CD 与以 AB 为直径的圆相切. 求证: 当且仅当 BC 和 AD 两边相互平行时, AB 也与以 CD 为直径的圆相切.

罗马尼亚命题

证法 1 首先考虑两条射线 OL 和 OM, 它们构成一锐角且 $\angle\theta = \angle LOM$. 再考虑其中一条射线, 如 OL 上的两点 E, F, 其中 E 在 O 与 F 之间, 如图 25.2 所示. 用 $C(E, F)$ 表示直径为 EF 的圆. 那么, 由相似性, 当且仅当比值 $\dfrac{EF}{OF} = K(\theta)$ 与 E, F 的选择无关, 即对固定的 θ, $K(\theta)$ 为一定值时, $C(E, F)$ 与 OM 相切.

现在考虑这个问题, 首先假设 AB 和 CD 不平行. 令 OL, OM 分别为通过 A, B 和 D, C 的射线. 因为 $C(A, B)$ 与 OM 相切, 故
$$\frac{AB}{OB} = K(\theta)$$
当且仅当 $\dfrac{DC}{OC} = K(\theta)$ 时, 圆 $C(C, D)$ 与 OL 相切.

这些比式, $\dfrac{AB}{OB}$ 和 $\dfrac{DC}{OC}$, 当且仅当 $BC \parallel AD$ 时才相等.

在 $AB \parallel CD$ 的情况下, 当且仅当 $AB = CD$ 时, 圆 $C(C, D)$ 与 AB 相切. 而当且仅当 $ABCD$ 为一平行四边形, 即当且仅当 BC 和 AD 也平行时, $AB = CD$ 才成立.

证法 2 设 E, F 分别为 AB, CD 的中点, 如图 25.3 所示. 如果 $BC \parallel AD$, 则 $EF \parallel AD$, 从而

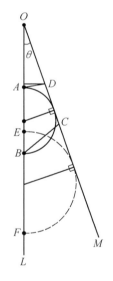

图 25.2

$$S_{\triangle AEF} = S_{\triangle DEF} \qquad ①$$

设 E' 与 F' 分别为 E 到 CD 与 F 到 AB 的垂足,则由 ① 得
$$AE \cdot FF' = DF \cdot EE' \qquad ②$$

因为 CD 与以 AB 为直径的圆相切,故必以 E' 为切点,于是
$$EE' = AE(\text{等于圆的半径}) \qquad ③$$

代入式 ②,得
$$FF' = DF \qquad ④$$

故 AB 与以 DC 为直径的圆相切于 F'.

反之,若 AB 与以 CD 为直径的圆相切,则式 ④ 成立. 由 ③ 与 ④ 导出式 ② 成立,从而式 ① 成立. 于是 A 与 D 到直线 EF 有相等的距离,所以 $AD \parallel EF$. 同理可证 $BC \parallel EF$,所以 $AD \parallel BC$.

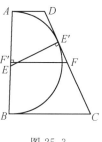

图 25.3

> ❺ 设 d 为平面凸多边形各对角线之和,该多边形有 $n(n > 3)$ 个顶点,设 p 为多边形周长. 证明
> $$n - 3 < \frac{2d}{p} < \left[\frac{n}{2}\right] \cdot \left[\frac{n+1}{2}\right] - 2$$
> 其中 $[x]$ 表示不超过 x 的最大整数值.

蒙古命题

证法 1 考虑凸多边形 $A_0 A_1 A_2 \cdots A_{n-1}$($n$ 边形),设 $A_i A_j$ 为对角线,由三角不等式
$$A_i A_j + A_{i+1} A_{j+1} > A_i A_{i+1} + A_j A_{j+1}$$

把全部 $\frac{1}{2}n(n-3)$ 条对角线 $A_i A_j$ 所对应这样的不等式相加起来,每条对角线在左边出现两次,每条边在右边出现 $n-3$ 次,所以得到
$$2d > (n-3)p$$
或
$$n - 3 < \frac{2d}{p}$$

为得到上界,考虑对角线 $A_i A_j$. 因为这是联结 A_i 和 A_j 的最短路径,它比任何以这两点为端点的多边形路线都短,这样有
$$A_i A_j < A_i A_{i+1} + \cdots + A_{j-1} A_j$$
及
$$A_i A_j < A_j A_{j+1} + \cdots + A_{i-1} A_i$$

若 n 为奇数,比如 $n = 2k - 1$,对于每个 $A_i A_j$,任取上述两不等式中右边式子较少项数的一个. 当把这 $\frac{1}{2}n(n-3)$ 个不等式相加时,我们在左边得到 d,在右边得到各边长度之和,其中每一边都刚好出现 $2 + 3 + \cdots + k - 1 = \frac{1}{2}k(k-1) - 1$ 次. 因此
$$d < \frac{p}{2}(k(k-1) - 2) = \frac{p}{2}\left(\frac{n+1}{2} \cdot \frac{n-1}{2} - 2\right)$$

若 n 为偶数,比如 $n = 2k$,除对角线 $A_i A_{i+k}$ 外再如上运用这些

不等式. 对那些 k 运用不等式 $A_i A_{i+k} \leqslant \frac{1}{2} p$, 把这 $\frac{1}{2} n(n-3)$ 个不等式相加, 得到

$$d < k \cdot \frac{1}{2} p + \frac{1}{2} p(k(k-1) - 2) = \frac{p}{2}(k(k-1) - 2 + k) =$$

$$\frac{p}{2}(k^2 - 2) = \frac{p}{2}\left(\frac{n^2}{4} - 2\right)$$

最后, 很容易证明对于偶数 n, 有

$$\frac{n^2}{4} = \left[\frac{n}{2}\right] \cdot \left[\frac{n+1}{2}\right]$$

对于奇数 n, 有

$$\frac{n^2 - 1}{4} = \left[\frac{n}{2}\right] \cdot \left[\frac{n+1}{2}\right]$$

这里 $[x]$ 表示 x 的整数部分. 因此 d 在各种情况下的上界为

$$d < \frac{p}{2}\left(\left[\frac{n}{2}\right] \cdot \left[\frac{n+1}{2}\right] - 2\right)$$

证法 2 设多边形的顶点为 $A_1, A_2, \cdots, A_n$, 并约定 A_{i+n} 即 A_i.

对角线

$$A_i A_{i+j} < A_i A_{i+1} + A_{i+1} A_{i+2} + \cdots + A_{i+j-1} A_{i+j} = \sum_{k=1}^{j} A_{i+k-1} A_{i+k}$$

$$i = 1, 2, \cdots, n; j = 2, 3, \cdots, \left[\frac{n}{2}\right]$$

当 n 为奇数时, 将以上各式加起来, 便得

$$d < \sum_{i=1}^{n} \sum_{j=2}^{\left[\frac{n}{2}\right]} \sum_{k=1}^{j} A_{i+k-1} A_{i+k} = \sum_{j=2}^{\left[\frac{n}{2}\right]} \sum_{k=1}^{j} \sum_{i=1}^{n} A_{i+k-1} A_{i+k} =$$

$$\sum_{j=2}^{\left[\frac{n}{2}\right]} \sum_{k=1}^{j} p = \sum_{j=2}^{\left[\frac{n}{2}\right]} jp = p\left[\frac{\left[\frac{n}{2}\right]\left(\left[\frac{n}{2}\right] + 1\right)}{2} - 1\right]$$

即

$$\frac{2d}{p} < \left[\frac{n}{2}\right]\left(\left[\frac{n}{2}\right] + 1\right) - 2 = \left[\frac{n}{2}\right] \cdot \left[\frac{n+1}{2}\right] - 2$$

当 n 为偶数时, 需要注意对角线 $A_i A_{i+\frac{n}{2}}$ 在总和 d 中只能计算一次, 因此

$$d < \sum_{i=1}^{n} \sum_{j=2}^{\left[\frac{n}{2}\right]-1} \sum_{k=1}^{j} A_{i+k-1} A_{i+k} + \frac{1}{2} \sum_{i=1}^{n} \sum_{k=1}^{\left[\frac{n}{2}\right]} A_{i+k-1} A_{ik} =$$

$$\sum_{i=1}^{n} \sum_{j=2}^{\left[\frac{n}{2}\right]} \sum_{k=1}^{j} A_{i+k-1} A_{i+k} = \frac{1}{2} \sum_{i=1}^{n} \sum_{k=1}^{\left[\frac{n}{2}\right]} A_{i+k-1} A_k =$$

$$p\left[\frac{\frac{n}{2}\left(\frac{n}{2} + 1\right)}{2} - 1\right] - \frac{1}{2} p \cdot \frac{n}{2} = \frac{1}{2} p\left(\left(\frac{n}{2}\right)^2 - 2\right)$$

即
$$\frac{2d}{p} < \left[\frac{n}{2}\right] \cdot \left[\frac{n+1}{2}\right] - 2$$

现在证明
$$\frac{2d}{p} > n - 3$$

设 A_iA_{i+k} 与 $A_{i+1}A_{i+1+k}$ 相交于 O,我们有
$$A_iA_{i+k} + A_{i+1}A_{i+1+k} = A_iO + OA_{i+1} + OA_{i+k} + OA_{i+1+k} >$$
$$A_iA_{i+1} + A_{i+k}A_{i+k+1}$$
$$i = 1, 2, \cdots, n; k = 2, 3, \cdots, n-2$$

将以上各式相加便得
$$2d > (n-3)p$$

❻ 设 a,b,c,d 为奇数,$0 < a < b < c < d$,$ad = bc$. 证明:如果 $a + d = 2^k$,$b + c = 2^m$(k,m 为两整数),那么 $a = 1$.

波兰命题

证明 因为 $ad = bc$,所以有
$$a((a+d) - (b+c)) = (a-b)(a-c) > 0$$
所以 $\qquad 2^k = a + d > b + c = 2^m$
因此 $k > m$. 因为
$$ad = a(2^k - a) = bc = b(2^m - b)$$
所以 $\qquad b^2 - a^2 = 2^m(b - 2^{k-m}a) = (b-a)(b+a)$
因此 2^m 可整除 $(b-a)(b+a)$. 数 $b-a$ 和 $b+a$ 不能同时被 4 整除,因为其和 $2b$ 不能被 4 整除. 我们得出结论:其中一个可被 2^{m-1} 整除,将它用 x 表示,那么
$$0 < x \leqslant b + a < b + c = 2^m$$
所以 $\qquad x = 2^{m-1}$
数 $b + c - x = 2^{m-1}$ 或者等于 $c + a$(若 $x = b - a$),或者等于 $c - a$(若 $x = b + a$). 若 a,b 有一公约数 d,则 d 需可整除其和(以及其差),但 x 只可被 2 整除,a,b 为奇数,故 $(a,b) = 1$. 类似地,$(a,c) = 1$,但 a 可整除 bc,所以 $a = 1$.

注 再做一些工作我们就可确定满足给定条件的 a,b,c,d. 因为
$$b - a < b < \frac{1}{2}(b + c) = 2^{m-1}$$
所以 $b - a \neq 2^{m-1}$,因此由上述定义的 x 为 $b + a = 2^{m-1}$. 因为 $a = 1$,知 $b = 2^{m-1} - 1$,$c = 2^m - b = 2^{m-1} + 1$,最后 $d = bc = 2^{2m-2} - 1$.

相反地,对任何整数 $m \geqslant 3$,数 $a = 1, b = 2^{m-1} - 1, c = 2^{m-1} + 1, d = (2^{m-1})^2 - 1$ 满足所给的条件(其中 $k = 2(m-1)$).

第 25 届国际数学奥林匹克英文原题

The twenty-fifth International Mathematical Olympiad was held from June 29th to July 10th 1983 in the capital city of Prague.

❶ Prove that
$$0 \leqslant xy + yz + zx - 2xyz \leqslant \frac{7}{27}$$
where x, y, z are non-negative real numbers for which $x + y + z = 1$.

(F. R. Germany)

❷ Find one pair of positive integers a, b such that:
a) $ab(a+b)$ is not divisible by 7;
b) $(a+b)^7 - a^7 - b^7$ is divisible by 7^7.
Justify your answer.

(Netherlands)

❸ In the plane two different points O, A are given. For each point X of the plane, other than O, denote by $a(X)$ the measure of the angle between OA and OX in radians, counterclockwise from OA ($0 \leqslant a(X) < 2\pi$). Let $C(X)$ be the circle with centre O and radius of length $OX + \dfrac{a(X)}{OX}$. Each point of the plane is coloured by one of a finite number of colours. Prove that there exists a point Y for which $a(Y) > 0$ such that its colour appears on the circumference of the circle $C(Y)$.

(Romania)

❹ Let $ABCD$ be a convex quadrilateral such that the line CD is a tangent to the circle on AB as diameter. Prove that the line AB is a tangent to the circle on CD as diameter if and only if the lines BC and AD are parallel.

(Romania)

❺ Let d be the sum of the lengths of all the diagonals of a plane convex polygon with n vertices ($n>3$) and let p be its perimeter. Prove that
$$n-3<\frac{2d}{p}<\left[\frac{n}{2}\right]\cdot\left[\frac{n+1}{2}\right]-2$$
where $[x]$ denotes the greatest integer not exceeding x.

(Mongolia)

❻ Let a,b,c,d be odd integers such that $0<a<b<c<d$ and $ad=bc$. Prove that if $a+d=2^k$ and $b+c=2^m$ for some integers k and m, then $a=1$.

(Poland)

第25届国际数学奥林匹克各国成绩表

捷克斯洛伐克,1984

名次	国家或地区	分数	奖牌			参赛队
		(满分252)	金牌	银牌	铜牌	人数
1.	苏联	235	5	1	—	6
2.	保加利亚	203	2	3	1	6
3.	罗马尼亚	199	2	2	2	6
4.	匈牙利	195	1	4	1	6
4.	美国	195	1	4	1	6
6.	英国	169	1	3	1	6
7.	越南	162	1	2	3	6
8.	德意志民主共和国	161	1	2	3	6
9.	德意志联邦共和国	150	—	2	4	6
10.	蒙古	146	—	3	2	6
11.	波兰	140	—	1	5	6
12.	法国	126	—	2	2	6
13.	捷克斯洛伐克	125	—	2	2	6
14.	南斯拉夫	105	—	—	4	6
15.	澳大利亚	103	—	1	2	6
16.	奥地利	97	—	1	2	6
17.	荷兰	93	—	1	2	6
18.	巴西	92	—	—	3	6
19.	希腊	88	—	1	—	6
20.	加拿大	83	—	—	1	6
21.	哥伦比亚	80	—	—	2	6
22.	古巴	67	—	—	1	6
23.	比利时	56	—	—	1	6
23.	摩洛哥	56	—	—	1	6
25.	瑞典	53	—	—	—	6
26.	塞浦路斯	47	—	—	1	6
27.	西班牙	43	—	—	—	6
28.	阿尔及利亚	36	—	—	—	4
29.	芬兰	31	—	—	—	6
30.	突尼斯	29	—	—	—	6
31.	挪威	24	—	—	1	1
32.	卢森堡	22	—	—	1	1
33.	科威特	9	—	—	—	6
34.	意大利	0	—	—	—	6

第25届国际数学奥林匹克预选题

捷克斯洛伐克,1984

❶ 分数 $\frac{3}{10}$ 可以被写成两个分子为1的正的分数之和如下:
$\frac{3}{10} = \frac{1}{5} + \frac{1}{10}$ 或 $\frac{3}{10} = \frac{1}{4} + \frac{1}{20}$,而且只有这两种分解的方式.
$\frac{3}{1\,984}$ 可以用多少种方式被写成两个分子为1的正的分数之和?

是否存在一个不能被3整除的正整数 n,使得 $\frac{3}{n}$ 恰可用 1 984 种方式被写成两个分子为1的正的分数之和?

❷ 给出一个正 $2m$ 边多边形 P,证明:存在一个和 P 的顶点相同(但是有不同的顺序)的 $2m$ 边多边形 π,使得 π 恰有一对平行边.

❸ 如图 25.4,一个自相交的凹六边形 $AFBDCE$ 的对边相交于点 K,L,M. 设 $AL = AM = a, BM = BK = b, CK = CL = c, LD = DM = d, ME = EK = e, FK = FL = f$.

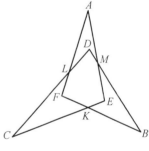

图 25.4

(1) 给定长度 a 和顶点 A,B 和 C 处的三个角 α, β 和 γ,它们满足条件 $\alpha + \beta + \gamma < 180°$,证明:这样六边形的所有的角和边就已被唯一确定了.

(2) 证明
$$\frac{1}{a} + \frac{1}{e} = \frac{1}{b} + \frac{1}{d}$$
或
$$(a+f)(b+d)(c+e) = (a+e)(b+f)(c+d)$$

❹ 给了 △ABC,在三角形外作三个等边 △AEB,△BFC 和 △CGA. 证明:

(1) $CE = AF = BG$;

(2) CE, AF 和 BG 交于一点.

❺ 对实数 x,设 $[x]$ 表示不超过 x 的最大整数. 如果 $m \geqslant 3$, 证明
$$\left[\frac{m(m+1)}{2(2m-1)}\right] = \left[\frac{m+1}{4}\right]$$

❻ 设 P,Q,R 是实系数或复系数多项式,其中至少有一个不是常数. 如果 $P^n + Q^n + R^n = 0$,证明: $n < 3$.

❼ 证明:对任意自然数 n, $\binom{2n}{n}$ 都可整除 $1,2,\cdots,2n-1,2n$ 的最小公倍数.

❽ 在 $\triangle A_1 A_2 A_3$ 所在的平面中,确定(并证明)一条直线 l,使得从 A_1, A_2 和 A_3 到 l 的距离之和尽可能的小.

❾ $\triangle A_1 A_2 A_3$ 的内切圆分别和它的边 $A_1 A_2, A_2 A_3$ 和 $A_3 A_1$ 切于点 T_1, T_2, T_3. 分别用 M_1, M_2, M_3 表示线段 $A_2 A_3, A_3 A_1, A_1 A_2$ 的中点. 证明:从点 M_1, M_2, M_3 到直线 $T_2 T_3, T_3 T_1$ 和 $T_1 T_2$ 所作的垂线交于一点.

❿ 设四面体 $ABCD$ 的以 AB 为边的二面角的角平分平面交边 CD 于点 E. 分别用 S_1, S_2, S_3 表示 $\triangle ABC, \triangle ABE$ 和 $\triangle ABD$ 的面积. 证明:不存在使得 S_1, S_2, S_3 (按此次序)构成等差数列或等比数列的四面体.

⓫ 证明:内接于一个体积为 1 的直圆柱内的四面体的体积不超过 $\frac{2}{3\pi}$.

证明 设 Z 是所给的半径为 r,高为 h 的圆柱,其体积为 $\pi r^2 h = 1$. k_1 和 k_2 是两底中的圆. 而 V 是内接于它的四面体 $ABCD$ 的体积.

我们断言,不失一般性,可设 A,B,C,D 都位于 $k_1 \cup k_2$ 上. 实际上,如果固定顶点 A,B,C 而让沿着平行于圆柱对称轴的线段 EF 移动($E \in k_1, F \in k_2$),那么 D 到平面 ABC 的最大距离(因此,V 的最大值)必在 E 或 F 处达到. 因此我们将只考虑以下两种情况:

(1) $A,B \in k_1$ 而 $C,D \in k_2$. 设 P,Q 分别是 A,B 在 k_2 所在的平面上的投影,而 R,S 分别是 C,D 在 k_1 所在的平面上的投影,那么 V 是棱柱 $ABRSCPDQ$ 的体积 V' 的三分之一. 这个棱柱的底分别是 $ABRS$ 和 $CPDQ$. 内接于 k_1 的四边形 $ABRS$ 的面积不超过内

接于 k_1 的正方形的面积 $2r^2$,因此 $3V=V'\leqslant 2r^2h=\dfrac{2}{\pi}$.

(2) $A,B,C\in k_1$ 而 $D\in k_2$. $\triangle ABC$ 的面积不超过内接于 k_1 的等边三角形的面积 $\dfrac{3\sqrt{3}}{4}r^2$,因此 $V\leqslant \dfrac{\sqrt{3}}{4}r^2h=\dfrac{\sqrt{3}}{4\pi}<\dfrac{2}{3\pi}$.

❶❷ 设 n 是一个自然数,而 $a_1,a_2,\cdots,a_{2n}$ 是互不相同的整数. 求出满足以下方程
$$(x-a_1)\cdot(x-a_2)\cdots(x-a_{2n})=(-1)^n(n!)^2$$
的所有整数.

原型题目:设 $a_1,a_2,\cdots,a_{2n}$ 是互不相同的整数,使得
$$(x-a_1)\cdot(x-a_2)\cdots(x-a_{2n})+(-1)^{n-1}(n!)^2=0$$
有整数解 r,证明:$r=\dfrac{a_1+a_2+\cdots+a_{2n}}{2n}$.

证明 假设整数 x 满足方程,那么数 $x-a_1,x-a_2,\cdots,x-a_{2n}$ 是 $2n$ 个不同的整数,它们的积是 $1\cdot(-1)\cdot 2\cdot(-2)\cdots n\cdot(-n)$. 由此可知数 $x-a_1,x-a_2,\cdots,x-a_{2n}$ 必为 $-n,-n+1,\cdots,-1,1,\cdots,n-1,n$ 的某个排列,因而它们的和为零,所以就有
$$x=\dfrac{a_1+a_2+\cdots+a_{2n}}{2n}$$
如果 $\{a_1,a_2,\cdots,a_{2n}\}=\{x-n,\cdots,x-1,x+1,\cdots,x+n\}$,那么这就是唯一的一组解,否则方程无解.

❶❸ 证明:
(1) 存在无穷多个正整数对 (m,n,p),使得 $4mn-m-n=p^2-1$;
(2) 不存在使得 $4mn-m-n=p^2$ 的正整数 m,n,p.

原型题目:设 m,n 是非零整数,证明:$4mn-m-n$ 可以无限多次是一个完全平方数,但是当 m 或 n 之一是正整数时不会是.

变形题目:设 m,n 是正整数,证明:$4mn-m-n$ 可以无限次地成为一个比一个完全平方数小 1 的数,但是不可能是一个完全平方数.

证明 (1) 对 $m=\dfrac{t(t-1)}{2}, n=\dfrac{t(t+1)}{2}$,我们有 $4mn-m-n=(t^2-1)^2-1$.

(2) 假设 $4mn - m - n = p^2$ 或等价地 $(4m-1)(4n-1) = 4p^2 + 1$. 数 $4m-1$ 至少有一个 $4k+3$ 型的素因数, 比如 q, 那么 $4p^2 \equiv -1 \pmod{q}$. 然而, 由费马 (Fermat) 定理, 我们又有
$$1 \equiv (2p)^{q-1} = (4p^2)^{\frac{q-1}{2}} \equiv (-1)^{\frac{q-1}{2}} \pmod{q}$$
由于 $\frac{q-1}{2} = 2k+1$ 是一个奇数, 因此上式不可能成立.

❶❹ 设 c 是一个正整数, 定义序列 $\{f_n\}$ 如下
$$f_1 = 1, f_2 = c, f_{n+1} = 2f_n - f_{n-1} + 2, n \geq 2$$
证明: 对任意 $k \in \mathbf{N}$, 存在 $r \in \mathbf{N}$, 使得 $f_k f_{k+1} = f_r$.

证明 从所给的递推关系, 我们有 $f_{n+1} - f_n = f_n - f_{n-1} + 2$, 因此
$$f_{n+1} - f_n = (f_2 - f_1) + 2(n-1) = c - 1 + 2(n-1)$$
对 $n = 1, 2, \cdots, k-1$, 把上式相加就得出一个明显的公式
$$f_k = f_1 + (k-1)(c-1) + (k-1)(k-2) = k^2 + bk - b$$
其中 $b = c - 4$. 现在我们易于得出
$$f_k f_{k+1} = k^4 + 2(b+1)k^3 + (b^2+b+1)k^2 - (b^2+b)k - b$$
我们现在求 r 使得最后的表达式等于 f_r. 令 $r = k^2 + pk + q$, 由直接计算可知 $p = b+1, q = -b$ 和 $r = k^2 + (b+1)k - b = f_k + k$, 因此对所有的 k, 有 $f_k f_{k+1} = f_{f_k + k}$.

❶❺ 考虑所有如下形式的和
$$\sum_{k=1}^{1985} e_k k^5 = \pm 1^5 \pm 2^5 \pm \cdots \pm 1985^5$$
其中 $e_k = \pm 1$, 这种和式所能达到的最小的非负值是多少?

❶❻ 定义三角阵 $(a_{n,k})$ 如下: $a_{n,1} = \frac{1}{n}$, 对 $n = 1, 2, \cdots$ 和 $1 \leq k \leq n-1$, $a_{n,k+1} = a_{n-1,k} - a_{n,k}$. 求第 1985 行的调和平均值.

解 首先, 我们将证明, 第 n 行的数恰是
$$\frac{1}{n\binom{n-1}{0}}, \frac{1}{n\binom{n-1}{1}}, \frac{1}{n\binom{n-1}{2}}, \cdots, \frac{1}{n\binom{n-1}{n-1}} \quad \text{①}$$
可以用归纳法证明这一事实. 对小的 n 易于验证这一命题. 现在假设命题对自然数 n 成立, 那么可以直接验证第 $n+1$ 行的第 k 个元素是

$$\frac{1}{n\binom{n-1}{k-1}} - \frac{1}{(n+1)\binom{n}{k-1}} = \frac{1}{(n+1)\binom{n}{k}}$$

因而命题对 $n+1$ 也成立,这就证明了 ①.

现在,可以看出,第 n 行元素的几何平均满足

$$\frac{1}{\sqrt[n]{\binom{n-1}{0} \cdot \binom{n-1}{1} \cdot \cdots \cdot \binom{n-1}{n-1}}} \geqslant \frac{1}{n\left[\frac{\binom{n-1}{0} + \binom{n-1}{1} + \cdots + \binom{n-1}{n-1}}{n}\right]} = \frac{1}{2^{n-1}}$$

把 $n=1984$ 代入上式即可得出所需的结果.

❶⓻ 求出以下方程组的所有解
$$x_1 \mid x_1 \mid - (x_1 - a) \mid x_1 - a \mid = x_2 \mid x_2 \mid$$
$$x_2 \mid x_2 \mid - (x_2 - a) \mid x_2 - a \mid = x_3 \mid x_3 \mid$$
$$\vdots$$
$$x_n \mid x_n \mid - (x_n - a) \mid x_n - a \mid = x_1 \mid x_1 \mid$$

❶⓼ 设 c 是 $\triangle ABC$ 的内切圆,d 是一条和 c 相切但不通过 $\triangle ABC$ 的顶点的直线.证明:在直线 BC,CA,AB 上分别存在三个满足以下性质的点 A_1,B_1,C_1:

(1) 直线 AA_1,BB_1 和 CC_1 是互相平行的;

(2) 直线 AA_1,BB_1 和 CC_1 与 d 分别相交于点 A',B' 和 C',使得

$$\frac{\overline{A'A_1}}{\overline{A'A}} = \frac{\overline{B'B_1}}{\overline{B'B}} = \frac{\overline{C'C_1}}{\overline{C'C}}$$

❶⓽ 设 $\triangle ABC$ 是 $\angle A$ 为直角的等腰三角形.求出由
$$F(M) = BM + CM - \sqrt{3} AM$$
所定义的函数 F 的最小值.

❷⓿ 设 x,y,z 是使得
$$x+y+z=1$$
的非负实数,证明
$$0 \leqslant xy+yz+zx-2xyz \leqslant \frac{7}{27}$$

证明 设 $f(x,y,z) = xy+yz+zx-2xyz$. 把 $xy \geqslant xyz$,

$yz \geqslant xyz$ 和 $zx \geqslant xyz$ 相加立即得出第一个不等式(事实上,成立更强的不等式 $xy + yz + zx - 9xyz \geqslant 0$).

不失一般性,设 z 是 x, y, z 中的最小者. 由于 $xy \leqslant \frac{1}{4}(x+y)^2 = \frac{1}{4}(1-z)^2$ 和 $z \leqslant \frac{1}{2}$,我们有

$$xy + yz + zx - 2xyz = (x+y)z + xy(1-2z) \leqslant$$
$$(1-z)z + \frac{(1-z)^2(1-2z)}{4} =$$
$$\frac{7}{27} - \frac{(1-2z)(1-3z)^2}{108} \leqslant \frac{7}{27}$$

㉑ (1) 开始时有 a 个白球和 b 个黑球;

(2) 随机地抽一个球;

(3) 如果所抽的球是白的,则停止;否则添加两个黑球并返回第二步.

设 S 是过程结束前所抽的球数,对 $a=b=1$ 和 $a=b=2$ 这两种情况,求 $a_n = P(S=n)$, $b_n = P(S \leqslant n)$, $\lim\limits_{n \to \infty} b_n$ 和抽球的期望值 $E(S) = \sum\limits_{n \geqslant 1} n a_n$.

㉒ 在集合 $\{1, 2, \cdots, n\}$ 的排列 $(x_1, x_2, \cdots, x_n)$ 中,一个对 (x_i, x_j) 称为是一个逆序,如果 $i < j$ 而 $x_i > x_j$. 设 $d(n, k)$ 表示所有恰有 k 个逆序的排列的数目,求 $d(n, 2)$ 和 $d(n, 3)$.

原型题目:在集合 $\{1, 2, \cdots, n\}$ 的排列 $(x_1, x_2, \cdots, x_n)$ 中,一个对 (x_i, x_j) 称为是一个逆序,如果 $i < j$ 而 $x_i > x_j$. 设 $d(n, k)$ 表示所有恰有 k 个逆序的排列的数目.

(1) 求 $d(n, 2)$;

(2) 证明:$d(n, k) = d(n, k-1) + d(n-1, k) - d(n-1, k-1)$.

我们规定对 $k < 0$, $d(n, k) = 0$,以及对 $n \geqslant 1$, $d(n, 0) = 1$. 用此递推公式计算出一个对 $n = 1, \cdots, 6$ 的 $d(n, k)$ 的表.

解 对任意 $m = 0, 1, \cdots, n-1$,我们将求出那种排列 $(x_1, x_2, \cdots, x_n)$ 的数目,它们恰有 k 个使得 $x_n = n - m$ 的反序的对. 这个 x_n 是恰有 m 个反序对的排列数目,因此集合 $\{1, 2, \cdots, n\} \setminus \{m\}$ 的排列 $(x_1, \cdots, x_{n-1})$ 必恰有 $k - m$ 个反序对,即有 $d(n-1, k-m)$ 个那种排列. 因此有

$$d(n, k) = d(n-1, k) + d(n-1, k-1) + \cdots +$$

$$d(n-1, k-n+1) = d(n-1, k) + d(n, k-1)$$

(注意,当 $k < 0$ 或 $k > \binom{n}{2}$ 时,$d(n,k) = 0$).

我们现在逐步计算 $d(n,2)$ 和 $d(n,3)$.

$d(n,0) = 1$ 是平凡的,由此逐步得出

$$d(n,1) = d(n-1,1) + d(n,0) = d(n-1,1) + 1$$

由此得出

$$d(n,1) = d(1,1) + n - 1 = n - 1$$

继续又有

$$d(n,2) = d(n-1,2) + d(n,1) = d(n-1,2) + n - 1 =$$
$$d(2,2) + 2 + 3 + \cdots + n - 1 = \frac{n^2 - n - 2}{2}$$

最后,利用公式 $1^2 + 2^2 + \cdots + k^2 = \frac{k(k+1)(2k+1)}{6}$,我们有

$$d(n,3) = d(n-1,3) + d(n,2) = d(n-1,3) + \frac{n^2 - n - 2}{2} =$$
$$d(2,3) + \sum_{i=3}^{n} \frac{i^2 - i - 2}{2} = \frac{n^3 - 7n + 6}{6}$$

㉓ 用 24 块 $1 \times 1 \times 2$ 的木块来装满一个 $2 \times 2 \times 12$ 的箱子可以有多少种方法?

㉔ (1) 确定是否可把一个 8×8 的国际象棋盘的每个格子都标上数字 $1, 2, \cdots, 64$,使得每个如下形式(图 25.5)的图形中的四个数字之和都可被 4 整除?

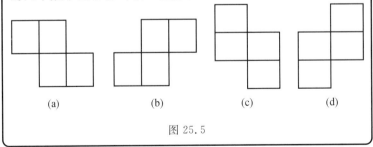

图 25.5

(2) 对下面的图形(图 25.6)解决类似的问题.

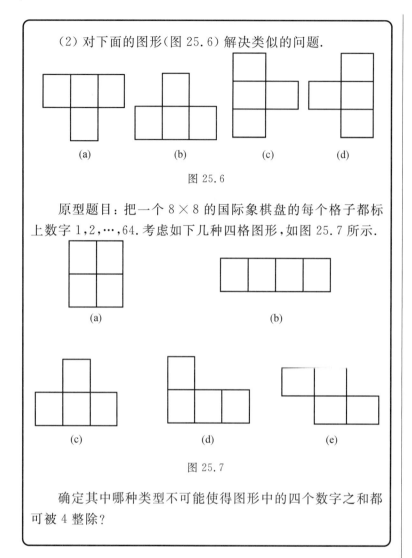

图 25.6

原型题目：把一个 8×8 的国际象棋盘的每个格子都标上数字 $1,2,\cdots,64$. 考虑如下几种四格图形, 如图 25.7 所示.

确定其中哪种类型不可能使得图形中的四个数字之和都可被 4 整除?

解 显然只要对模 4 的余数(每种 16 个)解决问题即可.

(1) 余数可如图 25.8 那样放置, 因此它们满足条件.

(2) 假设所需的数存在. 考虑如图 25.9 中所示的部分象棋盘. 由初始条件可知, 所有的数 $p+q+r+s, q+r+s+t, p+q+r+t, p+r+s+t$ 在模 4 下都给出相同的余数, 因此 p,q,r,s 也是这样. 这样, 我们就已推出, 在棋盘上的每一个那种块, 除了两个拐角处的块之外都给出相同的余数, 这是不可能的.

㉕ 证明: 连续五个正整数的乘积不可能是一个整数的平方.

```
1 0 3 2 1 0 3 2
2 3 0 1 2 3 0 1
3 2 1 0 3 2 1 0
0 1 2 3 0 1 2 3
1 0 3 2 1 0 3 2
2 3 0 1 2 3 0 1
3 2 1 0 3 2 1 0
0 1 2 3 0 1 2 3
```
图 25.8

$\quad p$
$q\ r\ s$
$\quad t$

图 25.9

证明 假设有某五个连续的正整数之积是一个完全平方数,

那么易于看出，其中至少有一个数，比如，n 既不能被 2 整除，也不能被 3 整除. 由此易证 n 和其他四个数都是互素的，因而也和这四个数的乘积互素，因此它本身必是一个形如 $6k\pm1$ 的数 m 的平方. （同时其他四个数的乘积也是一个完全平方）那样 $n=(6k\pm1)^2=24r+1$，其中 $r=\dfrac{k(3k\pm1)}{2}$. 注意无论 $24r-1$（因为 $24r-1\equiv 3 \pmod 4$，但是 $x^2\equiv 0,1 \not\equiv 2,3 \pmod 4$）还是 $24r+5$（因为 $24r+5\equiv 2 \pmod 3$，但是 $x^2\equiv 0,1 \not\equiv 2 \pmod 3$）都不是完全平方数. 因此这五个数必为
$$24r, 24r+1, \cdots, 24r+4$$
因为 $24r \cdot (24r+2) \cdot (24r+3) \cdot (24r+4) = 16 \cdot 6r \cdot (24r+2) \cdot (24r+3) \cdot (6r+1)$，容易证明 $6r+1$ 和其他三个数都互素，因此和这三个数的乘积也是互素的，这蕴涵它也是一个完全平方数，故 $24r+4$ 是一个完全平方数. 因此有
$$\begin{cases} 24r+1=x^2 \\ 24r+4=y^2 \end{cases}$$
由此得出 $(y+x)(y-x)=3$，故 $y+x=3, y-x=1, x=1, y=2$. 因而 $r=0$，这与条件中五个数都是正整数矛盾.

❷❻ 在平面上有一个固定的圆箍（厚度不计，即可以将其看成一个圆），半径为 4 cm，其对称轴垂直于它所在的平面. 将一个高 6 cm、半径为 4 cm 的圆柱形容器放在此圆箍上，使其表面与圆箍只在两点接触.

现在，保持圆柱与圆箍只在两点处接触并允许圆柱运动，求出并证明圆柱的垂直端点的轨迹.（编者注：此题原题叙述意义不明，难以理解）

❷❼ 对非负整数 n 定义一个函数 $f(n)$ 如下：$f(0)=0$，$f(1)=1$，对
$$\frac{1}{2}m(m-1) < n \leqslant \frac{1}{2}m(m+1), m \geqslant 2$$
$$f(n) = f\left(n - \frac{1}{2}m(m-1)\right) - f\left(\frac{1}{2}m(m+1) - n\right)$$
求出使得 $f(n)=5$ 的最小整数 n.

❷❽ 定义"数字三角"$(t_{n,k})(0 \leqslant k \leqslant n)$ 如下
$$t_{n,0} = t_{n,n} = 1, n \geqslant 0$$
$$t_{n+1,m} = (2-\sqrt{3})^m t_{n,m} + (2+\sqrt{3})^{n-m+1} t_{n,m-1}, 1 \leqslant m \leqslant n$$
证明：所有的 $t_{n,m}$ 都是整数.

㉙ 设 $S_n = \{1, \cdots, n\}$, f 是一个满足以下条件的把每一个 S_n 的子集映为一个正实数的函数: 对任意 $A \subset S_n$ 和
$$f(A \cup \{x\}) f(A \cup \{y\}) \leqslant f(A \cup \{x,y\}) f(A)$$
证明: 对所有的 $A, B \subset S_n$, 以下不等式
$$f(A) \cdot f(B) \leqslant f(A \cup B) f(A \cap B)$$
成立.

㉚ 确定是否可能用 15 种颜色把 1 984 个数字 $1, 2, 3, \cdots, 1\,984$ 染色, 使得不存在长度为 3 由相同颜色的数字组成的等比数列.

㉛ 设 $f_1(x) = x^3 + a_1 x^2 + b_1 x + c_1 = 0$ 是一个有三个正根 $\alpha > \beta > \gamma > 0$ 的方程, 从这个方程再构造一个方程
$$f_2(x) = x^3 + a_2 x^2 + b_2 x + c_2 =$$
$$x(x+b_1)^2 - (a_1 x + c_1)^2 = 0$$
继续这一过程, 我们得到方程 $f_3, \cdots, f_n$. 证明
$$\lim_{n \to \infty} \sqrt[2^{n-1}]{-a_n} = \alpha$$

㉜ $\triangle ABC$ 的所有的角都小于 $120°$, 向它之外作等边 $\triangle AFB$, $\triangle BDC$ 和 $\triangle CEA$.
(1) 证明: 直线 AD, BE 和 CF 交于一点 S;
(2) 证明: $SD + SE + SF = 2(SA + SB + SC)$.

证明 (1) 由于绕 A 旋转 $60°$ 的变换把 $\triangle CAF$ 变为 $\triangle EAB$, 这就得出 $\angle (CF, EB) = 60°$. 类似地, 得出 $\angle (EB, AD) = \angle (AD, FC) = 60°$. 设 S 是 BE 和 AD 的交点. 由于 $\angle CSE = \angle CAE = 60°$, 这就得出 E, A, S, C 是共圆的. 因此 $\angle (AS, SC) = 60° = \angle (AD, FC)$, 这蕴涵 S 也位于 CF 上.

(2) $EASC$ 环绕 E 旋转 $60°$ 的变换把 A 变为 C, 以及把 S 变为一个使得 $SE = ST = SC + CT = SC + SA$ 的点 T, 把等式 $SE = SC + SA$ 和上式相加, 类似地, 把等式 $SD = SB + SC$ 以及等式 $SF = SA + SB$ 和上式相加就可得出所需的结果.

㉝ 设 d 是一个凸 n 边形的所有对角线的长度之和, 而 p 是其周长. 证明
$$\frac{n-3}{2} < \frac{d}{p} < \frac{1}{2}\left(\left[\frac{n}{2}\right] \cdot \left[\frac{n+1}{2}\right] - 2\right)$$

证明 考虑 n 边形 $A_1A_2\cdots A_n$(其中的下标是关于模 n 的). 对任意对角线 A_iA_j,我们有 $A_iA_j+A_{i+1}A_{j+1}>A_iA_{i+1}+A_jA_{j+1}$. 把所有的那种 $\frac{n(n-3)}{2}$ 个不等式相加,我们得出 $2d>(n-3)p$, 这就证明了第一个不等式.

现在,我们证明第二个不等式. 注意对每条对角线 A_iA_{i+j}(不失一般性,可设 $j\leqslant \left[\frac{n}{2}\right]$)有以下关系

$$A_iA_{i+j}<A_iA_{i+1}+\cdots+A_{i+j-1}A_{i+j} \qquad ①$$

成立.

如果 $n=2k+1$,那么对 $j=2,3,\cdots,k$ 和 $i=1,2,\cdots,n$ 把不等式 ① 相加产生

$$d<(2+3+\cdots+k)p=\frac{p}{2}\left(\left[\frac{n}{2}\right]\left[\frac{n+1}{2}\right]-2\right)$$

如果 $n=2k$,那么对 $j=2,3,\cdots,k-1, i=1,2,\cdots,n$ 和 $j=k$, $i=1,2,\cdots,k$ 把不等式 ① 相加仍然产生

$$d<\left(2+3+\cdots+k-1+\frac{k}{2}\right)p=\frac{p}{2}\left(\left[\frac{n}{2}\right]\cdot\left[\frac{n+1}{2}\right]-2\right)$$

㉞ 一个国家中有 n 个城市,且每两个城市之间都有铁路线相连. 一个铁路工作者需检查此铁路系统中的所有站点,但是要求他每个城市恰只能到达一次. 同时不允许他在两个城市之间乘坐火车,但是允许他乘飞机. 他最少要飞行几次?

㉟ 证明:存在不同的自然数 $m_1,m_2,\cdots,m_k$ 满足条件

$$\pi^{-1\,984}<25-\left(\frac{1}{m_1}+\frac{1}{m_2}+\cdots+\frac{1}{m_k}\right)<\pi^{-1\,960}$$

其中 π 表示圆周率.

㊱ 集合 $\{1,2,\cdots,49\}$ 被分成了三个子集. 证明:其中至少有一个子集含有三个不同的数 a,b,c 使得 $a+b=c$.

㊲ 用 $[x]$ 表示不超过 x 的最大整数. 对所有的实数 $\alpha>1$, 定义两个序列

$$a_n(\alpha)=[n\alpha] \text{ 和 } b_n(\alpha)=\left[\frac{n\alpha}{\alpha-1}\right]$$

如果 $A(\alpha)=\{a_n(\alpha):n\in\mathbf{N}\}, B(\alpha)=\{b_n(\alpha):n\in\mathbf{N}\}$,证明:当且仅当 α 是无理数时,$A(\alpha)$ 和 $B(\alpha)$ 构成 $\mathbf{N}$ 的一个分划(即使得 $A(\alpha)\bigcup B(\alpha)=\mathbf{N}, A(\alpha)\bigcap B(\alpha)=\varnothing$).

❽ 确定所有对任意 $(x,y) \in \mathbf{R}^2$ 满足方程
$$f(x+y)f(x-y) = (f(x)f(y))^2$$
的连续函数 f.

❾ 设 $\triangle ABC$ 是等腰三角形,其中 $AB = AC$, $\angle A = 20°$. 设 D 是 AB 上一点, 而 E 是 AC 上一点, 使得 $\angle ACD = 20°$, 而 $\angle ABE = 30°$, 求 $\angle CDE$ 是多少?

❿ 求两个正整数 a, b 使得 $a, b, a+b$ 都不能被 7 整除, 但是 $(a+b)^7 - a^7 - b^7$ 可被 7^7 整除.

解 由二项式公式可得
$$(a+b)^7 - a^7 - b^7 =$$
$$7ab[(a^5 + b^5) + 3ab(a^3 + b^3) + 5a^2b^2(a+b)] =$$
$$7ab(a+b)(a^2 + ab + b^2)^2$$

那样,只需求出使得 $7 \nmid a, b$, 而 $7^3 \mid a^2 + ab + b^2$ 的 a, b 即可. 那种数必须满足
$$(a+b)^2 > a^2 + ab + b^2 \geqslant 7^3 = 343$$
这蕴涵 $a+b \geqslant 19$, 从 $a = 1$ 开始试验, 我们易于求出一个例子 $(a, b) = (1, 18)$.

⓫ 确定正整数 p, q 和 r, 使得一个由 $p \times q \times r$ 个单位立方体组成的方块的对角线恰通过 1 984 个单位立方体,而其长度最小(称一条对角线通过一个单位立方体,如果它和此单位立方体有多于 1 个的公共点).

⓬ 在 $\triangle ABC$ 中, $BC = AC + \frac{1}{2}AB$, 点 P 分 AB, 使得 $BP : PA = 1 : 3$. 证明: $\angle CAP = 2\angle CPA$.

⓭ 设 a, b, c, d 是奇的正整数, 且对某个 k 和 m, 有
$$a < b < c < d, ad = bc, a+d = 2^k, b+c = 2^m$$
成立. 证明: $a = 1$.

证明 由于 $ad = bc$, 因此有
$$a((a+d) - (b+c)) = a^2 + ad - ab - ac =$$
$$a^2 + bc - ab - ac =$$

$$(a-b)(a-c) > 0$$

由此可知 $a+d > b+c$，从而有 $k > m$. 因此 2^{k-m} 是一个正整数.

又由于
$$2^m(b - a \cdot 2^{k-m}) = b \cdot 2^m - a \cdot 2^k =$$
$$b(b+c) - a(a+d) =$$
$$b^2 - a^2 = (b-a)(b+a) \quad ①$$

故
$$2^m \mid (b-a)(b+a)$$

但由于 $(b-a)+(b+a) = 2b$ 不是 4 的倍数，因此 $b-a$ 和 $b+a$ 不能同时被 4 整除，从而它们之中必有一个可被 2^{m-1} 整除.

由于
$$b - a < b + a < b + c = 2^m$$

因此 $b-a$ 和 $b+a$ 之中必有一个等于 2^{m-1}，但因为 $b-a < b < \frac{1}{2}(b+c) = 2^{m-1}$，所以必有 $b+a = 2^{m-1}$，将其代入式 ①，可知 $b-a = 2(b - a \cdot 2^{k-m})$. 再从 $b+a = 2^{m-1}$ 可知 $b = 2^{m-1} - a$，将此式再代入 $b-a = 2(b - a \cdot 2^{k-m})$，就可解得 $a = 2^{2m-k-2}$. 但是由于 a 是正的奇数，因此只能有 $a = 1$.

㊹ 设 a, b, c 是正数并满足
$$\sqrt{a} + \sqrt{b} + \sqrt{c} = \frac{\sqrt{3}}{2}$$
证明：方程组
$$\sqrt{y-a} + \sqrt{z-a} = 1$$
$$\sqrt{z-b} + \sqrt{x-b} = 1$$
$$\sqrt{x-c} + \sqrt{y-c} = 1$$
恰有一组实数解.

证明 我们首先证明，此方程组至多只能有一组解. 设 (x, y, z) 和 (x', y', z') 是两组不同的解. 不失一般性可设 $x < x'$，那么第二个和第三个方程蕴涵 $y > y'$ 和 $z > z'$，但是那样就有 $\sqrt{y-a} + \sqrt{z-a} > \sqrt{y'-a} + \sqrt{z'-a}$，矛盾.

现在我们证明此方程组至少有一组解. 设 P 是平面上任意一个点，而 K, L, M 是使得 $PK = \sqrt{a}, PL = \sqrt{b}, PM = \sqrt{c}$ 以及 $\angle KPL = \angle LPM = \angle MPK = 120°$ 的点. 通过 K, L, M 并分别垂直于 PK, PL, PM 的直线构成一个等边 $\triangle ABC$，其中 $K \in BC, L \in AC, M \in AB$. 由于它的面积等于 $\frac{\sqrt{3}}{4} AB^2 = S_{\triangle BPC} + S_{\triangle APC} + S_{\triangle APB} = \frac{1}{2} AB(\sqrt{a} + \sqrt{b} + \sqrt{c})$，这就得出 $AB = 1$，因此 $x = PA^2$,

$y=PB^2, z=PC^2$ 是一组解.（实际上有 $\sqrt{y-a}+\sqrt{z-a}=\sqrt{PB^2-PK^2}+\sqrt{PC^2-PK^2}=BK+CK=1$）

㊺ 设 X 是平面中的任意非空集合且集合 $A_1, A_2, \cdots, A_m$ 和 $B_1, B_2, \cdots, B_n$ 都是它在平移变换下的象. 设
$$A_1 \cup A_2 \cup \cdots \cup A_m \subset B_1 \cup B_2 \cup \cdots \cup B_n$$
且集合 $A_1, A_2, \cdots, A_m$ 是两两不相交的, 证明: $m \leqslant n$.

㊻ 设 $\{a_n\}(n \geqslant 1)$ 和 $\{b_n\}(n \geqslant 1)$ 是两个自然数的序列, 对任意 $n \geqslant 1$ 满足关系
$$a_{n+1} = na_n + 1, b_{n+1} = nb_n - 1.$$
证明: 这两个序列只能有有限个公共项.

㊼ 在平面上给定了两个不同的点 O 和 A. 对平面上每个点 X 不与 O 重合, 用 $\alpha(X)$ 表示 AOX 的弧度值 $(0 \leqslant \alpha(X) < 2\pi)$, 而用 $C(X)$ 表示以 O 为圆心, 以 $OX + \dfrac{\alpha(X)}{OX}$ 为半径的圆. 假设用有限种颜色把平面上每一点都染成其中的一种颜色. 证明: 存在一个点 X 和 $\alpha(X) > 0$, 使得每种颜色都出现在圆 $C(X)$ 中.

证明 假设问题中的命题不成立. 考虑两个任意的圆 $R(O, r)$ 和 $S(O, s)$, 其中 $0 < r < s < 1$. 点 $X \in R, \alpha(X) = r(s-r) < 2\pi$ 满足 $C(X) = S$. 由此得出点 X 的颜色不出现在 S 上. 因此出现在 R 上的颜色的集合和出现在 S 上的颜色的集合不同. 所以任何两个中心在 O, 半径小于 1 的不同的圆具有不同的颜色集合. 这是一个矛盾, 由于有无限多个那种圆而可能有的颜色集合只有有限多种.

㊽ 设 $\triangle ABC$ 的内角平分线为 AA_1, BB_1 和 CC_1, 内心为 I. 如果
$$\sigma(IA_1B) + \sigma(IB_1C) + \sigma(IC_1A) = \frac{1}{2}\sigma(ABC)$$
其中 $\sigma(ABC)$ 表示 $\triangle ABC$ 的面积. 证明: $\triangle ABC$ 是等腰的.

㊾ 设 $n > 1$ 和 $x_i \in \mathbf{R}, i = 1, \cdots, n$. 又设对 $k \geqslant 1$, 有
$$S_k = x_1^k + x_2^k + \cdots + x_n^k$$
如果 $S_1 = S_2 = \cdots = S_{n+1}$, 证明: $x_i \in \{0, 1\}, i = 1, 2, \cdots, n$.

(50) 设 $ABCD$ 是一个凸四边形,以 AB 为直径的圆和 CD 相切.证明:当且仅当 BC 和 AD 平行时,以 CD 为直径的圆和 AB 相切.

证明 设 M 和 N 分别是 AB 和 CD 的中点,而 M' 和 N' 分别是它们在 CD 和 AB 上的投影.我们知道 $MM'=\frac{1}{2}AB$,因此

$$S_{凸四边形ABCD}=S_{\triangle AMD}+S_{\triangle BMC}+S_{\triangle CMD}=\frac{1}{2}(S_{\triangle ABD}+S_{\triangle ABC})+\frac{1}{4}AB\cdot CD \quad ①$$

当且仅当 $NN'=\frac{1}{2}CD$ 时或等价地

$$S_{凸四边形ABCD}=S_{\triangle AND}+S_{\triangle BNC}+S_{\triangle ANB}=\frac{1}{2}(S_{\triangle BCD}+S_{\triangle ACD})+\frac{1}{4}AB\cdot CD$$

时,直线 AB 和以 CD 为直径的圆相切.

由 ① 可知,这又等价于

$$S_{\triangle ABC}+S_{\triangle ABD}=S_{\triangle BCD}+S_{\triangle ACD}$$

但是由于

$$S_{\triangle ABC}+S_{\triangle ACD}=S_{\triangle ABD}+S_{\triangle BCD}=S_{凸四边形ABCD}$$

这又归结为 $S_{\triangle ABC}=S_{\triangle BCD}$,即 $BC\ /\!/\ AD$.

(51) 两个骑自行车的人在一条圆形跑道上分别以常速 v_1,$v_2(v_1>v_2)$ 同时同方向离开点 P.一个行人也在同时以速度 $v_3=\frac{v_1+v_2}{12}$ 离开点 P.如果行人和自行车以反向运动,那么他在和第一个骑自行车的人相遇之后 91 s时和第二个骑自行车的人相遇.如果行人和自行车以同向运动,那么第一个骑自行车的人在第二个骑自行车的人超过他之前 187 s时超过他.求第一个骑自行车的人首次超过第二个骑自行车的人的时间.

(52) 作一个不等边的三角形,使得

$$a(\tan B-\tan C)=b(\tan A-\tan C)$$

(53) 求一个自然数 a_i 的数列,使得 $a_i=\sum_{r=1}^{i+4}d_r$,其中当 $r\neq s$ 时,$d_r\neq d_s$,且 d_r 整除 a_i.

(54) 设 P 是一个凸的等角的平面多边形. 又设 $l_1,\cdots,l_n$ 是它的边长. 证明:P 是正多边形的充分必要条件是比 $\frac{l_i}{l_{i+1}}(i=1,\cdots,n,l_{n+1}=l_1)$ 的和等于它的边数.

(55) 设 a,b,c 是自然数,使得 $a+b+c=2pq(p^{30}+q^{30})$,其中 $p>q$ 且 p,q 是两个给定的正整数.

(1) 证明:$k=a^3+b^3+c^3$ 不是一个素数;

(2) 证明:如果 abc 是最大的,那么 1 984 整除 k.

(56) 设 a,b,c 是非负整数,使得 $a\leqslant b\leqslant c,2b\neq a+c$,以及 $\frac{a+b+c}{3}$ 是一个整数. 是否可能求出非负整数 d,e 和 f,使得 $d\leqslant e\leqslant f,f\neq c$ 且

$$a^2+b^2+c^2=d^2+e^2+f^2$$

(57) 设 a,b,c,d 是 1,9,8,4 的一个排列并设 $n=(10a+b)^{10c+d}$,求出 n 可整除 1 984! 的概率.

(58) 设 $\{a_n\}_1^{\infty}$ 是一个使得对所有正整数 m 和 n,有

$$a_n\leqslant a_{n+m}\leqslant a_n+a_m$$

的序列,证明:当 $n\to\infty$ 时,$\frac{a_n}{n}$ 有极限.(编者注:本题就是吉米多维奇《数学分析习题集》的第 137 题)

(59) 确定最小的正整数 m,使得对所有正的奇数 n,$529^n+m\cdot 132^n$ 可被 262 417 整除.

(60) 确定所有的正实数对 (a,b),$a\neq 1$,使得

$$\log_a b<\log_{a+1}(b+1)$$

解 定义集合 $S=\mathbf{R}^*\setminus\{1\}$. 所给的不等式等价于

$$\frac{\ln b}{\ln a}<\frac{\ln(b+1)}{\ln(a+1)}$$

如果 $b=1$,那么显然 $a\in S$ 都满足这个不等式.

现在,我们在 S 上定义一个函数 $f(x)=\frac{\ln(x+1)}{\ln x}$,由于 $\ln(x+1)>\ln x$ 以及 $\frac{1}{x}>\frac{1}{x+1}>0$,因此对所有的 x,我们有

$$f'(x)=\frac{\frac{\ln x}{x+1}-\frac{\ln(x+1)}{x}}{\ln^2 x}<0$$

因此 f 总是递减的. 我们还要注意对 $x<1$,$f(x)<0$,而对 $x>$

$1, f(x) > 0$(在 $x = 1$ 处有一个间断).

假设 $b > 1$, 那么从 $\dfrac{\ln b}{\ln a} < \dfrac{\ln(b+1)}{\ln(a+1)}$ 得出对 $b > a$ 或者对 $a < 1$, 有 $f(b) > f(a)$ 成立.

现在设 $b < 1$, 这次我们得出对 $a < b$ 或者对 $a > 1$, 有 $f(b) < f(a)$ 成立.

因此不等式 $\log_a b < \log_{a+1}(b+1)$ 的所有解是 $\{b=1, a \in S\}$, $\{a > b > 1\}$, $\{b > 1 > a\}$, $\{a < b < 1\}$ 和 $\{b < 1 < a\}$.

❻① 连续向空中抛掷一枚硬币直到在第奇数次时开始的那一面又出现为止. 确定抛掷次数的数学期望.

❻② 从圆 K 外一点 P 作两条直线分别和圆 K 交于 A, A' 和 B, B'. 对 K 上任意其他的一对点 C, C', 设 D 是 $\triangle PAC$ 的外接圆和 $\triangle PB'C'$ 的不同于 P 的交点, 类似地, 设 D' 是 $\triangle PA'C'$ 的外接圆和 $\triangle PBC$ 的不同于 P 的交点. 证明: P, D 和 D' 共线.

❻③ 在 $\triangle ABC$ 内有三个圆 k_1, k_2, k_3, 其中每个都和三角形的两条边相切, 并且三个圆都和一个圆 k 相切. k_1, k_2, k_3 的半径分别为 $1, 4$ 和 9, 求圆 k 的半径.

解 设圆 $k_1(O_1, r_1), k_2(O_2, r_2)$ 和 $k_3(O_3, r_3)$ 分别和 $\angle BAC, \angle ABC$ 和 $\angle ACB$ 的边相切. 用 O 和 r 表示内切圆的圆心和半径. 设 P 为内切圆和 AB 的切点, F 是从 O_1 到 OP 所作垂线的垂足. 从 $\triangle O_1 FO$ 我们得出 $\cot\left(\dfrac{\alpha}{2}\right) = \dfrac{2\sqrt{rr_1}}{r - r_1}$, 同理可得 $\cot\dfrac{\beta}{2} = \dfrac{2\sqrt{rr_2}}{r - r_2}$ 和 $\cot\dfrac{\gamma}{2} = \dfrac{2\sqrt{rr_3}}{r - r_3}$. 现在我们使用众所周知的三角形角的三角恒等式

$$\cot\dfrac{\alpha}{2} + \cot\dfrac{\beta}{2} + \cot\dfrac{\gamma}{2} = \cot\dfrac{\alpha}{2} \cdot \cot\dfrac{\beta}{2} \cdot \cot\dfrac{\gamma}{2}$$

(可以从正切的和角公式与 $\tan\dfrac{\gamma}{2} = \cot\left(\dfrac{\alpha}{2} + \dfrac{\beta}{2}\right)$ 得出上述公式), 把上面的余切值代入上述公式就得出

$$\dfrac{2\sqrt{rr_1}}{r - r_1} + \dfrac{2\sqrt{rr_2}}{r - r_2} + \dfrac{2\sqrt{rr_3}}{r - r_3} = \dfrac{2\sqrt{rr_1}}{r - r_1} \cdot \dfrac{2\sqrt{rr_2}}{r - r_2} \cdot \dfrac{2\sqrt{rr_3}}{r - r_3}$$

由此推出

$$\sqrt{r_1}(r - r_2)(r - r_3) + \sqrt{r_2}(r - r_1)(r - r_3) +$$

$$\sqrt{r_3}(r-r_1)(r-r_2) = 4r\sqrt{r_1 r_2 r_3}$$

把 $r_1=1, r_2=4$ 和 $r_3=9$ 代入上式就得出
$$(r-4)(r-9)+2(r-1)(r-9)+3(r-1)(r-4)=24r$$
化简得
$$6(r-1)(r-11)=0$$
显然 $r=11$ 是唯一的合理的解.

❻❹ 设 (p_{ij}) 是一个 $m\times n$ 的实矩阵. 对此矩阵设
$$a_i=\sum_{j=1}^n p_{ij}, i=1,\cdots,m, b_j=\sum_{i=1}^m p_{ij}, j=1,\cdots,n \quad ①$$
称"整化一个实数"是指用一个最接近它的整数来代替它.
证明: 可以把 a_i, b_j, p_{ij} 整化而保持式 ① 仍然成立.

❻❺ 一个四面体内接于一个半径为1的球内使得球心位于四面体的内部. 证明: 四面体的棱长之和大于6.

❻❻ 求正整数 n 使得
$$n=d_6^2+d_7^2-1$$
其中 $1, d_1, d_2, \cdots, d_k (1<d_1<d_2<\cdots<d_k=n)$ 是 n 的所有正因子.

原型题目: 把一个正整数 n 的所有正因数按照递增的顺序排列为 $x_1<x_2<\cdots<x_k$, 求出所有使得 $x_5^2+x_6^2-1=n$ 的正整数 n.

解 从等式 $n=d_6^2+d_7^2-1$ 可以看出 d_6, d_7 是互素的, 并且 $d_7 \mid d_6^2-1=(d_6-1)(d_6+1), d_6 \mid d_7^2-1=(d_7-1)(d_7+1)$. 假设 $d_6=ab, d_7=cd$, 并且 $1<a<b, 1<c<d$, 那么 n 就有7个小于 d_7 的因数, 即 $1, a, b, c, d, ab, ac$. 这不可能, 因此 d_6 和 d_7 二者之中, 必有一个是一个素数 p 或一个素数的平方 p^2, 其中 p 不是 2. 设它是 $d_i, i\in\{6,7\}$, 那样 $d_i \mid (d_j-1)(d_j+1)$ 蕴涵 $d_j\equiv \pm 1 \pmod{d_i}$, 因此 $\dfrac{d_i^2-1}{d_j}=\pm 1$. 但是 d_j 或 $\dfrac{d_i^2-1}{d_j}$ 是小于 d_i 的, 因此是等于 d_i-1 的. 那样我们就推出 $d_7=d_6+1$. 令 $d_6=x$, 那么 $d_7=x+1$, 我们就得出 $n=x^2+(x+1)^2-1=2x(x+1)$ 是一个偶数.

(1) 设 $x, x+1$ 之一是一个素数 p, 那么另外一个至多有6个因数, 因此必有形式 $2^3, 2^4, 2^5, 2q, 2q^2, 4q$, 其中 q 是一个奇素数.

易于排除数 2^3 和 2^4,而 2^5 给出解 $x=31, x+1=32, n=1\,984$. $2q$ 也可以排除,由于 $n=4pq$ 只有 4 个小于 x 的因子;$2q^2$ 也可以排除,由于 $n=4pq^2$ 至少有 6 个小于 x 的因子;$4q$ 也可以排除,由于 $n=8pq$ 有 6 个小于 x 的因子.

(2) 设 $x,x+1$ 之一是 p^2,那么另外一个至多有 5 个因数(不算 p),因而具有形式 $2^3, 2^4, 2q$,其中 q 是一个奇素数. 数 2^3 产生解 $x=8, x+1=9, n=144$,而 2^4 易于排除. $2q$ 也可以排除,由于 $n=4p^2q$ 有 6 个小于 x 的因子.

那样,一共有两个解,即 144 和 1 984.

❻❼ 以一个锐角三角形的各边的中线为边再作一个三角形. 如果用 R 和 R_m 分别表示第一个和第二个三角形的外接圆半径. 证明
$$R_m > \frac{5}{6}R$$

❻❽ 在 Martian 语言中,每一个拉丁字母组成的有限序列都代表一个词. 已出版的"Martian 字典"在很多卷中收集了所有的 Martian 语言的单词. 在第一卷中只有单字母的单词,而在第二卷中只有两个字母的单词,等. 并且在每一卷中的单词数目的编号都接着前一卷的编号. 求出编号等于单词 Prague, Olympiad, Mathematics 编号之和的单词.

附　录
IMO 背景介绍

第 1 章 引 言

第 1 节 国际数学奥林匹克

国际数学奥林匹克(IMO)是高中学生最重要和最有威望的数学竞赛.它在全面提高高中学生的数学兴趣和发现他们之中的数学尖子方面起着重要作用.

在开始时,IMO 是(范围和规模)要比今天小得多的竞赛.在 1959 年,只有 7 个国家参加第 1 届 IMO,它们是:保加利亚,捷克斯洛伐克,民主德国,匈牙利,波兰,罗马尼亚和苏联.从此之后,这一竞赛就每年举行一次.渐渐的,东方国家,西欧国家,直至各大洲的世界各地许多国家都加入进来(唯一的一次未能举办竞赛的年份是 1980 年,那一年由于财政原因,没有一个国家有意主持这一竞赛.今天这已不算一个问题,而且主办国要提前好几年排队).到第 45 届在雅典举办 IMO 时,已有不少于 85 个国家参加.

竞赛的形式很快就稳定下来并且以后就不变了.每个国家可派出 6 个参赛队员,每个队员都单独参赛(即没有任何队友协助或合作).每个国家也派出一位领队,他参加试题筛选并和其队员隔离直到竞赛结束,而副领队则负责照看队员.

IMO 的竞赛共持续两天.每天学生们用四个半小时解题,两天总共要做 6 道题.通常每天的第一道题是最容易的而最后一道题是最难的,虽然有许多著名的例外(IMO1996—5 是奥林匹克竞赛题中最难的问题之一,在 700 个学生中,仅有 6 人做出来了这道题).每题 7 分,最高分是 42 分.

每个参赛者的每道题的得分是激烈争论的结果,并且,最终,判卷人所达成的协议由主办国签名,而各国的领队和副领队则捍卫本国队员的得分公平和利益不受损失.这一评分体系保证得出的成绩是相对客观的,分数的误差极少超过 2 或 3 点.

各国自然地比较彼此的比分,只设个人奖,即奖牌和荣誉奖,在 IMO 中仅有少于 $\frac{1}{12}$ 的参赛者被授予金牌,少于 $\frac{1}{4}$ 的参赛者被授予金牌或银牌以及少于 $\frac{1}{2}$ 的参赛者被授予金牌、银牌或者铜牌.在没被授予奖牌的学生之中,对至少有一个问题得满分的那些人授予荣誉奖.这一确定得奖的系统运行的相当完好.一方面它保证有严格的标准并且对参赛者分出适当的层次使得每个参赛者有某种可以尽力争取的目标.另一方面,它也保证竞赛有不依赖于竞赛题的难易差别的很大程度的宽容度.

根据统计,最难的奥林匹克竞赛是 1971 年,然后依次是 1996 年,1993 年和 1999 年.得分最低的是 1977 年,然后依次是 1960 年和 1999 年.

竞赛题的筛选分几步进行.首先参赛国向 IMO 的主办国提交他们提出的供选择用的候选题,这些问题必须是以前未使用过的,且不是众所周知的新鲜问题.主办国不提出备选问题.命题委员会从所收到的问题(称为长问题单,即第一轮预选题)中选出一些问题(称为短问题单)提交由各国领队组成的 IMO 裁判团,裁判团再从第二轮预选题中选出 6 道题作为 IMO 的竞赛题.

除了数学竞赛外,IMO 也是一次非常大型的社交活动. 在竞赛之后,学生们有三天时间享受主办国组织的游览活动以及与世界各地的 IMO 参加者们互动和交往. 所有这些都确实是令人难忘的体验.

第 2 节 IMO 竞赛

已出版了很多 IMO 竞赛题的书[65]. 然而除此之外的第一轮预选题和第二轮预选题尚未被系统加以收集整理和出版,因此这一领域中的专家们对其中很多问题尚不知道. 在参考文献中可以找到部分预选题,不过收集的通常是单独某年的预选题. 参考文献[1],[30],[41],[60]包括了一些多年的问题. 大体上,这些书包括了本书的大约 50% 的问题.

本书的目的是把我们全面收集的 IMO 预选题收在一本书中. 它由所有的预选题组成,包括从第 10 届以及第 12 届到第 44 届的第二轮预选题和第 19 届竞赛中的第一轮预选题. 我们没有第 9 届和第 11 届的第二轮预选题,并且我们也未能发现那两届 IMO 竞赛题是否是从第一轮预选题选出的或是否存在未被保存的第二轮预选题. 由于 IMO 的组织者通常不向参赛国的代表提供第一轮预选题,因此我们收集的题目是不全的. 在 1989 年题目的末尾收集了许多分散的第一轮预选题,以后有效的第一轮预选题的收集活动就结束了. 前八届的问题选取自参考文献[60].

本书的结构如下:如果可能的话,在每一年的问题中,和第一轮预选题或第二轮预选题一起,都单独列出了 IMO 竞赛题. 对所有的第二轮预选题都给出了解答. IMO 竞赛题的解答被包括在第二轮预选题的解答中. 除了在南斯拉夫举行的两届 IMO(由于爱国原因)之外,对第一轮预选题未给出解答,由于那将使得本书的篇幅不合理的加长. 由所收集的问题所决定,本书对奥林匹克训练营的教授和辅导教练是有益的和适用的. 通过在题号上附加 LL,SL,IMO 我们指出了题目的年号,是属于第一轮预选题,第二轮预选题还是竞赛题,例如(SL89—15)表示这道题是 1989 年第二轮预选题的第 15 题.

我们也给出了一个在我们的证明中没有明显地引用和导出的所有公式和定理一个概略的列表. 由于我们主要关注仅用于本书证明中的定理,我们相信这个列表中所收入的都是解决 IMO 问题时最有用的定理.

在一本书中收集如此之多的问题需要大量的编辑工作,我们对原来叙述不够确切和清楚的问题作了重新叙述,对原来不是用英语表达的问题做了翻译. 某些解答是来自作者和其他资源,而另一些解是本书作者所做.

许多非原始的解答显然在收入本书之前已被编辑. 我们不能保证本书的问题完全地对应于实际的第一轮预选题或第二轮预选题的名单. 然而我们相信本书的编辑已尽可能接近于原来的名单.

第 2 章　基本概念和事实

下面是本书中经常用到的概念和定理的一个列表. 我们推荐读者在(也许)进一步阅读其他文献前首先阅读这一列表并熟悉它们.

第 1 节　代　数

2.1.1　多项式

定理 2.1　二次方程 $ax^2 + bx + c = 0 (a, b, c \in \mathbf{R}, a \neq 0)$ 有解
$$x_{1,2} = \frac{-b \pm \sqrt{b^2 - 4ac}}{2a}$$

二次方程的判别式 D 定义为 $D^2 = b^2 - 4ac$, 当 $D < 0$ 时, 解是复数, 并且是共轭的; 当 $D = 0$ 时, 解退化成一个实数解; 当 $D > 0$ 时, 方程有两个不同的实数解.

定义 2.2　二项式系数 $\binom{n}{k}, n, k \in \mathbf{N}_0, k \leqslant n$ 定义为
$$\binom{n}{k} = \frac{n!}{i!(n-i)!}$$

对 $i > 0$, 它们满足
$$\binom{n}{i} + \binom{n}{i-1} = \binom{n+1}{i}$$

以及
$$\binom{n}{0} + \binom{n}{1} + \cdots + \binom{n}{n} = 2^n$$
$$\binom{n}{0} - \binom{n}{1} + \cdots + (-1)^n \binom{n}{n} = 0$$
$$\binom{n+m}{k} = \sum_{i=0}^{k} \binom{n}{i} \binom{m}{k-i}$$

定理 2.3　((牛顿(Newton))二项式公式) 对 $x, y \in \mathbf{C}$ 和 $n \in \mathbf{N}$
$$(x+y)^n = \sum_{i=0}^{n} \binom{n}{i} x^{n-i} y^i$$

定理 2.4　(裴蜀(Bezout)定理) 多项式 $P(x)$ 可被二项式 $x - a (a \in \mathbf{C})$ 整除的充分必要条件是 $P(a) = 0$.

定理 2.5　(有理根定理) 如果 $x = \dfrac{p}{q}$ 是整系数多项式 $P(x) = a_n x^n + \cdots + a_0$ 的根, 且 $(p, q) = 1$, 则 $p \mid a_0, q \mid a_n$.

定理 2.6　(代数基本定理) 每个非常数的复系数多项式有一个复根.

定理 2.7 (爱森斯坦(Eisenstein) 判据) 设 $P(x) = a_n x^n + \cdots + a_1 x + a_0$ 是一个整系数多项式, 如果存在一个素数 p 和一个整数 $k \in \{0, 1, \cdots, n-1\}$, 使得 $p \mid a_0, a_1, \cdots, a_k, p \nmid a_{k+1}$ 以及 $p^2 \nmid a_0$, 那么存在 $P(x)$ 的不可约因子 $Q(x)$, 其次数至少为 k. 特别, 如果 $k = n-1$, 则 $P(x)$ 是不可约的.

定义 2.8 $x_1, \cdots, x_n$ 的对称多项式是一个在 $x_1, \cdots, x_n$ 的任意排列下不变的多项式, 初等对称多项式是 $\sigma_k(x_1, \cdots, x_k) = \sum x_{i_1, \cdots, i_n}$ (分别对 $\{1, 2, \cdots, n\}$ 的 k-元素子集 $\{i_1, i_2, \cdots, i_k\}$ 求和).

定理 2.9 (对称多项式定理) 每个 $x_1, \cdots, x_n$ 的对称多项式都可用初等对称多项式 $\sigma_1, \cdots, \sigma_n$ 表出.

定理 2.10 (韦达(Vieta) 公式) 设 $\alpha_1, \cdots, \alpha_n$ 和 $c_1, \cdots, c_n$ 都是复数, 使得
$$(x - \alpha_1)(x - \alpha_2) \cdots (x - \alpha_n) = x^n + c_1 x^{n-1} + c_2 x^{n-2} + \cdots + c_n$$
那么对 $k = 1, 2, \cdots, n$
$$c_k = (-1)^k \sigma_k(\alpha_1, \cdots, \alpha_n)$$

定理 2.11 (牛顿对称多项式公式) 设 $\sigma_k = \sigma_k(x_1, \cdots, x_n)$ 以及 $s_k = x_1^k + x_2^k + \cdots + x_n^k$, 其中 $x_1, \cdots, x_n$ 是复数, 那么
$$k\sigma_k = s_1 \sigma_{k-1} + s_2 \sigma_{k-2} + \cdots + (-1)^k s_{k-1} \sigma_1 + (-1)^k s_k$$

2.1.2 递推关系

定义 2.12 一个递推关系是指一个由序列 $x_n, n \in \mathbf{N}$ 的前面的元素的函数确定的如下的关系
$$x_n + a_1 x_{n-1} + \cdots + a_k x_{n-k} = 0 \ (n \geq k)$$
如果其中的系数 $a_1, \cdots, a_k$ 都是不依赖于 n 的常数, 则上述关系称为 k 阶的线性齐次递推关系. 定义此关系的特征多项式为 $P(x) = x^k + a_1 x^{k-1} + \cdots + a_k$.

定理 2.13 利用上述定义中的记号, 设 $P(x)$ 的标准因子分解式为
$$P(x) = (x - \alpha_1)^{k_1} (x - \alpha_2)^{k_2} \cdots (x - \alpha_r)^{k_r}$$
其中 $\alpha_1, \cdots, \alpha_r$ 是不同的复数, 而 $k_1, \cdots, k_r$ 是正整数, 那么这个递推关系的一般解由公式
$$x_n = p_1(n) \alpha_1^n + p_2(n) \alpha_2^n + \cdots + p_r(n) \alpha_r^n$$
给出, 其中 p_i 是次数为 k_i 的多项式. 特别, 如果 $P(x)$ 有 k 个不同的根, 那么所有的 p_i 都是常数.

如果 $x_0, \cdots, x_{k-1}$ 已被设定, 那么多项式的系数是唯一确定的.

2.1.3 不等式

定理 2.14 平方函数总是正的, 即 $x^2 \geq 0 (\forall x \in \mathbf{R})$. 把 x 换成不同的表达式, 可以得出以下的不等式.

定理 2.15 (伯努利(Bernoulli) 不等式)

1. 如果 $n \geq 1$ 是一个整数, $x > -1$ 是实数, 那么 $(1+x)^n \geq 1 + nx$;
2. 如果 $\alpha > 1$ 或 $\alpha < 0$, 那么对 $x > -1$ 成立不等式: $(1+x)^\alpha \geq 1 + \alpha x$;
3. 如果 $\alpha \in (0, 1)$, 那么对 $x > -1$ 成立不等式: $(1+x)^\alpha \leq 1 + \alpha x$.

定理 2.16　（平均不等式）对正实数 $x_1,\cdots,x_n$，成立 $QM \geqslant AM \geqslant GM \geqslant HM$，其中
$$QM = \sqrt{\frac{x_1^2 + \cdots + x_n^2}{n}}, AM = \frac{x_1 + \cdots + x_n}{n}$$
$$GM = \sqrt[n]{x_1 \cdots x_n}, HM = \frac{n}{\frac{1}{x_1} + \cdots + \frac{1}{x_n}}$$

所有不等式的等号都当且仅当 $x_1 = x_2 = \cdots = x_n$，数 QM, AM, GM 和 HM 分别被称为平方平均、算术平均、几何平均以及调和平均.

定理 2.17　（一般的平均不等式）设 $x_1,\cdots,x_n$ 是正实数，对 $p \in \mathbf{R}$，定义 $x_1,\cdots,x_n$ 的 p 阶平均为
$$M_p = \left(\frac{x_1^p + \cdots + x_n^p}{n}\right)^{\frac{1}{p}}, \text{如果 } p \neq 0$$

以及
$$M_q = \lim_{p \to q} M_p, \text{如果 } q \in \{\pm\infty, 0\}$$

特别，$\max x_i, QM, AM, GM, HM$ 和 $\min x_i$ 分别是 $M_\infty, M_2, M_1, M_0, M_{-1}$ 和 $M_{-\infty}$，那么
$$M_p \leqslant M_q, \text{只要 } p \leqslant q$$

定理 2.18　（柯西－施瓦兹不等式）设 $a_i, b_i (i=1,2,\cdots,n)$ 是实数，则
$$\left(\sum_{i=1}^n a_i b_i\right)^2 \leqslant \left(\sum_{i=1}^n a_i^2\right)\left(\sum_{i=1}^n b_i^2\right)$$
当且仅当存在 $c \in \mathbf{R}$ 使得 $b_i = c a_i, i=1,\cdots,n$ 时，等号成立.

定理 2.19　（赫尔德不等式）设 $a_i, b_i (i=1,2,\cdots,n)$ 是非负实数，p, q 是使得 $\frac{1}{p} + \frac{1}{q} = 1$ 的正实数，则
$$\sum_{i=1}^n a_i b_i \leqslant \left(\sum_{i=1}^n a_i^p\right)^{\frac{1}{p}} \left(\sum_{i=1}^n b_i^q\right)^{\frac{1}{q}}$$
当且仅当存在 $c \in \mathbf{R}$ 使得 $b_i = c a_i, i=1,\cdots,n$ 时，等号成立. 柯西－施瓦兹不等式是赫尔德不等式在 $p = q = 2$ 时的特殊情况.

定理 2.20　（闵科夫斯基（Minkovski）不等式）设 $a_i, b_i, i=1,2,\cdots,n$ 是非负实数，p 是任意不小于 1 的实数，则
$$\left(\sum_{i=1}^n (a_i + b_i)^p\right)^{\frac{1}{p}} \leqslant \left(\sum_{i=1}^n a_i^p\right)^{\frac{1}{p}} + \left(\sum_{i=1}^n b_i^p\right)^{\frac{1}{p}}$$
当 $p > 1$ 时，当且仅当存在 $c \in \mathbf{R}$ 使得 $b_i = c a_i, i=1,\cdots,n$ 时，等号成立，当 $p = 1$ 时，等号总是成立.

定理 2.21　（切比雪夫（Chebyshev）不等式）设 $a_1 \geqslant a_2 \geqslant \cdots \geqslant a_n$ 以及 $b_1 \geqslant b_2 \geqslant \cdots \geqslant b_n$ 是实数，则
$$n\sum_{i=1}^n a_i b_i \geqslant \left(\sum_{i=1}^n a_i\right)\left(\sum_{i=1}^n b_i\right) \geqslant n\sum_{i=1}^n a_i b_{n+1-i}$$
当 $a_1 = a_2 = \cdots = a_n$ 或 $b_1 = b_2 = \cdots = b_n$ 时，上面的两个不等式的等号同时成立.

定义 2.22　定义在区间 I 上的实函数 f 称为是凸的，如果对所有的 $x, y \in I$ 和所有使得 $\alpha + \beta = 1$ 的 $\alpha, \beta > 0$，都有 $f(\alpha x + \beta y) \leqslant \alpha f(x) + \beta f(y)$，函数 f 称为是凹的，如果成立相反的不等式，即如果 $-f$ 是凸的.

定理 2.23　如果 f 在区间 I 上连续,那么 f 在区间 I 是凸函数的充分必要条件是对所有 $x, y \in I$,成立

$$f\left(\frac{x+y}{2}\right) \leqslant \frac{f(x)+f(y)}{2}$$

定理 2.24　如果 f 是可微的,那么 f 是凸函数的充分必要条件是它的导函数 f' 是不减的. 类似地,可微函数 f 是凹函数的充分必要条件是它的导函数 f' 是不增的.

定理 2.25　（琴生不等式）如果 $f: I \to \mathbf{R}$ 是凸函数,那么对所有的 $\alpha_i \geqslant 0$, $\alpha_1 + \cdots + \alpha_n = 1$ 和所有的 $x_i \in I$ 成立不等式

$$f(\alpha_1 x_1 + \cdots + \alpha_n x_n) \leqslant \alpha_1 f(x_1) + \cdots + \alpha_n f(x_n)$$

对于凹函数,成立相反的不等式.

定理 2.26　（穆黑(Muirhead)不等式）设 $x_1, x_2, \cdots, x_n \in \mathbf{R}^*$,对正实数的 n 元组 $a = (a_1, a_2, \cdots, a_n)$,定义

$$T_a(x_1, \cdots, x_n) = \sum y_1^{a_1} \cdots y_n^{a_n}$$

是对 $x_1, x_2, \cdots, x_n$ 的所有排列 $y_1, y_2, \cdots, y_n$ 求和. 称 n 元组 a 是优超 n 元组 b 的,如果

$$a_1 + a_2 + \cdots + a_n = b_1 + b_2 + \cdots + b_n$$

并且对 $k = 1, \cdots, n-1$

$$a_1 + \cdots + a_k \geqslant b_1 + \cdots + b_k$$

如果不增的 n 元组 a 优超不增的 n 元组 b,那么成立以下不等式

$$T_a(x_1, \cdots, x_n) \geqslant T_b(x_1, \cdots, x_n)$$

等号当且仅当 $x_1 = x_2 = \cdots = x_n$ 时成立.

定理 2.27　（舒尔(Schur)不等式）利用对穆黑不等式使用的记号

$$T_{\lambda+2\mu,0,0}(x_1, x_2, x_3) + T_{\lambda,\mu,\mu}(x_1, x_2, x_3) \geqslant 2 T_{\lambda+\mu,\mu,0}(x_1, x_2, x_3)$$

其中 $\lambda, \mu \in \mathbf{R}^*$,等号当且仅当 $x_1 = x_2 = x_3$ 或 $x_1 = x_2, x_3 = 0$（以及类似情况）时成立.

2.1.4　群和域

定义 2.28　群是一个具有满足以下条件的运算"$*$"的非空集合 G:

(1) 对所有的 $a, b, c \in G, a * (b * c) = (a * b) * c$;

(2) 存在一个唯一的加法元 $e \in G$ 使得对所有的 $a \in G$ 有 $e * a = a * e = a$;

(3) 对每一个 $a \in G$,存在一个唯一的逆元 $a^{-1} = b \in G$ 使得 $a * b = b * a = e$.

如果 $n \in \mathbf{Z}$,则当 $n \geqslant 0$ 时,定义 a^n 为 $a * a * \cdots * a(n$ 次$)$,否则定义为 $(a^{-1})^{-n}$.

定义 2.29　群 $\Gamma = (G, *)$ 称为是交换的或阿贝尔群,如果对任意 $a, b \in G, a * b = b * a$.

定义 2.30　集合 A 生成群 $(G, *)$,如果 G 的每个元用 A 的元素的幂和运算"$*$"得出. 换句话说,如果 A 是群 G 的生成子,那么每个元素 $g \in G$ 就可被写成 $a_1^{i_1} * \cdots * a_n^{i_n}$,其中对 $j = 1, 2, \cdots, n, a_j \in A$ 而 $i_j \in \mathbf{Z}$.

定义 2.31　当存在使得 $a^n = e$ 的 n 时, $a \in G$ 的阶是使得 $a^n = e$ 成立的最小的 $n \in \mathbf{N}$. 一个群的阶是指其元素的个数,如果群的每个元素的阶都是有限的,则称其为有限阶的.

定义 2.32　（拉格朗日定理）在有限群中,元素的阶必整除群的阶.

定义 2.33　一个环是一个具有两种运算"$+$"和"$\cdot$"的非空集合 R 使得 $(R, +)$ 是阿贝尔

群,并且对任意 $a,b,c \in R$,有

(1) $(a \cdot b) \cdot c = a \cdot (b \cdot c)$;

(2) $(a+b) \cdot c = a \cdot c + b \cdot c$ 以及 $c \cdot (a+b) = c \cdot a + c \cdot b$.

一个环称为是交换的,如果对任意 $a,b \in R, a \cdot b = b \cdot a$,并且具有乘法单位元 $i \in R$,使得对所有的 $a \in R, i \cdot a = a \cdot i$.

定义 2.34 一个域是一个具有单位元的交换环,在这种环中,每个不是加法单位元的元素 a 有乘法逆 a^{-1},使得 $a \cdot a^{-1} = a^{-1} \cdot a = i$.

定理 2.35 下面是一些群、环和域的通常的例子:

群:$(\mathbf{Z}_n, +), (\mathbf{Z}_p \setminus \{0\}, \cdot), (\mathbf{Q}, +), (\mathbf{R}, +), (\mathbf{R} \setminus \{0\}, \cdot)$;

环:$(\mathbf{Z}_n, +, \cdot), (\mathbf{Z}, +, \cdot), (\mathbf{Z}[x], +, \cdot), (\mathbf{R}[x], +, \cdot)$;

域:$(\mathbf{Z}_p, +, \cdot), (\mathbf{Q}, +, \cdot), (\mathbf{Q}(\sqrt{2}), +, \cdot), (\mathbf{R}, +, \cdot), (\mathbf{C}, +, \cdot)$.

第 2 节 分 析

定义 2.36 称序列 $\{a_n\}_{n=1}^{\infty}$ 有极限 $a = \lim\limits_{n \to \infty} a_n$(也记为 $a_n \to a$),如果对任意 $\varepsilon > 0$,都存在 $n_\varepsilon \in \mathbf{N}$,使得当 $n \geq n_\varepsilon$ 时,成立 $|a_n - a| < \varepsilon$.

称函数 $f: (a,b) \to \mathbf{R}$ 有极限 $y = \lim\limits_{x \to c} f(x)$,如果对任意 $\varepsilon > 0$,都存在 $\delta > 0$,使得对任意 $x \in (a,b), 0 < |x-c| < \delta$,都有 $|f(x) - y| < \varepsilon$.

定义 2.37 称序列 x_n 收敛到 $x \in \mathbf{R}$,如果 $\lim\limits_{n \to \infty} x_n = x$,级数 $\sum\limits_{n=1}^{\infty} x_n$ 收敛到 $s \in \mathbf{R}$ 的含义为 $\lim\limits_{m \to \infty} \sum\limits_{n=1}^{m} x_n = s$. 一个不收敛的序列或级数称为是发散的.

定理 2.38 如果序列 a_n 单调并且有界,则它必是收敛的.

定义 2.39 称函数 f 在区间 $[a,b]$ 上是连续的,如果对每个 $x_0 \in [a,b], \lim\limits_{x \to x_0} f(x) = f(x_0)$.

定义 2.40 称函数 $f: (a,b) \to \mathbf{R}$ 在点 $x_0 \in (a,b)$ 是可微的,如果以下极限存在

$$f'(x_0) = \lim_{x \to x_0} \frac{f(x) - f(x_0)}{x - x_0}$$

称函数在 (a,b) 上是可微的,如果它在每一点 $x_0 \in (a,b)$ 都是可微的. 函数 f' 称为是函数 f 的导数,类似地,可定义 f' 的导数 f'',它称为函数 f 的二阶导数,等.

定理 2.41 可微函数是连续的. 如果 f 和 g 都是可微的,那么 $fg, \alpha f + \beta g (\alpha, \beta \in \mathbf{R})$, $f \circ g, \dfrac{1}{f}$(如果 $f \neq 0$),f^{-1}(如果它可被有意义地定义)都是可微的,并且成立

$$(\alpha f + \beta g)' = \alpha f' + \beta g'$$
$$(fg)' = f'g + fg'$$
$$(f \circ g)' = (f' \circ g) \cdot g'$$
$$\left(\frac{1}{f}\right)' = -\frac{f'}{f^2}$$

$$\left(\frac{f}{g}\right)' = \frac{f'g - fg'}{g^2}$$

$$(f^{-1})' = \frac{1}{(f' \circ f^{-1})}$$

定理 2.42 以下是一些初等函数的导数（a 表示实常数）

$$(x^a)' = ax^{a-1}$$

$$(\ln x)' = \frac{1}{x}$$

$$(a^x)' = a^x \ln a$$

$$(\sin x)' = \cos x$$

$$(\cos x)' = -\sin x$$

定理 2.43 （费马定理）设 $f:[a,b] \to \mathbf{R}$ 是可微函数，且函数 f 在此区间内达到其极大值或极小值。如果 $x_0 \in (a,b)$ 是一个极值点（即函数在此点达到极大值或极小值），那么 $f'(x_0) = 0$.

定理 2.44 （罗尔(Roll)定理）设 $f(x)$ 是定义在 $[a,b]$ 上的连续可微函数，且 $f(a) = f(b) = 0$，则存在 $c \in (a,b)$，使得 $f'(c) = 0$.

定义 2.45 定义在 $\mathbf{R}^n$ 的开子集 D 上的可微函数 $f_1, f_2, \cdots, f_k$ 称为是相关的，如果存在非零的可微函数 $F: \mathbf{R}^k \to \mathbf{R}$ 使得 $F(f_1, \cdots, f_k)$ 在 D 的某个开子集上恒同于 0.

定义 2.46 函数 $f_1, \cdots, f_k : D \to \mathbf{R}$ 是独立的充分必要条件为 $k \times n$ 矩阵 $\left[\dfrac{\partial f_i}{\partial x_j}\right]_{i,j}$ 的秩为 k，即在某个点，它有 k 行是线性无关的.

定理 2.47 （拉格朗日乘数）设 D 是 $\mathbf{R}^n$ 的开子集，且 $f, f_1, \cdots, f_k : D \to \mathbf{R}$ 是独立无关的可微函数。设点 a 是函数 f 在 D 内的一个极值点，使得 $f_1 = f_2 = \cdots = f_n = 0$，则存在实数 $\lambda_1, \cdots, \lambda_k$（所谓的拉格朗日乘数）使得 a 是函数 $F = f + \lambda_1 f_1 + \cdots + \lambda_k f_k$ 的平衡点，即在点 a 使得 F 的偏导数为 0 的点.

定义 2.48 设 f 是定义在 $[a,b]$ 上的实函数，且设 $a = x_0 \leqslant x_1 \leqslant \cdots \leqslant x_n = b$ 以及 $\xi_k \in [x_{k-1}, x_k]$，和 $S = \sum\limits_{k=1}^{n}(x_k - x_{k-1})f(\xi_k)$ 称为达布(Darboux)和，如果 $I = \lim\limits_{\delta \to 0} S$ 存在（其中 $\delta = \max\limits_{k}(x_k - x_{k-1})$），则称 f 是可积的，并称 I 是它的积分。每个连续函数在有限区间上都是可积的.

第 3 节　几　何

2.3.1　三角形的几何

定义 2.49 三角形的垂心是其高线的交点.

定义 2.50 三角形的外心是其外接圆的圆心，它是三角形各边的垂直平分线的交点.

定义 2.51 三角形的内心是其内切圆的圆心，它是其各角的角平分线的交点.

定义 2.52 三角形的重心是其各边中线的交点.

定理 2.53 对每个非退化的三角形，垂心、外心、内心、重心都是良定义的.

定理 2.54 （欧拉线）任意三角形的垂心 H，重心 G 和外心 O 位于一条直线上（欧拉线），且满足 $\overrightarrow{HG} = 2\overrightarrow{GO}$.

定理 2.55 （9点圆）三角形从顶点 A, B, C 向对边所引的垂足，AB, BC, CA, AH, BH, CH 各线段的中点位于一个圆上（9点圆）.

定理 2.56 （费尔巴哈(Feuerbach)定理）三角形的 9 点圆与其内切圆以及三个旁切圆相切.

定理 2.57 给定 $\triangle ABC$，设 $\triangle ABC'$，$\triangle AB'C$ 和 $\triangle A'BC$ 是向外的等边三角形，则 AA', BB', CC' 交于一点，称为托里拆利(Torricelli)点.

定义 2.58 设 ABC 是一个三角形，P 是一点，而 X, Y, Z 分别是从 P 向 BC, AC, AB 所引垂线的垂足，则 $\triangle XYZ$ 称为 $\triangle ABC$ 的对应于点 P 的佩多(Pedal)三角形.

定理 2.59 （西姆森(Simson)线）当且仅当点 P 位于 $\triangle ABC$ 的外接圆上时，佩多三角形是退化的，即 X, Y, Z 共线. 点 X, Y, Z 共线时，它们所在的直线称为西姆森线.

定理 2.60 （卡农(Carnot)定理）从 X, Y, Z 分别向 BC, CA, AB 所作的垂线共点的充分必要条件是
$$BX^2 - XC^2 + CY^2 - YA^2 + AZ^2 - ZB^2 = 0$$

定理 2.61 （笛沙格(Desargue)定理）设 $A_1 B_1 C_1$ 和 $A_2 B_2 C_2$ 是两个三角形. 直线 $A_1 A_2$，$B_1 B_2, C_1 C_2$ 共点或互相平行的充分必要条件是 $A = B_1 C_2 \cap B_2 C_1, B = C_1 A_2 \cap A_1 C_2, C = A_1 B_2 \cap A_2 B_1$ 共线.

2.3.2 向量几何

定义 2.62 对任意两个空间中的向量 $\boldsymbol{a}, \boldsymbol{b}$，定义其数量积（又称点积）为 $\boldsymbol{a} \cdot \boldsymbol{b} = |\boldsymbol{a}||\boldsymbol{b}| \cdot \cos \varphi$，而其向量积为 $\boldsymbol{a} \times \boldsymbol{b} = \boldsymbol{p}$，其中 $\varphi = \angle(\boldsymbol{a}, \boldsymbol{b})$，而 $\boldsymbol{p}$ 是一个长度为 $|\boldsymbol{p}| = |\boldsymbol{a}||\boldsymbol{b}| \cdot |\sin \varphi|$ 的向量，它垂直于由 $\boldsymbol{a}$ 和 $\boldsymbol{b}$ 所确定的平面，并使得有顺序的三个向量 $\boldsymbol{a}, \boldsymbol{b}, \boldsymbol{p}$ 是正定向的（注意如果 $\boldsymbol{a}$ 和 $\boldsymbol{b}$ 共线，则 $\boldsymbol{a} \times \boldsymbol{b} = \boldsymbol{0}$）. 这些积关于两个向量都是线性的. 数量积是交换的，而向量积是反交换的，即 $\boldsymbol{a} \times \boldsymbol{b} = -\boldsymbol{b} \times \boldsymbol{a}$. 我们也定义三个向量 $\boldsymbol{a}, \boldsymbol{b}, \boldsymbol{c}$ 的混合积为 $[\boldsymbol{a}, \boldsymbol{b}, \boldsymbol{c}] = (\boldsymbol{a} \times \boldsymbol{b}) \cdot \boldsymbol{c}$.

原书注：向量 $\boldsymbol{a}$ 和 $\boldsymbol{b}$ 的数量积有时也表示成 $\langle \boldsymbol{a}, \boldsymbol{b} \rangle$.

定理 2.63 （泰勒斯(Thale)定理）设直线 AA' 和 BB' 交于点 $O, A' \neq O \neq B'$. 那么 $AB \parallel A'B' \Leftrightarrow \dfrac{\overrightarrow{OA}}{\overrightarrow{OA'}} = \dfrac{\overrightarrow{OB}}{\overrightarrow{OB'}}$ （其中 $\dfrac{\boldsymbol{a}}{\boldsymbol{b}}$ 表示两个非零的共线向量的比例）.

定理 2.64 （塞瓦(Ceva)定理）设 ABC 是一个三角形，而 X, Y, Z 分别是直线 BC, CA, AB 上不同于 A, B, C 的点，那么直线 AX, BY, CZ 共点的充分必要条件是
$$\frac{\overrightarrow{BX}}{\overrightarrow{XC}} \cdot \frac{\overrightarrow{CY}}{\overrightarrow{YA}} \cdot \frac{\overrightarrow{AZ}}{\overrightarrow{ZB}} = 1$$

或等价的
$$\frac{\sin \angle BAX}{\sin \angle XAC} \cdot \frac{\sin \angle CBY}{\sin \angle YBA} \cdot \frac{\sin \angle ACZ}{\sin \angle ZCB} = 1$$

（最后的表达式称为三角形式的塞瓦定理）.

定理 2.65 （梅涅劳斯定理）利用塞瓦定理中的记号，点 X, Y, Z 共线的充分必要条件

是
$$\frac{\overrightarrow{BX}}{\overrightarrow{XC}} \cdot \frac{\overrightarrow{CY}}{\overrightarrow{YA}} \cdot \frac{\overrightarrow{AZ}}{\overrightarrow{ZB}} = -1$$

定理 2.66　（斯特瓦尔特（Stewart）定理）设 D 是直线 BC 上任意一点，则
$$AD^2 = \frac{\overrightarrow{DC}}{\overrightarrow{BC}}BD^2 + \frac{\overrightarrow{BD}}{\overrightarrow{BC}}CD^2 - \overrightarrow{BD} \cdot \overrightarrow{DC}$$

特别，如果 D 是 BC 的中点，则
$$4AD^2 = 2AB^2 + 2AC^2 - BC^2$$

2.3.3　重心

定义 2.67　一个质点 (A, m) 是指一个具有质量 $m > 0$ 的点 A.

定义 2.68　质点系 $(A_i, m_i), i = 1, 2, \cdots, n$ 的质心（重心）是指一个使得 $\sum_i m_i \overrightarrow{TA_i} = 0$ 的点.

定理 2.69　（莱布尼兹（Leibniz）定理）设 T 是总质量为 $m = m_1 + \cdots + m_n$ 的质点系 $\{(A_i, m_i) \mid i = 1, 2, \cdots, n\}$ 的质心，并设 X 是任意一个点，那么
$$\sum_{i=1}^n m_i XA_i^{\,2} = \sum_{i=1}^n m_i TA_i^{\,2} + mXT^2$$

特别，如果 T 是 $\triangle ABC$ 的重心，而 X 是任意一个点，那么
$$AX^2 + BX^2 + CX^2 = AT^2 + BT^2 + CT^2 + 3XT^2$$

2.3.4　四边形

定理 2.70　四边形 $ABCD$ 是共圆的（即 $ABCD$ 存在一个外接圆）的充分必要条件是
$$\angle ACB = \angle ADB$$
或
$$\angle ADC + \angle ABC = 180°$$

定理 2.71　（托勒密（Ptolemy）定理）凸四边形 $ABCD$ 共圆的充分必要条件是
$$AC \cdot BD = AB \cdot CD + AD \cdot BC$$
对任意四边形 $ABCD$ 则成立托勒密不等式（见 2.3.7 几何不等式）.

定理 2.72　（开世（Casey）定理）设四个圆 k_1, k_2, k_3, k_4 都和圆 k 相切. 如果圆 k_i 和 k_j 都和圆 k 内切或外切，那么设 t_{ij} 表示由圆 k_i 和 $k_j (i, j \in \{1, 2, 3, 4\})$ 所确定的外公切线的长度，否则设 t_{ij} 表示内公切线的长度. 那么乘积 $t_{12}t_{34}, t_{13}t_{24}$ 以及 $t_{14}t_{23}$ 之一是其余二者之和.

圆 k_1, k_2, k_3, k_4 中的某些圆可能退化成一个点，特别设 A, B, C 是圆 k 上的三个点，圆 k 和圆 k' 在一个不包含点 B 的 $\overset{\frown}{AC}$ 上相切，那么我们有 $AC \cdot b = AB \cdot c + BC \cdot a$，其中 a, b 和 c 分别是从点 A, B 和 C 向 AC 所作的切线的长度. 托勒密定理是开世定理在四个圆都退化时的特殊情况.

定理 2.73　凸四边形 $ABCD$ 相切（即 $ABCD$ 存在一个内切圆）的充分必要条件是
$$AB + CD = BC + DA$$

定理 2.74　对空间中任意四点 $A, B, C, D, AC \perp BD$ 的充分必要条件是

$$AB^2 + CD^2 = BC^2 + DA^2$$

定理 2.75 （牛顿定理）设 $ABCD$ 是四边形，$AD \cap BC = E$，$AB \cap DC = F$（那种点 A，B,C,D,E,F 构成一个完全四边形），那么 AC,BD 和 EF 的中点是共线的. 如果 $ABCD$ 相切，那么其内心也在这条直线上.

定理 2.76 （布罗卡尔(Brocard)定理）设 $ABCD$ 是圆心为 O 的圆内接四边形，并设 $P = AB \cap CD, Q = AD \cap BC, R = AC \cap BD$，那么 O 是 $\triangle PQR$ 的垂心.

2.3.5 圆的几何

定理 2.77 （帕斯卡(Pascal)定理）如果 $A_1, A_2, A_3, B_1, B_2, B_3$ 是圆 γ 上不同的点，那么点 $X_1 = A_2 B_3 \cap A_3 B_2, X_2 = A_1 B_3 \cap A_3 B_1$ 和 $X_3 = A_1 B_2 \cap A_2 B_1$ 是共线的. 在 γ 是两条直线的特殊情况下，这一结果称为帕普斯(Pappus)定理.

定理 2.78 （布里安桑(Brianchon)定理）设 $ABCDEF$ 是任意圆内接凸六边形，那么 AD,BE 和 CF 交于一点.

定理 2.79 （蝴蝶定理）设 AB 是圆 k 上的一条线段，C 是它的中点. 设 p 和 q 是通过 C 的两条不同的直线，分别与圆 k 在 AB 的一侧交于 P 和 Q，而在另一侧交于 P' 和 Q'，设 E 和 F 分别是 PQ' 和 $P'Q$ 与 AB 的交点，那么 $CE = CF$.

定义 2.80 点 X 关于圆 $k(O,r)$ 的幂定义为 $P(X) = OX^2 - r^2$. 设 l 是任一条通过 X 并交圆 k 于 A 和 B 的线（当 l 是切线时，$A = B$），有 $P(X) = \overrightarrow{XA} \cdot \overrightarrow{XB}$.

定义 2.81 两个圆的根轴是关于这两个圆的幂相同的点的轨迹. 圆 $k_1(O_1, r_1)$ 和 $k_2(O_2, r_2)$ 的根轴垂直于 $O_1 O_2$. 三个不同的圆的根轴是共点的或互相平行的. 如果根轴是共点的，则它们的交点称为根心.

定义 2.82 一条不通过点 O 的直线 l 关于圆 $k(O,r)$ 的极点是一个位于 l 的与 O 相反一侧的使得 $OA \perp l$，且 $d(O,l) \cdot OA = r^2$ 的点 A. 特别，如果 l 和 k 交于两点，则它的极点就是过这两个点的切线的交点.

定义 2.83 用上面的定义中的记号，称点 A 的极线是 l，特别，如果 A 是 k 外面的一点，而 AM,AN 是 k 的切线（$M,N \in k$），那么 MN 就是 A 的极线.

可以对一般的圆锥曲线类似地定义极点和极线的概念.

定理 2.84 如果点 A 属于点 B 的极线，则点 B 也属于点 A 的极线.

2.3.6 反演

定义 2.85 一个平面 π 围绕圆 $k(O,r)$（圆属于 π）的反演是一个从集合 $\pi \setminus \{O\}$ 到自身的变换，它把每个点 P 变为一个在 $\pi \setminus \{O\}$ 上使得 $OP \cdot OP' = r^2$ 的点. 在下面的叙述中，我们将默认排除点 O.

定理 2.86 在反演下，圆 k 上的点不动，圆内的点变为圆外的点，反之亦然.

定理 2.87 如果 A,B 两点在反演下变为 A', B' 两点，那么 $\angle OAB = \angle OB'A', ABB'A'$ 共圆且此圆垂直于 k. 一个垂直于 k 的圆变为自身，反演保持连续曲线（包括直线和圆）之间的角度不变.

定理 2.88 反演把一条不包含 O 的直线变为一个包含 O 的圆，包含 O 的直线变成自身. 不包含 O 的圆变为不包含 O 的圆，包含 O 的圆变为不包含 O 的直线.

2.3.7 几何不等式

定理 2.89 （三角不等式）对平面上的任意三个点 A,B,C
$$AB + BC \geqslant AC$$
当等号成立时 A,B,C 共线,且按照这一次序从左到右排列时,等号成立.

定理 2.90 （托勒密不等式）对任意四个点 A,B,C,D 成立
$$AC \cdot BD \leqslant AB \cdot CD + AD \cdot BC$$

定理 2.91 （平行四边形不等式）对任意四个点 A,B,C,D 成立
$$AB^2 + BC^2 + CD^2 + DA^2 \geqslant AC^2 + BD^2$$
当且仅当 $ABCD$ 是一个平行四边形时等号成立.

定理 2.92 如果 $\triangle ABC$ 的所有的角都小于或等于 $120°$ 时,那么当 X 是托里拆利点时, $AX + BX + CX$ 最小,在相反的情况下, X 是钝角的顶点. 使得 $AX^2 + BX^2 + CX^2$ 最小的点 X_2 是重心（见莱布尼兹定理）.

定理 2.93 （爱尔多斯－莫德尔(Erdös-Mordell)不等式）. 设 P 是 $\triangle ABC$ 内一点,而 P 在 BC, AC, AB 上的投影分别是 X,Y,Z,那么
$$PA + PB + PC \geqslant 2(PX + PY + PZ)$$
当且仅当 $\triangle ABC$ 是等边三角形以及 P 是其中心时等号成立.

2.3.8 三角

定义 2.94 三角圆是圆心在坐标平面的原点的单位圆. 设 A 是点 $(1,0)$,而 $P(x,y)$ 是三角圆上使得 $\angle AOP = \alpha$ 的点,那么我们定义
$$\sin \alpha = y, \cos \alpha = x, \tan \alpha = \frac{y}{x}, \cot \alpha = \frac{x}{y}$$

定理 2.95 函数 $\sin$ 和 $\cos$ 是周期为 2π 的周期函数,函数 $\tan$ 和 $\cot$ 是周期为 π 的周期函数,成立以下简单公式
$$\sin^2 x + \cos^2 x = 1, \sin 0 = \sin \pi = 0$$
$$\sin(-x) = -\sin x, \cos(-x) = \cos x$$
$$\sin \frac{\pi}{2} = 1, \sin \frac{\pi}{4} = \frac{\sqrt{2}}{2}, \sin \frac{\pi}{6} = \frac{1}{2}$$
$$\cos x = \sin\left(\frac{\pi}{2} - x\right)$$

从这些公式易于导出其他的公式.

定理 2.96 对三角函数成立以下加法公式
$$\sin(\alpha \pm \beta) = \sin \alpha \cos \beta \pm \cos \alpha \sin \beta$$
$$\cos(\alpha \pm \beta) = \cos \alpha \cos \beta \mp \sin \alpha \sin \beta$$
$$\tan(\alpha \pm \beta) = \frac{\tan \alpha \pm \tan \beta}{1 \mp \tan \alpha \tan \beta}$$
$$\cot(\alpha \pm \beta) = \frac{\cot \alpha \cot \beta \mp 1}{\cot \alpha \pm \cot \beta}$$

定理 2.97 对三角函数成立以下倍角公式

$$\sin 2x = 2\sin x\cos x, \sin 3x = 3\sin x - 4\sin^3 x$$
$$\cos 2x = 2\cos^2 x - 1, \cos 3x = 4\cos^3 x - 3\cos x$$
$$\tan 2x = \frac{2\tan x}{1 - \tan^2 x}, \tan 3x = \frac{3\tan x - \tan^3 x}{1 - 3\tan^2 x}$$

定理 2.98 对任意 $x \in \mathbf{R}, \sin x = \dfrac{2t}{1+t^2}, \cos x = \dfrac{1-t^2}{1+t^2}$,其中 $t = \tan \dfrac{x}{2}$.

定理 2.99 积化和差公式
$$2\cos\alpha\cos\beta = \cos(\alpha+\beta) + \cos(\alpha-\beta)$$
$$2\sin\alpha\cos\beta = \sin(\alpha+\beta) + \sin(\alpha-\beta)$$
$$2\sin\alpha\sin\beta = \cos(\alpha-\beta) - \cos(\alpha-\beta)$$

定理 2.100 三角形的角 α,β,γ 满足
$$\cos^2\alpha + \cos^2\beta + \cos^2\gamma + 2\cos\alpha\cos\beta\cos\gamma = 1$$
$$\tan\alpha + \tan\beta + \tan\gamma = \tan\alpha\tan\beta\tan\gamma$$

定理 2.101 (棣莫弗(De Moivre)公式)
$$(\cos x + \mathrm{i}\sin x)^n = \cos nx + \mathrm{i}\sin nx$$

其中 $\mathrm{i}^2 = -1$.

2.3.9 几何公式

定理 2.102 (海伦(Heron)公式)设三角形的边长为 a,b,c,半周长为 s,则它的面积可用这些量表成
$$S = \sqrt{s(s-a)(s-b)(s-c)} = \frac{1}{4}\sqrt{2a^2b^2 + 2a^2c^2 + 2b^2c^2 - a^4 - b^4 - c^4}$$

定理 2.103 (正弦定理)三角形的边 a,b,c 和角 α,β,γ 满足
$$\frac{a}{\sin\alpha} = \frac{b}{\sin\beta} = \frac{c}{\sin\gamma} = 2R$$

其中 R 是 $\triangle ABC$ 的外接圆半径.

定理 2.104 (余弦定理)三角形的边和角满足
$$c^2 = a^2 + b^2 - 2ab\cos\gamma$$

定理 2.105 $\triangle ABC$ 的外接圆半径 R 和内切圆半径 r 满足
$$R = \frac{abc}{4S}$$

和
$$r = \frac{2S}{a+b+c} = R(\cos\alpha + \cos\beta + \cos\gamma - 1)$$

如果 x,y,z 表示一个锐角三角形的外心到各边的距离,则
$$x + y + z = R + r$$

定理 2.106 (欧拉公式)设 O 和 I 分别是 $\triangle ABC$ 的外心和内心,则
$$OI^2 = R(R - 2r)$$

其中 R 和 r 分别是 $\triangle ABC$ 的外接圆半径和内切圆半径,因此 $R \geqslant 2r$.

定理 2.107 设四边形的边长为 a,b,c,d,半周长为 p,在顶点 A,C 处的内角分别为 α,γ,则其面积为

$$S = \sqrt{(p-a)(p-b)(p-c)(p-d) - abcd\cos^2\frac{\alpha+\gamma}{2}}$$

如果 ABCD 是共圆的,则上述公式成为

$$S = \sqrt{(p-a)(p-b)(p-c)(p-d)}$$

定理 2.108 （匹多(Pedal)三角形的欧拉定理）设 X,Y,Z 是从点 P 向 $\triangle ABC$ 的各边所引的垂足. 又设 O 是 $\triangle ABC$ 的外接圆的圆心,R 是其半径,则

$$S_{\triangle XYZ} = \frac{1}{4}\left|1 - \frac{OP^2}{R^2}\right| S_{\triangle ABC}$$

此外,当且仅当 P 位于 $\triangle ABC$ 的外接圆（见西姆森线）上时,$S_{\triangle XYZ} = 0$.

定理 2.109 设 $\boldsymbol{a}=(a_1,a_2,a_3), \boldsymbol{b}=(b_1,b_2,b_3), \boldsymbol{c}=(c_1,c_2,c_3)$ 是坐标空间中的三个向量,那么

$$\boldsymbol{a}\cdot\boldsymbol{b} = a_1b_1 + a_2b_2 + a_3b_3$$

$$\boldsymbol{a}\times\boldsymbol{b} = (a_1b_2 - a_2b_1, a_2b_3 - a_3b_2, a_3b_1 - a_1b_3)$$

$$(\boldsymbol{a},\boldsymbol{b},\boldsymbol{c}) = \begin{Vmatrix} a_1 & a_2 & a_3 \\ b_1 & b_2 & b_3 \\ c_1 & c_2 & c_3 \end{Vmatrix}$$

定理 2.110 $\triangle ABC$ 的面积和四面体 $ABCD$ 的体积分别等于

$$|\overrightarrow{AB}\times\overrightarrow{AC}|$$

和

$$|(\overrightarrow{AB},\overrightarrow{AC},\overrightarrow{AD})|$$

定理 2.111 （卡瓦列里(Cavalieri)原理）如果两个立体被同一个平面所截的截面的面积总是相等的,则这两个立体的体积相等.

第 4 节 数 论

2.4.1 可除性和同余

定义 2.112 $a,b\in\mathbf{N}$ 的最大公因数 $(a,b)=\gcd(a,b)$ 是可以整除 a 和 b 的最大整数. 如果 $(a,b)=1$,则称正整数 a 和 b 是互素的. $a,b\in\mathbf{N}$ 的最小公倍数 $[a,b]=\operatorname{lcm}(a,b)$ 是可以被 a 和 b 整除的最小整数. 成立

$$[a,b](a,b) = ab$$

上面的概念容易推广到两个数以上的情况,即我们也可以定义 $(a_1,a_2,\cdots,a_n)$ 和 $[a_1,a_2,\cdots,a_n]$.

定理 2.113 （欧几里得算法）由于 $(a,b)=(|a-b|,a)=(|a-b|,b)$,由此通过每次把 a 和 b 换成 $|a-b|$ 和 $\min\{a,b\}$ 而得出一条从正整数 a 和 b 获得 (a,b) 的链,直到最后两个数成为相等的数. 这一算法可被推广到两个数以上的情况.

定理 2.114 （欧几里得算法的推论）对每对 $a,b\in\mathbf{N}$,存在 $x,y\in\mathbf{Z}$ 使得 $ax+by=(a,b)$, (a,b) 是使得这个式子成立的最小正整数.

定理 2.115 （欧几里得算法的第二个推论）设 $a,m,n\in\mathbf{N},a>1$,则成立

$$(a^m-1,a^n-1) = a^{(m,n)}-1$$

定理 2.116 （算术基本定理）每个正整数当不计素数的次序时都可以用唯一的方式被表成素数的乘积.

定理 2.117 算术基本定理对某些其他的数环也成立,例如 $\mathbf{Z}[i]=\{a+bi\mid a,b\in\mathbf{Z}\}$, $\mathbf{Z}[\sqrt{2}],\mathbf{Z}[\sqrt{-2}],\mathbf{Z}[\omega]$（其中 ω 是 1 的 3 次复根）. 在这些情况下,因数分解当不计次序和 1 的因子时是唯一的.

定义 2.118 称整数 a,b 在模 n 下同余,如果 $n\mid a-b$, 我们把这一事实记为 $a\equiv b\pmod{n}$.

定理 2.119 （中国剩余定理）如果 $m_1,m_2,\cdots,m_k$ 是两两互素的正整数,而 $a_1,a_2,\cdots,a_k$ 和 $c_1,c_2,\cdots,c_k$ 是使得 $(a_i,m_i)=1(i=1,2,\cdots,k)$ 的整数,那么同余式组
$$a_i x\equiv c_i(\bmod m_i), i=1,2,\cdots,k$$
在模 $m_1 m_2\cdots m_k$ 下有唯一解.

2.4.2 指数同余

定理 2.120 （威尔逊（Wilson）定理）如果 p 是素数,则 $p\mid (p-1)!+1$.

定理 2.121 （费马小定理）设 p 是一个素数,而 a 是一个使得 $(a,p)=1$ 的整数,则
$$a^{p-1}\equiv 1\pmod{p}$$
这个定理是欧拉定理的特殊情况.

定义 2.122 对 $n\in\mathbf{N}$, 定义欧拉函数是在所有小于 n 的整数中与 n 互素的整数的个数. 成立以下公式
$$\varphi(n)=n\left(1-\frac{1}{p_1}\right)\cdots\left(1-\frac{1}{p_k}\right)$$
其中 $n=p_1^{a_1}\cdots p_k^{a_k}$ 是 n 的素因子分解式.

定理 2.123 （欧拉定理）设 n 是自然数,而 a 是一个使得 $(a,n)=1$ 的整数,那么
$$a^{\varphi(n)}\equiv 1\pmod{n}$$

定理 2.124 （元根的存在性）设 p 是一个素数,则存在一个 $g\in\{1,2,\cdots p-1\}$（称为模 p 的元根）使得在模 p 下,集合 $\{1,g,g^2,\cdots,g^{p-2}\}$ 与集合 $\{1,2,\cdots p-1\}$ 重合.

定义 2.125 设 p 是一个素数,而 α 是一个非负整数, 称 p^α 是 p 的可整除 a 的恰好的幂（而 α 是一个恰好的指数）, 如果 $p^\alpha\mid a$, 而 $p^{\alpha+1}\nmid a$.

定理 2.126 设 a,n 是正整数,而 p 是一个奇素数,如果 $p^\alpha(\alpha\in\mathbf{N})$ 是 p 的可整除 $a-1$ 的恰好的幂,那么对任意整数 $\beta\geqslant 0$, 当且仅当 $p^\beta\mid n$ 时, $p^{\alpha+\beta}\mid a^n-1$（见 SL1997—14）.

对 $p=2$ 成立类似的命题. 如果 $2^\alpha(\alpha\in\mathbf{N})$ 是 p 的可整除 a^2-1 的恰好的幂,那么对任意整数 $\beta\geqslant 0$, 当且仅当 $2^{\beta+1}\mid n$ 时, $2^{\alpha+\beta}\mid a^n-1$（见 SL1989—27）.

2.4.3 二次丢番图（Diophantus）方程

定理 2.127 $a^2+b^2=c^2$ 的整数解由 $a=t(m^2-n^2), b=2tmn, c=t(m^2+n^2)$ 给出（假设 b 是偶数）, 其中 $t,m,n\in\mathbf{Z}$. 三元组 (a,b,c) 称为毕达哥拉斯数（译者注：在我国称为勾股数）.（如果 $(a,b,c)=1$, 则称为本原的毕达哥拉斯数（勾股数））

定义 2.128 设 $D\in\mathbf{N}$ 是一个非完全平方数,则称不定方程
$$x^2-Dy^2=1$$

是贝尔(Pell)方程,其中 $x,y \in \mathbf{Z}$.

定理 2.129 如果 (x_0, y_0) 是贝尔方程 $x^2 - Dy^2 = 1$ 在 $\mathbf{N}$ 中的最小解,则其所有的整数解 (x, y) 由 $x + y\sqrt{D} = \pm(x_0 + y_0\sqrt{D})^n, n \in \mathbf{Z}$ 给出.

定义 2.130 整数 a 称为是模 p 的平方剩余,如果存在 $x \in \mathbf{Z}$,使得 $x^2 \equiv a \pmod{p}$,否则称为模 p 的非平方剩余.

定义 2.131 对整数 a 和素数 p 定义勒让德(Legendre)符号为

$$\left(\frac{a}{p}\right) = \begin{cases} 1, & \text{如果 } a \text{ 是模 } p \text{ 的二次剩余,且 } p \nmid a \\ 0, & \text{如果 } p \mid a \\ -1, & \text{其他情况} \end{cases}$$

显然如果 $p \mid a$ 则

$$\left(\frac{a}{p}\right) = \left(\frac{a+p}{p}\right), \left(\frac{a^2}{p}\right) = 1$$

勒让德符号是积性的,即

$$\left(\frac{a}{p}\right)\left(\frac{b}{p}\right) = \left(\frac{ab}{p}\right)$$

定理 2.132 (欧拉判据) 对奇素数 p 和不能被 p 整除的整数 a

$$\left(\frac{a}{p}\right) \equiv a^{\frac{p-1}{2}} \pmod{p}$$

定理 2.133 对素数 $p > 3$, $\left(\frac{-1}{p}\right)$, $\left(\frac{2}{p}\right)$ 和 $\left(\frac{-3}{p}\right)$ 等于 1 的充分必要条件分别为 $p \equiv 1 \pmod 4$, $p \equiv \pm 1 \pmod 8$ 和 $p \equiv 1 \pmod 6$.

定理 2.134 (高斯(Gauss)互反律) 对任意两个不同的奇素数 p 和 q,成立

$$\left(\frac{p}{q}\right)\left(\frac{q}{p}\right) = (-1)^{\frac{p-1}{2} \cdot \frac{q-1}{2}}$$

定义 2.135 对整数 a 和奇的正整数 b,定义雅可比(Jacobi)符号如下

$$\left(\frac{a}{b}\right) = \left(\frac{a}{p_1}\right)^{a_1} \cdots \left(\frac{a}{p_k}\right)^{a_k}$$

其中 $b = p_1^{a_1} \cdots p_k^{a_k}$ 是 b 的素因子分解式.

定理 2.136 如果 $\left(\frac{a}{b}\right) = -1$,那么 a 是模 b 的非二次剩余,但是逆命题不成立. 对雅可比符号来说,除了欧拉判据之外,勒让德符号的所有其余性质都保留成立.

2.4.4 法雷(Farey)序列

定义 2.137 设 n 是任意正整数,法雷序列 F_n 是由满足 $0 \leqslant a \leqslant b \leqslant n, (a, b) = 1$ 的所有从小到大排列的有理数 $\frac{a}{b}$ 所形成的序列. 例如 $F_3 = \left\{\frac{0}{1}, \frac{1}{3}, \frac{1}{2}, \frac{2}{3}, \frac{1}{1}\right\}$.

定理 2.138 如果 $\frac{p_1}{q_1}, \frac{p_2}{q_2}$ 和 $\frac{p_3}{q_3}$ 是法雷序列中三个相继的项,则

$$p_2 q_1 - p_1 q_2 = 1$$

$$\frac{p_1 + p_3}{q_1 + q_3} = \frac{p_2}{q_2}$$

第 5 节 组 合

2.5.1 对象的计数

许多组合问题涉及对满足某种性质的集合中的对象计数,这些性质可以归结为以下概念的应用.

定义 2.139 k 个元素的阶为 n 的选排列是一个从 $\{1,2,\cdots,k\}$ 到 $\{1,2,\cdots,n\}$ 的映射. 对给定的 n 和 k,不同的选排列的数目是 $V_n^k = \dfrac{n!}{(n-k)!}$.

定义 2.140 k 个元素的阶为 n 的可重复的选排列是一个从 $\{1,2,\cdots,k\}$ 到 $\{1,2,\cdots,n\}$ 的任意的映射. 对给定的 n 和 k,不同的可重复的选排列的数目是 $\bar{V}_n^k = k^n$.

定义 2.141 阶为 n 的全排列是 $\{1,2,\cdots,n\}$ 到自身的一一对应映射(即当 $k=n$ 时的选排列的特殊情况),对给定的 n,不同的全排列的数目是 $P_n = n!$.

定义 2.142 k 个元素的阶为 n 的组合是 $\{1,2,\cdots,n\}$ 的一个 k 元素的子集,对给定的 n 和 k,不同的组合数是 $C_n^k = \begin{pmatrix} n \\ k \end{pmatrix}$.

定义 2.143 一个阶为 n 的可重复的全排列是一个 $\{1,2,\cdots,n\}$ 到 n 个元素的积集的一个一对一映射. 一个积集是一个其中的某些元素被允许是不可区分的集合,例如,$\{1,1,2,3\}$.

如果 $\{1,2,\cdots,s\}$ 表示积集中不同的元素组成的集合,并且在积集中元素 i 出现 α_i 次,那么不同的可重复的全排列的数目是

$$P_{n,\alpha_1,\cdots,\alpha_s} = \frac{n!}{\alpha_1! \ \alpha_2! \ \cdots \alpha_s!}$$

组合是积集有两个不同元素的可重复的全排列的特殊情况.

定理 2.144 (鸽笼原理)如果把元素数目为 $kn+1$ 的集合分成 n 个互不相交的子集,则其中至少有一个子集至少要包含 $k+1$ 个元素.

定理 2.145 (容斥原理)设 $S_1, S_2, \cdots, S_n$ 是集合 S 的一族子集,那么 S 中那些不属于所给子集族的元素的数目由以下公式给出

$$|S\backslash(S_1 \cup \cdots \cup S_n)| = |S| - \sum_{k=1}^{n} \sum_{1 \leqslant i_1 < \cdots < i_k \leqslant n} (-1)^k |S_{i_1} \cap \cdots \cap S_{i_k}|$$

2.5.2 图论

定义 2.146 一个图 $G=(V,E)$ 是一个顶点 V 和 V 中某些元素对,即边的积集 E 所组成的集合. 对 $x,y \in V$,当 $(x,y) \in E$ 时,称顶点 x 和 y 被一条边所连接,或称这一对顶点是这条边的端点.

一个积集为 E 的图可归结为一个真集合(即其顶点至多被一条边所连接),一个其中没有一个定点是被自身所连接的图称为是一个真图.

有限图是一个 $|E|$ 和 $|V|$ 都有限的图.

定义 2.147 一个有向图是一个 E 中的有方向的图.

定义 2.148 一个包含了 n 个顶点并且每个顶点都有边与其连接的真图称为是一个完全图.

定义 2.149 k 分图(当 $k=2$ 时,称为 $2-$ 分图)$K_{i_1,i_2,\cdots,i_k}$ 是那样一个图,其顶点 V 可分成 k 个非空的互不相交的,元素个数分别为 $i_1,i_2,\cdots,i_k$ 的子集,使得 V 的子集 W 中的每个顶点 x 仅和不在 W 中的顶点相连接.

定义 2.150 顶点 x 的阶 $d(x)$ 是 x 作为一条边的端点的次数(那样,自连接的边中就要数两次). 孤立的顶点是阶为 0 的顶点.

定理 2.151 对图 $G=(V,E)$,成立等式
$$\sum_{x\in V}d(x)=2\mid E\mid$$
作为一个推论,有奇数阶的顶点的个数是偶数.

定义 2.152 图的一条路径是一个顶点的有限序列,使得其中每一个顶点都与其前一个顶点相连. 路径的长度是它通过的边的数目. 一条回路是一条终点与起点重合的路径. 一个环是一条在其中没有一个顶点出现两次(除了起点或终点之外)的回路.

定义 2.153 图 $G=(V,E)$ 的子图 $G'=(V',E')$ 是那样一个图,在其中 $V'\subset V$ 而 E' 仅包含 E 的连接 V' 中的点的边. 图的一个连通分支是一个连通的子图,其中没有一个顶点与此分支外的顶点相连.

定义 2.154 一个树是一个在其中没有环的连通图.

定理 2.155 一个有 n 个顶点的树恰有 $n-1$ 条边且至少有两个阶为 2 的顶点.

定义 2.156 欧拉路是其中每条边恰出现一次的路径. 与此类似,欧拉环是环形的欧拉路.

定理 2.157 有限连通图 G 有一条欧拉路的充分必要条件是:

(1) 如果每个顶点的阶数是偶数,那么 G 包含一条欧拉环;

(2) 如果除了两个顶点之外,所有顶点的阶数都是偶数,那么 G 包含一条不是环路的欧拉路(其起点和终点就是那两个奇数阶的顶点).

定义 2.158 哈密尔顿(Hamilton)环是一个图 G 的每个顶点恰被包含一次的回路(一个平凡的事实是,这个回路也是一个环).

目前还没有发现判定一个图是否是哈密尔顿环的简单法则.

定理 2.159 设 G 是一个有 n 个顶点的图,如果 G 的任何两个不相邻顶点的阶数之和都大于 n,则 G 有一个哈密尔顿回路.

定理 2.160 (雷姆塞(Ramsey)定理) 设 $r\geqslant 1$,而 $q_1,q_2,\cdots,q_s\geqslant r$. 如果 K_n 的所有子图 K_r 都分成了 s 个不同的集合,记为 $A_1,A_2,\cdots,A_s$,那么存在一个最小的正整数 $N(q_1,q_2,\cdots,q_s;r)$ 使得当 $n>N$ 时,对某个 i,存在一个 K_{q_i} 的完全子图,它的子图 K_r 都属于 A_i. 对 $r=2$,这对应于把 K_n 的边用 s 种不同的颜色染色,并寻求子图 K_{q_i} 的第 i 种颜色的单色子图[73].

定理 2.161 利用上面定理的记号,有
$$N(p,q;r)\leqslant N(N(p-1,q;r),N(p,q-1;r);r-1)+1$$
特别
$$N(p,q;2)\leqslant N(p-1,q;2)+N(p,q-1;2)$$

已知 N 的以下值
$$N(p,q;1)=p+q-1$$
$$N(2,p;2)=p$$
$$N(3,3;2)=6, N(3,4;2)=9, N(3,5;2)=14, N(3,6;2)=18$$
$$N(3,7;2)=23, N(3,8;2)=28, N(3,9;2)=36$$
$$N(4,4;2)=18, N(4,5;2)=25^{[73]}$$

定理 2.162 （图灵(Turan)定理）如果一个有 $n=t(p-1)+r$ 个顶点的简单图的边多于 $f(n,p)$ 条，其中 $f(n,p)=\dfrac{(p-1)n^2-r(p-1-r)}{2(p-1)}$，那么它包含子图 K_p. 有 $f(n,p)$ 个顶点而不含 K_p 的图是一个完全的多重图，它有 r 个元素个数为 $t+1$ 的子集和 $p-1-r$ 个元素个数为 t 的子集[73].

定义 2.163 平面图是一个可被嵌入一个平面的图，使得它的顶点可用平面上的点表示，而边可用平面上连接顶点的线（不一定是直的）来表示，而各边互不相交.

定理 2.164 一个有 n 个顶点的平面图至多有 $3n-6$ 条边.

定理 2.165 （库拉托夫斯基(Kuratowski)定理）K_5 和 $K_{3,3}$ 都不是平面图. 每个非平面图都包含一个和这两个图之一同胚的子图.

定理 2.166 （欧拉公式）设 E 是凸多面体的边数，F 是它的面数，而 V 是它的顶点数，则
$$E+2=F+V$$
对平面图成立同样的公式（这时 F 代表平面图中的区域数）.

参考文献

[1] 洛桑斯基 E,鲁索 C.制胜数学奥林匹克[M].候文华,张连芳,译.刘嘉焜,校.北京:科学出版社,2003.
[2] 王向东,苏化明,王方汉.不等式·理论·方法[M].郑州:河南教育出版社,1994.
[3] 中国科协青少年工作部,中国数学会.1978~1986 年国际奥林匹克数学竞赛题及解答[M].北京:科学普及出版社,1989.
[4] 单墫,等.数学奥林匹克竞赛题解精编[M].南京:南京大学出版社;上海:学林出版社,2001.
[5] 顾可敬.1979~1980 中学国际数学竞赛题解[M].长沙:湖南科学技术出版社,1981.
[6] 顾可敬.1981 年国内外数学竞赛题解选集[M].长沙:湖南科学技术出版社,1982.
[7] 石华,卫成.80 年代国际中学生数学竞赛试题详解[M].长沙:湖南教育出版社,1990.
[8] 梅向明.国际数学奥林匹克 30 年[M].北京:中国计量出版社,1989.
[9] 单墫,葛军.国际数学竞赛解题方法[M].北京:中国少年儿童出版社,1990.
[10] 丁石孙.乘电梯·翻硬币·游迷宫·下象棋[M].北京:北京大学出版社,1993.
[11] 丁石孙.登山·赝币·红绿灯[M].北京:北京大学出版社,1997.
[12] 黄宣国.数学奥林匹克大集[M].上海:上海教育出版社,1997.
[13] 常庚哲.国际数学奥林匹克三十年[M].北京:中国展望出版社,1989.
[14] 丁石孙.归纳·递推·无字证明·坐标·复数[M].北京:北京大学出版社,1995.
[15] 裘宗沪.数学奥林匹克试题集锦[M].上海:华东师范大学出版社,2005.
[16] 裘宗沪.数学奥林匹克试题集锦[M].上海:华东师范大学出版社,2004.
[17] 数学奥林匹克工作室.最新竞赛试题选编及解析(高中数学卷)[M].北京:首都师范大学出版社,2001.
[18] 第 31 届 IMO 选题委员会.第 31 届国际数学奥林匹克试题、备选题及解答[M].济南:山东教育出版社,1990.
[19] 常庚哲.数学竞赛(2)[M].长沙:湖南教育出版社,1989.
[20] 常庚哲.数学竞赛(20)[M].长沙:湖南教育出版社,1994.
[21] 杨森茂,陈圣德.第一届至第二十二届国际中学生数学竞赛题解[M].福州:福建科学技术出版社,1983.
[22] 江苏师范学院数学系.国际数学奥林匹克[M].南京:江苏科学技术出版社,1980.
[23] 恩格尔 A.解决问题的策略[M].舒五昌,冯志刚,译.上海:上海教育出版社,2005.
[24] 王连笑.解数学竞赛题的常用策略[M].上海:上海教育出版社,2005.
[25] 江仁俊,应成璩,蔡训武.国际数学竞赛试题讲解[M].武汉:湖北人民出版社,1980.
[26] 单墫.第二十五届国际数学竞赛[J].数学通讯,1985(3).
[27] 付玉章.第二十九届 IMO 试题及解答[J].中学数学,1988(10).

[28] 苏亚贵.正则组合包含连续自然数的个数[J].数学通报,1982(8).

[29] 王根章.一道 IMO 试题的嵌入证法[J].中学数学教学.1999(5).

[30] 舒五昌.第 37 届 IMO 试题解答[J].中等数学,1996(5).

[31] 杨卫平,王卫华.第 42 届 IMO 第 2 题的再探究[J].中学数学研究,2005(5).

[32] 陈永高.第 45 届 IMO 试题解答[J].中等数学,2004(5).

[33] 周金峰,谷焕春.IMO 42−2 的进一步推广[J].数学通讯,2004(9).

[34] 魏维.第 42 届国际数学奥林匹克试题解答集锦[J].中学数学,2002(2).

[35] 程华.42 届 IMO 两道几何题另解[J].福建中学数学,2001(6).

[36] 张国清.第 39 届 IMO 试题第一题充分性的证明[J].中等数学,1999(2).

[37] 傅善林.第 42 届 IMO 第五题的推广[J].中等数学,2003(6).

[38] 龚浩生,宋庆.IMO 42−2 的推广[J].中学数学,2002(1).

[39] 厉倩.一道 IMO 试题的推广[J].中学数学研究,2002(10).

[40] 邹明.第 40 届 IMO 一赛题的简解[J].中等数学,2001(3).

[41] 许以超.第 39 届国际数学奥林匹克试题及解答[J].数学通报,1999(3).

[42] 余茂迪,宫宋家.用解析法巧解一道 IMO 试题[J].中学数学教学,1997(4).

[43] 宋庆.IMO5−5 的推广[J].中学数学教学,1997(5).

[44] 余世平.从 IMO 试题谈公式 $C_{2n}^n - \sum_{i=0}^{n}(C_n^i)^2$ 之应用[J].数学通讯,1997(12).

[45] 徐彦明.第 42 届 IMO 第 2 题的另一种推广[J].中学教研(数学),2002(10).

[46] 张伟军.第 41 届 IMO 两赛题的证明与评注[J].中学数学月刊,2000(11).

[47] 许静,孔令恩.第 41 届 IMO 第 6 题的解析证法[J].数学通讯,2001(7).

[48] 魏亚清.一道 IMO 赛题的九种证法[J].中学教研(数学),2002(6).

[49] 陈四川.IMO−38 试题 2 的纯几何解法[J].福建中学数学,1997(6).

[50] 常庚哲,单墫,程龙.第二十二届国际数学竞赛试题及解答[J].数学通报,1981(9).

[51] 李长明.一道 IMO 试题的背景及证法讨论[J].中学数学教学,2000(1).

[52] 王凤春.一道 IMO 试题的简证[J].中学数学研究,1998(10).

[53] 罗增儒.IMO 42−2 的探索过程[J].中学数学教学参考,2002(7).

[54] 嵇仲韶.第 39 届 IMO 一道预选题的推广[J].中学数学杂志(高中),1999(6).

[55] 王杰.第 40 届 IMO 试题解答[J].中等数学,1999(5).

[56] 舒五昌.第三十七届 IMO 试题及解答(上)[J].数学通报,1997(2).

[57] 舒五昌.第三十七届 IMO 试题及解答(下)[J].数学通报,1997(3).

[58] 黄志全.一道 IMO 试题的纯平几证法研究[J].数学教学通讯,2000(5).

[59] 段智毅,秦永.IMO−41 第 2 题另证[J].中学数学教学参考,2000(11).

[60] 杨仁宽.一道 IMO 试题的简证[J].数学教学通讯,1998(3).

[61] 相生亚,裘良.第 42 届 IMO 试题第 2 题的推广、证明及其它[J].中学数学研究,2002(2).

[62] 熊斌.第 46 届 IMO 试题解答[J].中等数学,2005(9).

[63] 谢峰,谢宏华.第 34 届 IMO 第 2 题的解答与推广[J].中等数学,1994(1).

[64] 熊斌,冯志刚.第 39 届国际数学奥林匹克[J].数学通讯,1998(12).

[65] 朱恒杰.一道 IMO 试题的推广[J].中学数学杂志,1996(4).

[66] 肖果能,袁平之.第 39 届 IMO 一道试题的研究(Ⅰ)[J].湖南数学通讯,1998(5).

[67] 肖果能,袁平之.第 39 届 IMO 一道试题的研究(Ⅱ)[J].湖南数学通讯,1998(6).

[68] 杨克昌.一个数列不等式——IMO23-3 的推广[J].湖南数学通讯,1998(3).

[69] 吴长明,胡根宝.一道第 40 届 IMO 试题的探究[J].中学数学研究,2000(6).

[70] 仲翔.第二十六届国际数学奥林匹克(续)[J].数学通讯,1985(11).

[71] 程善明.一道 IMO 赛题的纯几何证法与推广[J].中学数学教学,1998(4).

[72] 刘元树.一道 IMO 试题解法的再探讨[J].中学数学研究,1998(12).

[73] 刘连顺,仝瑞平.一道 IMO 试题解法新探[J].中学数学研究,1998(8).

[74] 王凤春.一道 IMO 试题的简证[J].中学数学研究,1998(10).

[75] 李长明.一道 IMO 试题的背景及证法讨论[J].中学数学教学,2000(1).

[76] 方廷刚.综合法简证一道 IMO 预选题[J].中学生数学,1999(2).

[77] 吴伟朝.对函数方程 $f(x^l \cdot f^{[m]}(y)+x^n)=x^l \cdot y+f^n(x)$ 的研究[M]//湖南教育出版社.数学竞赛(22).长沙:湖南教育出版社,1994.

[78] 湘普.第 31 届国际数学奥林匹克试题解答[M]//湖南教育出版社编.数学竞赛(6~9).长沙:湖南教育出版社,1991.

[79] 陈永高.第 45 届 IMO 试题解答[J].中等数学,2004(5).

[80] 程俊.一道 IMO 试题的推广及简证[J].中等数学,2004(5).

[81] 蒋茂森.$2k$ 阶银矩阵的存在性和构造法[J].中等数学,1998(3).

[82] 单墫.散步问题与银矩阵[J].中等数学,1999(3).

[83] 张必胜.初等数论在 IMO 中应用研究[D].西安:西北大学研究生院,2010.

[84] 刘宝成,刘卫利.国际奥林匹克数学竞赛题与费马小定理[J].河北北方学院学报:自然科学版,2008,24(1):13-15,20.

[85] 卓成海.抓住"关键"把握"异同"——对一道国际奥赛题的再探究[J].中学数学(高中版),2013(11):77-78.

[86] 李耀文.均值代换在解竞赛题中的应用[J].中等数学,2010(8):2-5.

[87] 吴军.妙用广义权方和不等式证明 IMO 试题[J].数理化解题研究(高中版),2014(8):16.

[88] 王庆金.一道 IMO 平面几何题溯源[J].中学数学研究,2014(1):50.

[89] 秦建华.一道 IMO 试题的另解与探究[J].中学教学参考,2014(8):40.

[90] 张上伟,陈华梅,吴康.一道取整函数 IMO 试题的推广[J].中学数学研究(华南师范大学版),2013(23):42-43

[91] 尹广金.一道美国数学奥林匹克试题的引伸[J].中学数学研究,2013(11):50.

[92] 熊斌,李秋生.第 54 届 IMO 试题解答[J].中等数学,2013(9):20-27.

[93] 杨同伟.一道 IMO 试题的向量解法及推广[J].中学生数学,2012(23):30.

[94] 李风清,徐志军.第 42 届 IMO 第二题的证明与加强[J]四川职业技术学院学报,2012(5):153-154.

[95] 熊斌.第 52 届 IMO 试题解答[J].中等数学,2011(9):16-20.

[96] 董志明.多元变量 局部调整——一道 IMO 试题的新解与推广[J].中等数学,

2011(9):96-98.

[97] 李建潮. 一道 IMO 试题的再加强与猜想的加强[J]. 河北理科教学研究, 2011(1): 43-44.

[98] 边欣. 一道 IMO 试题的加强[J]. 数学通讯, 2012(22):59-60.

[99] 郑日锋. 一个优美不等式与一道 IMO 试题同出一辙[J]. 中等数学, 2011(3):18-19.

[100] 李建潮. 一道 IMO 试题的再加强与猜想的加强[J]. 河北理科教学研究, 2011(1): 43-44.

[101] 李长朴. 一道国际数学奥林匹克试题的拓展[J]. 数学学习与研究, 2010(23):95.

[102] 李歆. 对一道 IMO 试题的探究[J]. 数学教学, 2010(11):47-48.

[103] 王森生. 对一道 IMO 试题猜想的再加强及证明[J]. 福建中学数学, 2010(10):48.

[104] 郝志刚. 一道国际数学竞赛题的探究[J]. 数学通讯, 2010(Z2):117-118.

[105] 王业和. 一道 IMO 试题的证明与推广[J]. 中学教研(数学), 2010(10):46-47.

[106] 张蕾. 一道 IMO 试题的商榷与猜想[J]. 青春岁月, 2010(18):121.

[107] 张俊. 一道 IMO 试题的又一漂亮推广[J]. 中学数学月刊, 2010(8):43.

[108] 秦庆雄, 范花妹. 一道第 42 届 IMO 试题加强的另一简证[J]. 数学通讯, 2010(14): 59.

[109] 李建潮. 一道 IMO 试题的引申与瓦西列夫不等式[J]. 河北理科教学研究, 2010(3): 1-3.

[110] 边欣. 一道第 46 届 IMO 试题的加强[J]. 数学教学, 2010(5):41-43.

[111] 杨万芳. 对一道 IMO 试题的探究[J]. 福建中学数学, 2010(4):49.

[112] 熊睿. 对一道 IMO 试题的探究[J]. 中等数学, 2010(4):23.

[113] 徐国辉, 舒红霞. 一道第 42 届 IMO 试题的再加强[J]. 数学通讯, 2010(8):61.

[114] 周峻民, 郑慧娟. 一道 IMO 试题的证明及其推广[J]. 中学教研(数学), 2011(12): 41-43.

[115] 陈鸿斌. 一道 IMO 试题的加强与推广[J]. 中学数学研究, 2011(11):49-50.

[116] 袁安全. 一道 IMO 试题的巧证[J]. 中学生数学, 2010(8):35.

[117] 边欣. 一道第 50 届 IMO 试题的探究[J]. 数学教学, 2010(3):10-12.

[118] 陈智国. 关于 IMO25-1 的推广[J]. 人力资源管理, 2010(2):112-113.

[119] 薛相林. 一道 IMO 试题的类比拓广及简解[J]. 中学数学研究, 2010(1):49.

[120] 王增强. 一道第 42 届 IMO 试题加强的简证[J]. 数学通讯, 2010(2):61.

[121] 邵广钱. 一道 IMO 试题的另解[J]. 中学数学月刊, 2009(10):43-44.

[122] 侯典峰. 一道 IMO 试题的加强与推广[J]. 中学数学, 2009(23):22-23.

[123] 朱华伟, 付云皓. 第 50 届 IMO 试题解答[J]. 中等数学, 2009(9):18-21.

[124] 边欣. 一道 IMO 试题的推广及简证[J]. 数学教学, 2009(9):27,29.

[125] 朱华伟. 第 50 届 IMO 试题[J]. 中等数学, 2009(8):50.

[126] 刘凯峰, 龚浩生. 一道 IMO 试题的隔离与推广[J]. 中等数学, 2009(7):19-20.

[127] 宋庆. 一道第 42 届 IMO 试题的加强[J]. 数学通讯, 2009(10):43.

[128] 李建潮. 偶得一道 IMO 试题的指数推广[J]. 数学通讯, 2009(10):44.

[129] 吴立宝, 李长会. 一道 IMO 竞赛试题的证明[J]. 数学教学通讯, 2009(12):64.

[130] 徐章韬. 一道30届IMO试题的别解[J]. 中学数学杂志,2009(3):45.

[131] 张俊. 一道IMO试题引发的探索[J]. 数学通讯,2009(4):31.

[132] 曹程锦. 一道第49届IMO试题的解题分析[J]. 数学通讯,2008(23):41.

[133] 刘松华,孙明辉,刘凯年. "化蝶"——一道IMO试题证明的探索[J]. 中学数学杂志, 2008(12):54-55.

[134] 安振平. 两道数学竞赛试题的链接[J]. 中小学数学(高中版),2008(10):45.

[135] 李建潮. 一道IMO试题引发的思索[J]. 中小学数学(高中版),2008(9):44-45.

[136] 熊斌,冯志刚. 第49届IMO试题解答[J] 中等数学,2008(9):封底.

[137] 边欣. 一道IMO试题结果的加强及应用[J]. 中学数学月刊,2008(9):29-30.

[138] 熊斌,冯志刚. 第49届IMO试题[J] 中等数学,2008(8):封底.

[139] 沈毅. 一道IMO试题的推广[J]. 中学数学月刊,2008(8):49.

[140] 令标. 一道48届IMO试题引申的别证[J]. 中学数学杂志,2008(8):44-45.

[141] 吕建恒. 第48届IMO试题4的简证[J]. 中学数学月刊,2008(7):40.

[142] 熊光汉. 对一道IMO试题的探究[J]. 中学数学杂志,2008(6):56.

[143] 沈毅,罗元建. 对一道IMO赛题的探析[J]. 中学教研(数学),2008(5):42-43

[144] 厉倩. 两道IMO试题探秘[J] 数理天地(高中版),2008(4):21-22.

[145] 徐章韬. 从方差的角度解析一道IMO试题[J]. 中学数学杂志,2008(3):29.

[146] 令标. 一道IMO试题的别证[J]. 中学数学教学,2008(2):63-64.

[147] 李耀文. 一道IMO试题的别证[J]. 中学数学月刊,2008(2):52.

[148] 张伟新. 一道IMO试题的两种纯几何解法[J]. 中学数学月刊,2007(11):48.

[149] 朱华伟. 第48届IMO试题解答[J]. 中等数学,2007(9):20-22.

[150] 朱华伟. 第48届IMO试题[J]. 中等数学,2007(8):封底.

[151] 边欣. 一道IMO试题结果的加强[J]. 数学教学,2007(3):49.

[152] 丁兴春. 一道IMO试题的推广[J]. 中学数学研究,2006(10):49-50.

[153] 李胜宏. 第47届IMO试题解答[J]. 中等数学,2006(9):22-24.

[154] 李胜宏. 第47届IMO试题[J]. 中等数学,2006(8):封底.

[155] 傅启铭. 一道美国IMO试题变形后的推广[J]. 遵义师范学院学报,2006(1):74-75.

[156] 熊斌. 第46届IMO试题[J] 中等数学,2005(8):50.

[157] 文开庭. 一道IMO赛题的新隔离推广及其应用[J]. 毕节师范高等专科学校学报(综合版),2005(2):59-62.

[158] 熊斌,李建泉. 第53届IMO预选题(四)[J]. 中等数学,2013(12):21-25.

[159] 熊斌,李建泉. 第53届IMO预选题(三)[J]. 中等数学,2013(11):22-27.

[160] 熊斌,李建泉. 第53届IMO预选题(二)[J]. 中等数学,2013(10):18-23

[161] 熊斌,李建泉. 第53届IMO预选题(一)[J]. 中等数学,2013(9):28-32.

[162] 王建荣,王旭. 简证一道IMO预选题[J]. 中等数学,2012(2):16-17.

[163] 熊斌,李建泉. 第52届IMO预选题(四)[J]. 中等数学,2012(12):18-22.

[164] 熊斌,李建泉. 第52届IMO预选题(三)[J]. 中等数学,2012(11):18-22.

[165] 李建泉. 第51届IMO预选题(四)[J]. 中等数学,2011(11):17-20.

[166] 李建泉. 第51届IMO预选题(三)[J]. 中等数学,2011(10):16-19.

[167] 李建泉. 第 51 届 IMO 预选题(二)[J]. 中等数学,2011(9):20-27.
[168] 李建泉. 第 51 届 IMO 预选题(一)[J]. 中等数学,2011(8):17-20.
[169] 高凯. 浅析一道 IMO 预选题[J]. 中等数学,2011(3):16-18.
[170] 娄姗姗. 利用等价形式证明一道 IMO 预选题[J]. 中等数学,2011(1):13,封底.
[171] 李奋平. 从最小数入手证明一道 IMO 预选题[J]. 中等数学,2011(1):14.
[172] 李赛. 一道 IMO 预选题的另证[J]. 中等数学,2011(1):15.
[173] 李建泉. 第 50 届 IMO 预选题(四)[J]. 中等数学,2010(11):19-22.
[174] 李建泉. 第 50 届 IMO 预选题(三)[J]. 中等数学,2010(10):19-22.
[175] 李建泉. 第 50 届 IMO 预选题(二)[J]. 中等数学,2010(9):21-27.
[176] 李建泉. 第 50 届 IMO 预选题(一)[J]. 中等数学,2010(8):19-22.
[177] 沈毅. 一道 49 届 IMO 预选题的推广[J]. 中学数学月刊,2010(04):45.
[178] 宋强. 一道第 47 届 IMO 预选题的简证[J]. 中等数学,2009(11):12.
[179] 李建泉. 第 49 届 IMO 预选题(四)[J]. 中等数学,2009(11):19-23.
[180] 李建泉. 第 49 届 IMO 预选题(三)[J]. 中等数学,2009(10):19-23.
[181] 李建泉. 第 49 届 IMO 预选题(二)[J]. 中等数学,2009(9):22-25.
[182] 李建泉. 第 49 届 IMO 预选题(一)[J]. 中等数学,2009(8):18-22.
[183] 李慧,郭璋. 一道 IMO 预选题的证明与推广[J]. 数学通讯,2009(22):45-47.
[184] 杨学枝. 一道 IMO 预选题的拓展与推广[J]. 中等数学,2009(7):18-19.
[185] 吴光耀,李世杰. 一道 IMO 预选题的推广[J]. 上海中学数学,2009(05):48.
[186] 李建泉. 第 48 届 IMO 预选题(四)[J]. 中等数学,2008(11):18-24.
[187] 李建泉. 第 48 届 IMO 预选题(三)[J]. 中等数学,2008(10):18-23.
[188] 李建泉. 第 48 届 IMO 预选题(二)[J]. 中等数学,2008(9):21-24.
[189] 李建泉. 第 48 届 IMO 预选题(一)[J]. 中等数学,2008(8):22-26.
[190] 苏化明. 一道 IMO 预选题的探讨[J]. 中等数学,2007(9):46-48.
[191] 李建泉. 第 47 届 IMO 预选题(下)[J]. 中等数学,2007(11):17-22.
[192] 李建泉. 第 47 届 IMO 预选题(中)[J]. 中等数学,2007(10):18-23.
[193] 李建泉. 第 47 届 IMO 预选题(上)[J]. 中等数学,2007(9):24-27.
[194] 沈毅. 一道 IMO 预选题的再探索[J]. 中学数学教学,2008(1):58-60.
[195] 刘才华. 一道 IMO 预选题的简证[J]. 中等数学,2007(8):24.
[196] 苏化明. 一道 IMO 预选题的探讨[J]. 中等数学,2007(9):19-20.
[197] 李建泉. 第 46 届 IMO 预选题(下)[J]. 中等数学,2006(11):19-24.
[198] 李建泉. 第 46 届 IMO 预选题(中)[J]. 中等数学,2006(10):22-25.
[199] 李建泉. 第 46 届 IMO 预选题(上)[J]. 中等数学,2006(9):25-28.
[200] 贯福春. 吴娃双舞醉芙蓉——一道 IMO 预选题赏析[J]. 中学生数学,2006(18):21,18.
[201] 杨学枝. 一道 IMO 预选题的推广[J]. 中等数学,2006(5):17.
[202] 邹宇,沈文选. 一道 IMO 预选题的再推广[J]. 中学数学研究,2006(4):49-50.
[203] 苏炜杰. 一道 IMO 预选题的简证[J]. 中等数学,2006(2):21.
[204] 李建泉. 第 45 届 IMO 预选题(下)[J]. 中等数学,2005(11):28-30.

[205] 李建泉. 第 45 届 IMO 预选题(中)[J]. 中等数学,2005(10):32-36.
[206] 李建泉. 第 45 届 IMO 预选题(上)[J]. 中等数学,2005(9):23-29.
[207] 苏化明. 一道 IMO 预选题的探索[J]. 中等数学,2005(9):9-10.
[208] 谷焕春,周金峰. 一道 IMO 预选题的推广[J]. 中等数学,2005(2):20.
[209] 李建泉. 第 44 届 IMO 预选题(下)[J]. 中等数学,2004(6):25-30.
[210] 李建泉. 第 44 届 IMO 预选题(上)[J]. 中等数学,2004(5):27-32.
[211] 方廷刚. 复数法简证一道 IMO 预选题[J]. 中学数学月刊,2004(11):42.
[212] 李建泉. 第 43 届 IMO 预选题(下)[J]. 中等数学,2003(6):28-30.
[213] 李建泉. 第 43 届 IMO 预选题(上)[J]. 中等数学,2003(5):25-31.
[214] 孙毅. 一道 IMO 预选题的简解[J]. 中等数学,2003(5):19.
[215] 宿晓阳. 一道 IMO 预选题的推广[J]. 中学数学月刊,2002(12):40.
[216] 李建泉. 第 42 届 IMO 预选题(下)[J]. 中等数学,2002(6):32-36.
[217] 李建泉. 第 42 届 IMO 预选题(上)[J]. 中等数学,2002(5):24-29.
[218] 宋庆,黄伟民. 一道 IMO 预选题的推广[J]. 中等数学,2002(6):43.
[219] 李建泉. 第 41 届 IMO 预选题(下)[J]. 中等数学,2002(1):33-39.
[220] 李建泉. 第 41 届 IMO 预选题(中)[J]. 中等数学,2001(6):34-37.
[221] 李建泉. 第 41 届 IMO 预选题(上)[J]. 中等数学,2001(5):32-36.
[222] 方廷刚. 一道 IMO 预选题再解[J]. 中学数学月刊,2002(05):43.
[223] 蒋太煌. 第 39 届 IMO 预选题 8 的简证[J]. 中等数学,2001(5):22-23.
[224] 张赟. 一道 IMO 预选题的推广[J]. 中等数学,2001(2):26.
[225] 林运成. 第 39 届 IMO 预选题 8 别证[J]. 中等数学,2001(1):22.
[226] 李建泉. 第 40 届 IMO 预选题(上)[J]. 中等数学,2000(5):33-36.
[227] 李建泉. 第 40 届 IMO 预选题(中)[J]. 中等数学,2000(6):35-37.
[228] 李建泉. 第 41 届 IMO 预选题(下)[J]. 中等数学,2001(1):35-39.
[229] 李来敏. 一道 IMO 预选题的三种初等证法及推广[J]. 中学数学教学,2000(3):38-39.
[230] 李来敏. 一道 IMO 预选题的两种证法[J]. 中学数学月刊,2000(3):48.
[231] 张善立. 一道 IMO 预选题的指数推广[J]. 中等数学,1999(5):24.
[232] 云保奇. 一道 IMO 预选题的另一个结论[J]. 中等数学,1999(4):21.
[233] 辛慧. 第 38 届 IMO 预选题解答(上)[J]. 中等数学,1998(5):28-31.
[234] 李直. 第 38 届 IMO 预选题解答(中)[J]. 中等数学,1998(6):31-35.
[235] 冼声. 第 38 届 IMO 预选题解答(中)[J]. 中等数学,1999(1):32-38.
[236] 石卫国. 一道 IMO 预选题的推广[J]. 陕西教育学院学报,1998(4):72-73.
[237] 张赟. 一道 IMO 预选题的引申[J]. 中等数学,1998(3):22-23.
[238] 安金鹏,李宝毅. 第 37 届 IMO 预选题及解答(上)[J]. 中等数学,1997(6):33-37.
[239] 安金鹏,李宝毅. 第 37 届 IMO 预选题及解答(下)[J]. 中等数学,1998(1):34-40.
[240] 刘江枫,李学武. 第 37 届 IMO 预选题[J]. 中等数学,1997(5):30-32.
[241] 党庆寿. 一道 IMO 预选题的简解[J]. 中学数学月刊,1997(8):43-44.
[242] 黄汉生. 一道 IMO 预选题的加强[J]. 中等数学,1997(3):17.

[243] 贝嘉禄. 一道国际竞赛预选题的加强[J]. 中学数学月刊,1997(6):26-27.

[244] 王富英. 一道 IMO 预选题的推广及其应用[J]. 中学数学教学参,1997(8～9):74-75.

[245] 孙哲. 一道 IMO 预选题的简证与加强[J]. 中等数学,1996(3):18.

[246] 李学武. 第 36 届 IMO 预选题及解答(下)[J]. 中等数学,1996(6):26-29,37.

[247] 张善立. 一道 IMO 预选题的简证[J]. 中等数学,1996(10):36.

[248] 李建泉. 利用根轴的性质解一道 IMO 预选题[J]. 中等数学,1996(4):14.

[249] 黄虎. 一道 IMO 预选题妙解及推广[J]. 中等数学,1996(4):15.

[250] 严鹏. 一道 IMO 预选题探讨[J]. 中等数学,1996(2):16.

[251] 杨桂芝. 第 34 届 IMO 预选题解答(上)[J]. 中等数学,1995(6):28-31.

[252] 杨桂芝. 第 34 届 IMO 预选题解答(中)[J]. 中等数学,1996(1):29-31.

[253] 杨桂芝. 第 34 届 IMO 预选题解答(下)[J]. 中等数学,1996(2):21-23.

[254] 舒金银. 一道 IMO 预选题简证[J]. 中等数学,1995(1):16-17.

[255] 黄宣国,夏兴国. 第 35 届 IMO 预选题[J]. 中等数学,1994(5):19-20.

[256] 苏淳,严镇军. 第 33 届 IMO 预选题[J]. 中等数学,1993(2):19-20.

[257] 耿立顺. 一道 IMO 预选题的简单解法[J]. 中学教研,1992(05):26.

[258] 苏化明. 谈一道 IMO 预选题[J]. 中学教研,1992(05):28-30.

[259] 黄玉民. 第 32 届 IMO 预选题及解答[J]. 中等数学,1992(1):22-34.

[260] 朱华伟. 一道 IMO 预选题的溯源及推广[J]. 中学数学,1991(03):45-46.

[261] 蔡玉书. 一道 IMO 预选题的推广[J]. 中等数学,1990(6):9.

[262] 第 31 届 IMO 选题委员会. 第 31 届 IMO 预选题解答[J]. 中等数学,1990(5):7-22,封底.

[263] 单墫,刘亚强. 第 30 届 IMO 预选题解答[J]. 中等数学,1989(5):6-17.

[264] 苏化明. 一道 IMO 预选题的推广及应用[J]. 中等数学,1989(4):16-19.

后记 | Postscript

  行为的背后是动机,编一套洋洋百万言的丛书一定要有很强的动机才行,借后记不妨和盘托出.

  首先,这是一本源于"匮乏"的书.1976年编者初中一年级,时值"文化大革命"刚刚结束,物质产品与精神产品极度匮乏,学校里薄薄的数学教科书只有几个极简单的习题,根本满足不了学习的需要.当时全国书荒,偌大的书店无书可寻,学生无题可做,在这种情况下,笔者的班主任郭清泉老师便组织学生自编习题集.如果说忠诚党的教育事业不仅仅是一个口号的话,那么郭老师确实做到了.在其个人生活极为困顿的岁月里,他拿出多年珍藏的数学课外书领着一批初中学生开始选题、刻钢板、推油辊.很快一本本散发着油墨清香的习题集便发到了每个同学的手中,喜悦之情难以名状,正如高尔基所说:"像饥饿的人扑到了面包上."当时电力紧张,经常停电,晚上写作业时常点蜡烛,冬夜,烛光如豆,寒气逼人,伏案演算着自己编的数学题,沉醉其中,物我两忘.30多年后同样的冬夜,灯光如昼,温暖如夏,坐拥书城,竟茫然不知所措,此时方觉匮乏原来也是一种美(想想西南联大当时在山洞里、在防空洞中,学数学学成了多少大师级人物.日本战后恢复期产生了三位物理学诺贝尔奖获得者,如汤川秀树等,以及高木贞治、小平邦彦、广中平佑的成长都证明了这一点),可惜现在的学生永远也体验不到那种意境了(中国人也许是世界上最讲究意境的,所谓"雪夜闭门读禁书",也是一种意境),所以编此书颇有怀旧之感.有趣的是后来这次经历竟在笔者身上产生了

"异化",抄习题的乐趣多于做习题,比为买椟还珠不以为过,四处收集含有习题的数学著作,从吉米多维奇到菲赫金哥尔茨,从斯米尔诺夫到维诺格拉朵夫,从笹部贞市郎到哈尔莫斯,乐此不疲.凡 30 年几近偏执,朋友戏称:"这是一种不需治疗的精神病."虽然如此,毕竟染此"病症"后容易忽视生活中那些原本的乐趣.这有些像葛朗台用金币碰撞的叮当声取代了花金币的真实快感一样.匮乏带给人的除了美感之外,更多的是恐惧.中国科学院数学研究所数论室主任徐广善先生来哈尔滨工业大学讲课,课余时曾透露过陈景润先生生前的一个小秘密(曹珍富教授转述,编者未加核实).陈先生的一只抽屉中存有多只快生锈的上海牌手表.这个不可思议的现象源于当年陈先生所经历过的可怕的匮乏.大学刚毕业,分到北京四中,后被迫离开,衣食无着,生活窘迫,后虽好转,但那次经历给陈先生留下了深刻记忆,为防止以后再次陷于匮乏,就买了当时陈先生认为在中国最能保值增值的上海牌手表,以备不测.像经历过饥饿的田鼠会疯狂地往洞里搬运食物一样,经历过如饥似渴却无题可做的编者在潜意识中总是觉得题少,只有手中有大量习题集,心里才觉安稳.所以很多时候表面看是一种热爱,但更深层次却是恐惧,是缺少富足感的体现.

其次,这是一本源于"传承"的书.哈尔滨作为全国解放最早的城市,开展数学竞赛活动也是很早的,早期哈尔滨工业大学的吴从炘教授、黑龙江大学的颜秉海教授、船舶工程学院(现哈尔滨工程大学)的戴遗山教授、哈尔滨师范大学的吕庆祝教授作为先行者为哈尔滨的数学竞赛活动打下了基础,定下了格调.中期哈尔滨市教育学院王翠满教授、王万祥教授、时承权教授,哈尔滨师专的冯宝琦教授、陆子采教授,哈尔滨师范大学的贾广聚教授,黑龙江大学的王路群教授、曹重光教授,哈三中的周建成老师,哈一中的尚杰老师,哈师大附中的沙洪泽校长,哈六中的董乃培老师,为此作出了长期的努力.20 世纪 80 年代中期开始,一批中青年数学工作者开始加入,主要有哈尔滨工业大学的曹珍富教授、哈师大附中的李修福老师及笔者.90 年代中期,哈尔滨的数学奥林匹克活动渐入佳境,又有像哈师大附中刘利益等老师加入进来,但在高等学校中由于搞数学竞赛研究既不算科研又不计入工作量,所以再坚持难免会被边缘化,于是研究人员逐渐以中学教师为主,在高校中近乎绝迹.2008 年 CMO 在哈尔滨举行,大型专业杂志《数学奥林匹克与数学文化》创刊,好戏连台,让哈尔滨的数学竞赛事业再度辉煌.

第三,这是一本源于"氛围"的书。很难想象速滑运动员产生于非洲,也无法相信深山古刹之外会有高僧。环境与氛围至关重要。在整个社会日益功利化、世俗化、利益化、平面化的大背景下,编者师友们所营造的小的氛围影响着其中每个人的道路选择,以学有专长为荣,不学无术为耻的价值观点互相感染、共同坚守,用韩波博士的话讲,这已是我们这台计算机上的硬件。赖于此,本书的出炉便在情理之中,所以理应致以敬意,借此向王忠玉博士、张本祥博士、郭梦书博士、吕书臣博士、康大臣博士、刘孝廷博士、刘晓燕博士、王延青博士、钟德寿博士、薛小平博士、韩波博士、李龙锁博士、刘绍武博士对笔者多年的关心与鼓励致以诚挚的谢意,特别是尚琥教授在编者即将放弃之际给予的坚定的支持。

第四,这是一个"蝴蝶效应"的产物。如果说人的成长过程具有一点动力系统迭代的特征的话,那么其方程一定是非线性的,即对初始条件具有敏感依赖的,俗称"蝴蝶效应"。简单说就是一个微小的"扰动"会改变人生的轨迹,如著名拓扑学家,纽结大师王诗宬 1977 年时还是一个喜欢中国文学史的插队知青,一次他到北京去游玩,坐 332 路车去颐和园,看见"北京大学"四个字,就跳下车进入校门,当时他的脑子中正在想一个简单的数学问题(大多数时候他都是在推敲几句诗),就是六个人的聚会上总有三个人认识或三个人不认识(用数学术语说就是 6 阶 2 色完全图中必有单色 3 阶子图存在),然后碰到一个老师,就问他,他说你去问姜伯驹老师(我国著名数学家姜亮夫之子),姜伯驹老师的办公室就在我办公室对面。而当他找到姜伯驹教授时,姜伯驹说为什么不来试试学数学,于是一句话,一辈子,有了今天北京大学数学所的王诗宬副所长(《世纪大讲堂》,第 2 辑,辽宁人民出版社,2003:128-149)。可以设想假如他遇到的是季羡林或俞平伯,今天该会是怎样。同样可以设想,如果编者初中的班主任老师是一位体育老师,足球健将的话,那么今天可能会多一位超级球迷"罗西",少一位执着的业余数学爱好者,也绝不会有本书的出现。

第五,这也是一本源于"尴尬"的书。编者高中就读于一所具有数学竞赛传统的学校,班主任是学校主抓数学竞赛的沙洪泽老师。当时成立数学兴趣小组时,同学们非常踊跃,但名额有限,可能是沙老师早已发现编者并无数学天分所以不被选中,再次申请并请姐姐(在同校高二年级)去求情均未果。遂产生逆反心理,后来坚持以数学谋生,果真由于天资不足,屡战屡败,虽自我鼓励,屡败再屡战,但其结果仍如寒山子诗所说:"用力磨碌砖,那堪将作镜。"直至而立之年,幡然悔悟,但

"贼船"既上,回头已晚,彻底告别又心有不甘,于是以业余身份尴尬地游走于业界20余年,才有今天此书问世.

看来如果当初沙老师增加一个名额让编者尝试一下,后再知难而退,结果可能会皆大欢喜.但有趣的是当年竞赛小组的人竟无一人学数学专业,也无一人从事数学工作.看来教育是很值得研究的,"欲擒故纵"也不失为一种好方法.沙老师后来也放弃了数学教学工作,从事领导工作,转而研究教育,颇有所得,还出版了专著《教育——为了人的幸福》(教育科学出版社,2005),对此进行了深入研究.

最后,这也是一本源于"信心"的书.近几年,一些媒体为了吸引眼球,不惜把中国在国际上处于领先地位的数学奥林匹克妖魔化且多方打压,此时编写这套题集是有一定经济风险的.但编者坚信中国人对数学是热爱的.利玛窦、金尼阁指出:"多少世纪以来,上帝表现了不只用一种方法把人们吸引到他身边.垂钓人类的渔人以自己特殊的方法吸引人们的灵魂落入他的网中,也就不足为奇了.任何可能认为伦理学、物理学和数学在教会工作中并不重要的人,都是不知道中国人的口味的,他们缓慢地服用有益的精神药物,除非它有知识的佐料增添味道."(利玛窦,金尼阁,著.《利玛窦中国札记》.何高济,王遵仲,李申,译.何兆武,校.中华书局,1983:347).中国的广大中学生对数学竞赛活动是热爱的,是能够被数学所吸引的,对此我们有充分的信心.而且,奥林匹克之于中国就像围棋之于日本,足球之于巴西,瑜伽之于印度一样,在世界上有品牌优势.2001年笔者去新西兰探亲,在奥克兰的一份中文报纸上看到一则广告,赫然写着中国内地教练专教奥数,打电话过去询问,对方声音甜美,颇富乐感,原来是毕业于沈阳音乐学院的女学生,在新西兰找工作四处碰壁后,想起在大学念书期间勤工俭学时曾辅导过小学生奥数,所以,便想一试身手,果真有家长把小孩送来,她便也以教练自居,可见数学奥林匹克已经成为一种类似于中国制造的品牌.出版这样的书,担心何来呢!

数学无国界,它是人类最共性的语言.数学超理性多呈冰冷状,所以一个个性化的,充满个体真情实感的后记是需要的,虽然难免有自恋之嫌,但毕竟带来一丝人气.

刘培杰
2014年10月

哈尔滨工业大学出版社刘培杰数学工作室
已出版(即将出版)图书目录

书　　名	出版时间	定　价	编号
新编中学数学解题方法全书(高中版)上卷	2007—09	38.00	7
新编中学数学解题方法全书(高中版)中卷	2007—09	48.00	8
新编中学数学解题方法全书(高中版)下卷(一)	2007—09	42.00	17
新编中学数学解题方法全书(高中版)下卷(二)	2007—09	38.00	18
新编中学数学解题方法全书(高中版)下卷(三)	2010—06	58.00	73
新编中学数学解题方法全书(初中版)上卷	2008—01	28.00	29
新编中学数学解题方法全书(初中版)中卷	2010—07	38.00	75
新编中学数学解题方法全书(高考复习卷)	2010—01	48.00	67
新编中学数学解题方法全书(高考真题卷)	2010—01	38.00	62
新编中学数学解题方法全书(高考精华卷)	2011—03	68.00	118
新编平面解析几何解题方法全书(专题讲座卷)	2010—01	18.00	61
新编中学数学解题方法全书(自主招生卷)	2013—08	88.00	261
数学眼光透视	2008—01	38.00	24
数学思想领悟	2008—01	38.00	25
数学应用展观	2008—01	38.00	26
数学建模导引	2008—01	28.00	23
数学方法溯源	2008—01	38.00	27
数学史话览胜	2008—01	28.00	28
数学思维技术	2013—09	38.00	260
从毕达哥拉斯到怀尔斯	2007—10	48.00	9
从迪利克雷到维斯卡尔迪	2008—01	48.00	21
从哥德巴赫到陈景润	2008—05	98.00	35
从庞加莱到佩雷尔曼	2011—08	138.00	136
数学解题中的物理方法	2011—06	28.00	114
数学解题的特殊方法	2011—06	48.00	115
中学数学计算技巧	2012—01	48.00	116
中学数学证明方法	2012—01	58.00	117
数学趣题巧解	2012—03	28.00	128
三角形中的角格点问题	2013—01	88.00	207
含参数的方程和不等式	2012—09	28.00	213

哈尔滨工业大学出版社刘培杰数学工作室
已出版（即将出版）图书目录

书　名	出版时间	定　价	编号
数学奥林匹克与数学文化（第一辑）	2006—05	48.00	4
数学奥林匹克与数学文化（第二辑）（竞赛卷）	2008—01	48.00	19
数学奥林匹克与数学文化（第二辑）（文化卷）	2008—07	58.00	36'
数学奥林匹克与数学文化（第三辑）（竞赛卷）	2010—01	48.00	59
数学奥林匹克与数学文化（第四辑）（竞赛卷）	2011—08	58.00	87
数学奥林匹克与数学文化（第五辑）	2014—09		370
发展空间想象力	2010—01	38.00	57
走向国际数学奥林匹克的平面几何试题诠释（上、下）（第1版）	2007—01	68.00	11,12
走向国际数学奥林匹克的平面几何试题诠释（上、下）（第2版）	2010—02	98.00	63,64
平面几何证明方法全书	2007—08	35.00	1
平面几何证明方法全书习题解答（第1版）	2005—10	18.00	2
平面几何证明方法全书习题解答（第2版）	2006—12	18.00	10
平面几何天天练上卷·基础篇（直线型）	2013—01	58.00	208
平面几何天天练中卷·基础篇（涉及圆）	2013—01	28.00	234
平面几何天天练下卷·提高篇	2013—01	58.00	237
平面几何专题研究	2013—07	98.00	258
最新世界各国数学奥林匹克中的平面几何试题	2007—09	38.00	14
数学竞赛平面几何典型题及新颖解	2010—07	48.00	74
初等数学复习及研究（平面几何）	2008—09	58.00	38
初等数学复习及研究（立体几何）	2010—06	38.00	71
初等数学复习及研究（平面几何）习题解答	2009—01	48.00	42
世界著名平面几何经典著作钩沉——几何作图专题卷（上）	2009—06	48.00	49
世界著名平面几何经典著作钩沉——几何作图专题卷（下）	2011—01	88.00	80
世界著名平面几何经典著作钩沉（民国平面几何老课本）	2011—03	38.00	113
世界著名解析几何经典著作钩沉——平面解析几何卷	2014—01	38.00	273
世界著名数论经典著作钩沉（算术卷）	2012—01	28.00	125
世界著名数学经典著作钩沉——立体几何卷	2011—02	28.00	88
世界著名三角学经典著作钩沉（平面三角卷Ⅰ）	2010—06	28.00	69
世界著名三角学经典著作钩沉（平面三角卷Ⅱ）	2011—01	38.00	78
世界著名初等数论经典著作钩沉（理论和实用算术卷）	2011—07	38.00	126
几何学教程（平面几何卷）	2011—03	68.00	90
几何学教程（立体几何卷）	2011—07	68.00	130
几何变换与几何证题	2010—06	88.00	70
计算方法与几何证题	2011—06	28.00	129
立体几何技巧与方法	2014—04	88.00	293
几何瑰宝——平面几何500名题暨1000条定理（上、下）	2010—07	138.00	76,77
三角形的解法与应用	2012—07	18.00	183
近代的三角形几何学	2012—07	48.00	184
一般折线几何学	即将出版	58.00	203
三角形的五心	2009—06	28.00	51
三角形趣谈	2012—08	28.00	212
解三角形	2014—01	28.00	265
三角学专门教程	2014—09	28.00	387
距离几何分析导引	2015—02	68.00	446

哈尔滨工业大学出版社刘培杰数学工作室
已出版（即将出版）图书目录

书　　名	出版时间	定　价	编号
圆锥曲线习题集（上册）	2013—06	68.00	255
圆锥曲线习题集（中册）	2015—01	78.00	434
圆锥曲线习题集（下册）	即将出版		
俄罗斯平面几何问题集	2009—08	88.00	55
俄罗斯立体几何问题集	2014—03	58.00	283
俄罗斯几何大师——沙雷金论数学及其他	2014—01	48.00	271
来自俄罗斯的 5000 道几何习题及解答	2011—03	58.00	89
俄罗斯初等数学问题集	2012—05	38.00	177
俄罗斯函数问题集	2011—03	38.00	103
俄罗斯组合分析问题集	2011—01	48.00	79
俄罗斯初等数学万题选——三角卷	2012—11	38.00	222
俄罗斯初等数学万题选——代数卷	2013—08	68.00	225
俄罗斯初等数学万题选——几何卷	2014—01	68.00	226
463 个俄罗斯几何老问题	2012—01	28.00	152
近代欧氏几何学	2012—03	48.00	162
罗巴切夫斯基几何学及几何基础概要	2012—07	28.00	188
用三角、解析几何、复数、向量计算解数学竞赛几何题	2015—03	48.00	455
美国中学几何教程	2015—04	88.00	458
三线坐标与三角形特征点	2015—04	98.00	460
平面解析几何方法与研究（第 1 卷）	2015—05	18.00	471
平面解析几何方法与研究（第 2 卷）	2015—06	18.00	472
平面解析几何方法与研究（第 3 卷）	即将出版		473
超越吉米多维奇——数列的极限	2009—11	48.00	58
超越普里瓦洛夫——留数卷	2015—01	28.00	437
超越普里瓦洛夫——无穷乘积与它对解析函数的应用卷	2015—05	28.00	477
Barban Davenport Halberstam 均值和	2009—01	40.00	33
初等数论难题集（第一卷）	2009—05	68.00	44
初等数论难题集（第二卷）（上、下）	2011—02	128.00	82,83
谈谈素数	2011—03	18.00	91
平方和	2011—03	18.00	92
数论概貌	2011—03	18.00	93
代数数论（第二版）	2013—08	58.00	94
代数多项式	2014—06	38.00	289
初等数论的知识与问题	2011—02	28.00	95
超越数论基础	2011—03	28.00	96
数论初等教程	2011—03	28.00	97
数论基础	2011—03	18.00	98
数论基础与维诺格拉多夫	2014—03	18.00	292
解析数论基础	2012—08	28.00	216
解析数论基础（第二版）	2014—01	48.00	287
解析数论问题集（第二版）	2014—05	88.00	343
解析几何研究	2015—01	38.00	425
初等几何研究	2015—02	58.00	444
数论入门	2011—03	38.00	99
代数数论入门	2015—03	38.00	448
数论开篇	2012—07	28.00	194
解析数论引论	2011—03	48.00	100

哈尔滨工业大学出版社刘培杰数学工作室
已出版(即将出版)图书目录

书　名	出版时间	定　价	编号
复变函数引论	2013—10	68.00	269
伸缩变换与抛物旋转	2015—01	38.00	449
无穷分析引论(上)	2013—04	88.00	247
无穷分析引论(下)	2013—04	98.00	245
数学分析	2014—04	28.00	338
数学分析中的一个新方法及其应用	2013—01	38.00	231
数学分析例选:通过范例学技巧	2013—01	88.00	243
高等代数例选:通过范例学技巧	2015—06	88.00	475
三角级数论(上册)(陈建功)	2013—01	38.00	232
三角级数论(下册)(陈建功)	2013—01	48.00	233
三角级数论(哈代)	2013—06	48.00	254
基础数论	2011—03	28.00	101
超越数	2011—03	18.00	109
三角和方法	2011—03	18.00	112
谈谈不定方程	2011—05	28.00	119
整数论	2011—05	38.00	120
随机过程(Ⅰ)	2014—01	78.00	224
随机过程(Ⅱ)	2014—01	68.00	235
整数的性质	2012—11	38.00	192
初等数论100例	2011—05	18.00	122
初等数论经典例题	2012—07	18.00	204
最新世界各国数学奥林匹克中的初等数论试题(上、下)	2012—01	138.00	144,145
算术探索	2011—12	158.00	148
初等数论(Ⅰ)	2012—01	18.00	156
初等数论(Ⅱ)	2012—01	18.00	157
初等数论(Ⅲ)	2012—01	28.00	158
组合数学	2012—04	28.00	178
组合数学浅谈	2012—03	28.00	159
同余理论	2012—05	38.00	163
丢番图方程引论	2012—03	48.00	172
平面几何与数论中未解决的新老问题	2013—01	68.00	229
法雷级数	2014—08	18.00	367
代数数论简史	2014—11	28.00	408
摆线族	2015—01	38.00	438
拉普拉斯变换及其应用	2015—02	38.00	447
函数方程及其解法	2015—05	38.00	470
罗巴切夫斯基几何学初步	2015—06	28.00	474
[x]与{x}	2015—04	48.00	476
历届美国中学生数学竞赛试题及解答(第一卷)1950—1954	2014—07	18.00	277
历届美国中学生数学竞赛试题及解答(第二卷)1955—1959	2014—04	18.00	278
历届美国中学生数学竞赛试题及解答(第三卷)1960—1964	2014—06	18.00	279
历届美国中学生数学竞赛试题及解答(第四卷)1965—1969	2014—04	28.00	280
历届美国中学生数学竞赛试题及解答(第五卷)1970—1972	2014—06	18.00	281
历届美国中学生数学竞赛试题及解答(第七卷)1981—1986	2015—01	18.00	424

哈尔滨工业大学出版社刘培杰数学工作室
已出版(即将出版)图书目录

书 名	出版时间	定 价	编号
历届 IMO 试题集(1959—2005)	2006—05	58.00	5
历届 CMO 试题集	2008—09	28.00	40
历届中国数学奥林匹克试题集	2014—10	38.00	394
历届加拿大数学奥林匹克试题集	2012—08	38.00	215
历届美国数学奥林匹克试题集:多解推广加强	2012—08	38.00	209
历届波兰数学竞赛试题集.第1卷,1949～1963	2015—03	18.00	453
历届波兰数学竞赛试题集.第2卷,1964～1976	2015—03	18.00	454
保加利亚数学奥林匹克	2014—10	38.00	393
圣彼得堡数学奥林匹克试题集	2015—01	48.00	429
历届国际大学生数学竞赛试题集(1994—2010)	2012—01	28.00	143
全国大学生数学夏令营数学竞赛试题及解答	2007—03	28.00	15
全国大学生数学竞赛辅导教程	2012—07	28.00	189
全国大学生数学竞赛复习全书	2014—04	48.00	340
历届美国大学生数学竞赛试题集	2009—03	88.00	43
前苏联大学生数学奥林匹克竞赛题解(上编)	2012—04	28.00	169
前苏联大学生数学奥林匹克竞赛题解(下编)	2012—04	38.00	170
历届美国数学邀请赛试题集	2014—01	48.00	270
全国高中数学竞赛试题及解答.第1卷	2014—07	38.00	331
大学生数学竞赛讲义	2014—09	28.00	371
高考数学临门一脚(含密押三套卷)(理科版)	2015—01	24.80	421
高考数学临门一脚(含密押三套卷)(文科版)	2015—01	24.80	422
新课标高考数学题型全归纳(文科版)	2015—05	72.00	467
新课标高考数学题型全归纳(理科版)	2015—05	82.00	468

书 名	出版时间	定 价	编号
整函数	2012—08	18.00	161
多项式和无理数	2008—01	68.00	22
模糊数据统计学	2008—03	48.00	31
模糊分析学与特殊泛函空间	2013—01	68.00	241
受控理论与解析不等式	2012—05	78.00	165
解析不等式新论	2009—06	68.00	48
反问题的计算方法及应用	2011—11	28.00	147
建立不等式的方法	2011—03	98.00	104
数学奥林匹克不等式研究	2009—08	68.00	56
不等式研究(第二辑)	2012—02	68.00	153
初等数学研究(Ⅰ)	2008—09	68.00	37
初等数学研究(Ⅱ)(上、下)	2009—05	118.00	46,47
中国初等数学研究　2009卷(第1辑)	2009—05	20.00	45
中国初等数学研究　2010卷(第2辑)	2010—05	30.00	68
中国初等数学研究　2011卷(第3辑)	2011—07	60.00	127
中国初等数学研究　2012卷(第4辑)	2012—07	48.00	190
中国初等数学研究　2014卷(第5辑)	2014—02	48.00	288
数阵及其应用	2012—02	28.00	164
绝对值方程—折边与组合图形的解析研究	2012—07	48.00	186
不等式的秘密(第一卷)	2012—02	28.00	154
不等式的秘密(第一卷)(第2版)	2014—02	38.00	286
不等式的秘密(第二卷)	2014—01	38.00	268

哈尔滨工业大学出版社刘培杰数学工作室
已出版(即将出版)图书目录

书　名	出版时间	定　价	编号
初等不等式的证明方法	2010—06	38.00	123
初等不等式的证明方法(第二版)	2014—11	38.00	407
数学奥林匹克在中国	2014—06	98.00	344
数学奥林匹克问题集	2014—01	38.00	267
数学奥林匹克不等式散论	2010—06	38.00	124
数学奥林匹克不等式欣赏	2011—09	38.00	138
数学奥林匹克超级题库(初中卷上)	2010—01	58.00	66
数学奥林匹克不等式证明方法和技巧(上、下)	2011—08	158.00	134,135
近代拓扑学研究	2013—04	38.00	239
新编640个世界著名数学智力趣题	2014—01	88.00	242
500个最新世界著名数学智力趣题	2008—06	48.00	3
400个最新世界著名数学最值问题	2008—09	48.00	36
500个世界著名数学征解问题	2009—06	48.00	52
400个中国最佳初等数学征解老问题	2010—01	48.00	60
500个俄罗斯数学经典老题	2011—01	28.00	81
1000个国外中学物理好题	2012—04	48.00	174
300个日本高考数学题	2012—05	38.00	142
500个前苏联早期高考数学试题及解答	2012—05	28.00	185
546个早期俄罗斯大学生数学竞赛题	2014—03	38.00	285
548个来自美苏的数学好问题	2014—11	28.00	396
20所苏联著名大学早期入学试题	2015—02	18.00	452
161道德国工科大学生必做的微分方程习题	2015—05	28.00	469
德国讲义日本考题.微积分卷	2015—04	48.00	456
德国讲义日本考题.微分方程卷	2015—04	38.00	457
博弈论精粹	2008—03	58.00	30
博弈论精粹.第二版(精装)	2015—01	88.00	461
数学 我爱你	2008—01	28.00	20
精神的圣徒 别样的人生——60位中国数学家成长的历程	2008—09	48.00	39
数学史概论	2009—06	78.00	50
数学史概论(精装)	2013—03	158.00	272
斐波那契数列	2010—02	28.00	65
数学拼盘和斐波那契魔方	2010—07	38.00	72
斐波那契数列欣赏	2011—01	28.00	160
数学的创造	2011—02	48.00	85
数学中的美	2011—02	38.00	84
数论中的美学	2014—12	38.00	351
数学王者 科学巨人——高斯	2015—01	28.00	428
王连笑教你怎样学数学:高考选择题解题策略与客观题实用训练	2014—01	48.00	262
王连笑教你怎样学数学:高考数学高层次讲座	2015—02	48.00	432
最新全国及各省市高考数学试卷解法研究及点拨评析	2009—02	38.00	41
高考数学的理论与实践	2009—08	38.00	53
中考数学专题总复习	2007—04	28.00	6
向量法巧解数学高考题	2009—08	28.00	54
高考数学核心题型解题方法与技巧	2010—01	28.00	86
高考思维新平台	2014—03	38.00	259
数学解题——靠数学思想给力(上)	2011—07	38.00	131
数学解题——靠数学思想给力(中)	2011—07	48.00	132
数学解题——靠数学思想给力(下)	2011—07	38.00	133

哈尔滨工业大学出版社刘培杰数学工作室
已出版(即将出版)图书目录

书　名	出版时间	定　价	编号
我怎样解题	2013—01	48.00	227
和高中生漫谈:数学与哲学的故事	2014—08	28.00	369
2011年全国及各省市高考数学试题审题要津与解法研究	2011—10	48.00	139
2013年全国及各省市高考数学试题解析与点评	2014—01	48.00	282
全国及各省市高考数学试题审题要津与解法研究	2015—02	48.00	450
新课标高考数学——五年试题分章详解(2007～2011)(上、下)	2011—10	78.00	140,141
30分钟拿下高考数学选择题、填空题(第二版)	2012—01	28.00	146
全国中考数学压轴题审题要津与解法研究	2013—04	78.00	248
新编全国及各省市中考数学压轴题审题要津与解法研究	2014—05	58.00	342
全国及各省市5年中考数学压轴题审题要津与解法研究	2015—04	58.00	462
高考数学压轴题解题诀窍(上)	2012—02	78.00	166
高考数学压轴题解题诀窍(下)	2012—03	28.00	167
自主招生考试中的参数方程问题	2015—01	28.00	435
自主招生考试中的极坐标问题	2015—04	28.00	463
近年全国重点大学自主招生数学试题全解及研究.华约卷	2015—02	38.00	441
近年全国重点大学自主招生数学试题全解及研究.北约卷	即将出版		
格点和面积	2012—07	18.00	191
射影几何趣谈	2012—04	28.00	175
斯潘纳尔引理——从一道加拿大数学奥林匹克试题谈起	2014—01	28.00	228
李普希兹条件——从几道近年高考数学试题谈起	2012—10	18.00	221
拉格朗日中值定理——从一道北京高考试题的解法谈起	2012—10	18.00	197
闵科夫斯基定理——从一道清华大学自主招生试题谈起	2014—01	28.00	198
哈尔测度——从一道冬令营试题的背景谈起	2012—08	28.00	202
切比雪夫逼近问题——从一道中国台北数学奥林匹克试题谈起	2013—04	38.00	238
伯恩斯坦多项式与贝齐尔曲面——从一道全国高中数学联赛试题谈起	2013—03	38.00	236
卡塔兰猜想——从一道普特南竞赛试题谈起	2013—06	18.00	256
麦卡锡函数和阿克曼函数——从一道前南斯拉夫数学奥林匹克试题谈起	2012—08	18.00	201
贝蒂定理与拉姆贝克莫斯尔定理——从一个拣石子游戏谈起	2012—08	18.00	217
皮亚诺曲线和豪斯道夫分球定理——从无限集谈起	2012—08	18.00	211
平面凸图形与凸多面体	2012—10	28.00	218
斯坦因豪斯问题——从一道二十五省市自治区中学数学竞赛试题谈起	2012—07	18.00	196
纽结理论中的亚历山大多项式与琼斯多项式——从一道北京市高一数学竞赛试题谈起	2012—07	28.00	195
原则与策略——从波利亚"解题表"谈起	2013—04	38.00	244
转化与化归——从三大尺规作图不能问题谈起	2012—08	28.00	214
代数几何中的贝祖定理(第一版)——从一道IMO试题的解法谈起	2013—08	18.00	193
成功连贯理论与约当块理论——从一道比利时数学竞赛试题谈起	2012—04	18.00	180
磨光变换与范·德·瓦尔登猜想——从一道环球城市竞赛试题谈起	即将出版		
素数判定与大数分解	2014—08	18.00	199
置换多项式及其应用	2012—10	18.00	220
椭圆函数与模函数——从一道美国加州大学洛杉矶分校(UCLA)博士资格考题谈起	2012—10	28.00	219

哈尔滨工业大学出版社刘培杰数学工作室
已出版(即将出版)图书目录

书　　名	出版时间	定　价	编号
差分方程的拉格朗日方法——从一道2011年全国高考理科试题的解法谈起	2012—08	28.00	200
力学在几何中的一些应用	2013—01	38.00	240
高斯散度定理、斯托克斯定理和平面格林定理——从一道国际大学生数学竞赛试题谈起	即将出版		
康托洛维奇不等式——从一道全国高中联赛试题谈起	2013—03	28.00	337
西格尔引理——从一道第18届IMO试题的解法谈起	即将出版		
罗斯定理——从一道前苏联数学竞赛试题谈起	即将出版		
拉克斯定理和阿廷定理——从一道IMO试题的解法谈起	2014—01	58.00	246
毕卡大定理——从一道美国大学数学竞赛试题谈起	2014—07	18.00	350
贝齐尔曲线——从一道全国高中联赛试题谈起	即将出版		
拉格朗日乘子定理——从一道2005年全国高中联赛试题谈起	即将出版		
雅可比定理——从一道日本数学奥林匹克试题谈起	2013—04	48.00	249
李天岩—约克定理——从一道波兰数学竞赛试题谈起	2014—06	28.00	349
整系数多项式因式分解的一般方法——从克朗耐克算法谈起	即将出版		
布劳维不动点定理——从一道前苏联数学奥林匹克试题谈起	2014—01	38.00	273
压缩不动点定理——从一道高考数学试题的解法谈起	即将出版		
伯恩赛德定理——从一道英国数学奥林匹克试题谈起	即将出版		
布查特—莫斯特定理——从一道上海市初中竞赛试题谈起	即将出版		
数论中的同余数问题——从一道普特南竞赛试题谈起	即将出版		
范·德蒙行列式——从一道美国数学奥林匹克试题谈起	即将出版		
中国剩余定理:总数法构建中国历史年表	2015—01	28.00	430
牛顿程序与方程求根——从一道全国高考试题解法谈起	即将出版		
库默尔定理——从一道IMO预选试题谈起	即将出版		
卢丁定理——从一道冬令营试题的解法谈起	即将出版		
沃斯滕霍姆定理——从一道IMO预选试题谈起	即将出版		
卡尔松不等式——从一道莫斯科数学奥林匹克试题谈起	即将出版		
信息论中的香农熵——从一道近年高考压轴题谈起	即将出版		
约当不等式——从一道希望杯竞赛试题谈起	即将出版		
拉比诺维奇定理	即将出版		
刘维尔定理——从一道《美国数学月刊》征解问题的解法谈起	即将出版		
卡塔兰恒等式与级数求和——从一道IMO试题的解法谈起	即将出版		
勒让德猜想与素数分布——从一道爱尔兰竞赛试题谈起	即将出版		
天平称重与信息论——从一道基辅市数学奥林匹克试题谈起	即将出版		
哈密尔顿—凯莱定理:从一道高中数学联赛试题的解法谈起	2014—09	18.00	376
艾思特曼定理——从一道CMO试题的解法谈起	即将出版		

哈尔滨工业大学出版社刘培杰数学工作室
已出版(即将出版)图书目录

书　名	出版时间	定　价	编号
一个爱尔特希问题——从一道西德数学奥林匹克试题谈起	即将出版		
有限群中的爱丁格尔问题——从一道北京市初中二年级数学竞赛试题谈起	即将出版		
贝克码与编码理论——从一道全国高中联赛试题谈起	即将出版		
帕斯卡三角形	2014-03	18.00	294
蒲丰投针问题——从 2009 年清华大学的一道自主招生试题谈起	2014-01	38.00	295
斯图姆定理——从一道"华约"自主招生试题的解法谈起	2014-01	18.00	296
许瓦兹引理——从一道加利福尼亚大学伯克利分校数学系博士生试题谈起	2014-08	18.00	297
拉格朗日中值定理——从一道北京高考试题的解法谈起	2014-01		298
拉姆塞定理——从王诗宬院士的一个问题谈起	2014-01		299
坐标法	2013-12	28.00	332
数论三角形	2014-04	38.00	341
毕克定理	2014-07	18.00	352
数林掠影	2014-09	48.00	389
我们周围的概率	2014-10	38.00	390
凸函数最值定理:从一道华约自主招生题的解法谈起	2014-10	28.00	391
易学与数学奥林匹克	2014-10	38.00	392
生物数学趣谈	2015-01	18.00	409
反演	2015-01		420
因式分解与圆锥曲线	2015-01	18.00	426
轨迹	2015-01	28.00	427
面积原理:从常庚哲命的一道 CMO 试题的积分解法谈起	2015-01	48.00	431
形形色色的不动点定理:从一道 28 届 IMO 试题谈起	2015-01	38.00	439
柯西函数方程:从一道上海交大自主招生的试题谈起	2015-02	28.00	440
三角恒等式	2015-02	28.00	442
无理性判定:从一道 2014 年"北约"自主招生试题谈起	2015-01	38.00	443
数学归纳法	2015-03	18.00	451
极端原理与解题	2015-04	28.00	464
中等数学英语阅读文选	2006-12	38.00	13
统计学专业英语	2007-03	28.00	16
统计学专业英语(第二版)	2012-07	48.00	176
统计学专业英语(第三版)	2015-04	68.00	465
幻方和魔方(第一卷)	2012-05	68.00	173
尘封的经典——初等数学经典文献选读(第一卷)	2012-07	48.00	205
尘封的经典——初等数学经典文献选读(第二卷)	2012-07	38.00	206
实变函数论	2012-06	78.00	181
非光滑优化及其变分分析	2014-01	48.00	230
疏散的马尔科夫链	2014-01	58.00	266
马尔科夫过程论基础	2015-01	28.00	433
初等微分拓扑学	2012-07	18.00	182
方程式论	2011-03	38.00	105
初级方程式论	2011-03	28.00	106
Galois 理论	2011-03	18.00	107
古典数学难题与伽罗瓦理论	2012-11	58.00	223
伽罗华与群论	2014-01	28.00	290
代数方程的根式解及伽罗瓦理论	2011-03	28.00	108
代数方程的根式解及伽罗瓦理论(第二版)	2015-01	28.00	423

哈尔滨工业大学出版社刘培杰数学工作室
已出版(即将出版)图书目录

书　　名	出版时间	定　价	编号
线性偏微分方程讲义	2011—03	18.00	110
N 体问题的周期解	2011—03	28.00	111
代数方程式论	2011—05	18.00	121
动力系统的不变量与函数方程	2011—07	48.00	137
基于短语评价的翻译知识获取	2012—02	48.00	168
应用随机过程	2012—04	48.00	187
概率论导引	2012—04	18.00	179
矩阵论(上)	2013—06	58.00	250
矩阵论(下)	2013—06	48.00	251
趣味初等方程妙题集锦	2014—09	48.00	388
趣味初等数论选美与欣赏	2015—02	48.00	445
对称锥互补问题的内点法:理论分析与算法实现	2014—08	68.00	368
抽象代数:方法导引	2013—06	38.00	257
闵嗣鹤文集	2011—03	98.00	102
吴从炘数学活动三十年(1951~1980)	2010—07	99.00	32
函数论	2014—11	78.00	395
耕读笔记(上卷):一位农民数学爱好者的初数探索	2015—04	48.00	459
数贝偶拾——高考数学题研究	2014—04	28.00	274
数贝偶拾——初等数学研究	2014—04	38.00	275
数贝偶拾——奥数题研究	2014—04	48.00	276
集合、函数与方程	2014—01	28.00	300
数列与不等式	2014—01	38.00	301
三角与平面向量	2014—01	28.00	302
平面解析几何	2014—01	38.00	303
立体几何与组合	2014—01	28.00	304
极限与导数、数学归纳法	2014—01	38.00	305
趣味数学	2014—03	28.00	306
教材教法	2014—04	68.00	307
自主招生	2014—05	58.00	308
高考压轴题(上)	2014—11	48.00	309
高考压轴题(下)	2014—10	68.00	310
从费马到怀尔斯——费马大定理的历史	2013—10	198.00	Ⅰ
从庞加莱到佩雷尔曼——庞加莱猜想的历史	2013—10	298.00	Ⅱ
从切比雪夫到爱尔特希(上)——素数定理的初等证明	2013—07	48.00	Ⅲ
从切比雪夫到爱尔特希(下)——素数定理100年	2012—12	98.00	Ⅲ
从高斯到盖尔方特——二次域的高斯猜想	2013—10	198.00	Ⅳ
从库默尔到朗兰兹——朗兰兹猜想的历史	2014—01	98.00	Ⅴ
从比勒巴赫到德布朗斯——比勒巴赫猜想的历史	2014—02	298.00	Ⅵ
从麦比乌斯到陈省身——麦比乌斯变换与麦比乌斯带	2014—02	298.00	Ⅶ
从布尔到豪斯道夫——布尔方程与格论漫谈	2013—10	198.00	Ⅷ
从开普勒到阿诺德——三体问题的历史	2014—05	298.00	Ⅸ
从华林到华罗庚——华林问题的历史	2013—10	298.00	Ⅹ

哈尔滨工业大学出版社刘培杰数学工作室
已出版(即将出版)图书目录

书　　名	出版时间	定　价	编号
吴振奎高等数学解题真经(概率统计卷)	2012—01	38.00	149
吴振奎高等数学解题真经(微积分卷)	2012—01	68.00	150
吴振奎高等数学解题真经(线性代数卷)	2012—01	58.00	151
高等数学解题全攻略(上卷)	2013—06	58.00	252
高等数学解题全攻略(下卷)	2013—06	58.00	253
高等数学复习纲要	2014—01	18.00	384
钱昌本教你快乐学数学(上)	2011—12	48.00	155
钱昌本教你快乐学数学(下)	2012—03	58.00	171

三角函数	2014—01	38.00	311
不等式	2014—01	38.00	312
数列	2014—01	38.00	313
方程	2014—01	28.00	314
排列和组合	2014—01	28.00	315
极限与导数	2014—01	28.00	316
向量	2014—09	38.00	317
复数及其应用	2014—08	28.00	318
函数	2014—01	38.00	319
集合	即将出版		320
直线与平面	2014—01	28.00	321
立体几何	2014—04	28.00	322
解三角形	即将出版		323
直线与圆	2014—01	28.00	324
圆锥曲线	2014—01	38.00	325
解题通法(一)	2014—07	38.00	326
解题通法(二)	2014—07	38.00	327
解题通法(三)	2014—05	38.00	328
概率与统计	2014—01	28.00	329
信息迁移与算法	即将出版		330

第19～23届"希望杯"全国数学邀请赛试题审题要津详细评注(初一版)	2014—03	28.00	333
第19～23届"希望杯"全国数学邀请赛试题审题要津详细评注(初二、初三版)	2014—03	38.00	334
第19～23届"希望杯"全国数学邀请赛试题审题要津详细评注(高一版)	2014—03	28.00	335
第19～23届"希望杯"全国数学邀请赛试题审题要津详细评注(高二版)	2014—03	38.00	336
第19～25届"希望杯"全国数学邀请赛试题审题要津详细评注(初一版)	2015—01	38.00	416
第19～25届"希望杯"全国数学邀请赛试题审题要津详细评注(初二、初三版)	2015—01	58.00	417
第19～25届"希望杯"全国数学邀请赛试题审题要津详细评注(高一版)	2015—01	48.00	418
第19～25届"希望杯"全国数学邀请赛试题审题要津详细评注(高二版)	2015—01	48.00	419

物理奥林匹克竞赛大题典——力学卷	2014—11	48.00	405
物理奥林匹克竞赛大题典——热学卷	2014—04	28.00	339
物理奥林匹克竞赛大题典——电磁学卷	即将出版		406
物理奥林匹克竞赛大题典——光学与近代物理卷	2014—06	28.00	345

哈尔滨工业大学出版社刘培杰数学工作室
已出版(即将出版)图书目录

书　名	出版时间	定　价	编号
历届中国东南地区数学奥林匹克试题集(2004~2012)	2014—06	18.00	346
历届中国西部地区数学奥林匹克试题集(2001~2012)	2014—07	18.00	347
历届中国女子数学奥林匹克试题集(2002~2012)	2014—08	18.00	348
几何变换(Ⅰ)	2014—07	28.00	353
几何变换(Ⅱ)	即将出版		354
几何变换(Ⅲ)	2015—01	38.00	355
几何变换(Ⅳ)	即将出版		356
美国高中数学竞赛五十讲.第1卷(英文)	2014—08	28.00	357
美国高中数学竞赛五十讲.第2卷(英文)	2014—08	28.00	358
美国高中数学竞赛五十讲.第3卷(英文)	2014—09	28.00	359
美国高中数学竞赛五十讲.第4卷(英文)	2014—09	28.00	360
美国高中数学竞赛五十讲.第5卷(英文)	2014—10	28.00	361
美国高中数学竞赛五十讲.第6卷(英文)	2014—11	28.00	362
美国高中数学竞赛五十讲.第7卷(英文)	2014—12	28.00	363
美国高中数学竞赛五十讲.第8卷(英文)	2015—01	28.00	364
美国高中数学竞赛五十讲.第9卷(英文)	2015—01	28.00	365
美国高中数学竞赛五十讲.第10卷(英文)	2015—02	38.00	366
IMO 50 年.第 1 卷(1959—1963)	2014—11	28.00	377
IMO 50 年.第 2 卷(1964—1968)	2014—11	28.00	378
IMO 50 年.第 3 卷(1969—1973)	2014—09	28.00	379
IMO 50 年.第 4 卷(1974—1978)	即将出版		380
IMO 50 年.第 5 卷(1979—1984)	即将出版		381
IMO 50 年.第 6 卷(1985—1989)	2015—04	58.00	382
IMO 50 年.第 7 卷(1990—1994)	即将出版		383
IMO 50 年.第 8 卷(1995—1999)	即将出版		384
IMO 50 年.第 9 卷(2000—2004)	2015—04	58.00	385
IMO 50 年.第 10 卷(2005—2008)	即将出版		386
历届美国大学生数学竞赛试题集.第一卷(1938—1949)	2015—01	28.00	397
历届美国大学生数学竞赛试题集.第二卷(1950—1959)	2015—01	28.00	398
历届美国大学生数学竞赛试题集.第三卷(1960—1969)	2015—01	28.00	399
历届美国大学生数学竞赛试题集.第四卷(1970—1979)	2015—01	18.00	400
历届美国大学生数学竞赛试题集.第五卷(1980—1989)	2015—01	28.00	401
历届美国大学生数学竞赛试题集.第六卷(1990—1999)	2015—01	28.00	402
历届美国大学生数学竞赛试题集.第七卷(2000—2009)	即将出版		403
历届美国大学生数学竞赛试题集.第八卷(2010—2012)	2015—01	18.00	404

哈尔滨工业大学出版社刘培杰数学工作室
已出版(即将出版)图书目录

书　　名	出版时间	定　价	编号
新课标高考数学创新题解题诀窍:总论	2014—09	28.00	372
新课标高考数学创新题解题诀窍:必修1～5分册	2014—08	38.00	373
新课标高考数学创新题解题诀窍:选修2—1,2—2,1—1,1—2分册	2014—09	38.00	374
新课标高考数学创新题解题诀窍:选修2—3,4—4,4—5分册	2014—09	18.00	375
全国重点大学自主招生英文数学试题全攻略:词汇卷	即将出版		410
全国重点大学自主招生英文数学试题全攻略:概念卷	2015—01	28.00	411
全国重点大学自主招生英文数学试题全攻略:文章选读卷(上)	即将出版		412
全国重点大学自主招生英文数学试题全攻略:文章选读卷(下)	即将出版		413
全国重点大学自主招生英文数学试题全攻略:试题卷	即将出版		414
全国重点大学自主招生英文数学试题全攻略:名著欣赏卷	即将出版		415

联系地址:哈尔滨市南岗区复华四道街10号　哈尔滨工业大学出版社刘培杰数学工作室
网　　址:http://lpj.hit.edu.cn/
邮　　编:150006
联系电话:0451—86281378　　13904613167
E-mail:lpj1378@163.com